Felix Bluhm

# „Die Massen sind aber nicht zu halten gewesen."



edition assemblage

## Das Buch

Von November 1918 bis Ende April 1919 entwickelte sich auf den Zechen des Ruhrgebiets eine revolutionäre Streikbewegung, die von mehreren hunderttausend Arbeiter*innen getragen wurde. Die hohe Beteiligung und die Dauer der Auseinandersetzung sind auch deshalb besonders bemerkenswert, weil die Streiks sich gegen den Widerstand der etablierten Bergarbeiter gewerkschaften und ohne zentrale Leitung entfalteten.

„Die Massen sind aber nicht zu halten gewesen." geht der Frage nach, warum die Streikenden trotzdem in der Lage waren, gemeinsam in Aktion zu treten und wie sie ihren Kampf organisierten. Darüber hinaus wird ergründet, warum sie letztlich dennoch scheiterten. Die Studie liefert am Beispiel der Stadt Hamborn eine detaillierte Untersuchung der Lebensumstände der Bergleute und ihrer Familien sowie darauf aufbauend eine minutiöse Analyse der Bewegung. Indem es die Frage nach der praktischen Organisierung in den Mittelpunkt rückt, bietet das Buch auch für Überlegungen zu heutigen Organisierungsprozessen vielfältige Anregungen.

## Der Autor

Felix Bluhm arbeitet als wissenschaftlicher Mitarbeiter am Soziologischen Forschungsinstitut Göttingen und ist seit vielen Jahren in linken Zusammenhängen aktiv.

## Reihe Lo.g.o

Die Buchreihe Lo.g.o in der edition assemblage möchte wichtige Aspekte lokaler Geschichte sichtbar machen.

Bisher sind in der Reihe Lo.g.o erschienen:

Dietmar Lange: *Massenstreik und Schießbefehl – Generalstreik und Märzkämpfe in Berlin 1919*

ISBN 978-3-942885-14-0

Brunhild Müller-Reiß: *Antifaschistische Frauen in Hannover – Zwischen selbstständigem Handeln und Familiensolidarität*

ISBN 978-3-942885-55-3

Felix Bluhm

# „Die Massen sind aber nicht zu halten gewesen."

## Zur Streik- und Sozialisierungsbewegung im Ruhrgebiet 1918/19

Lo.g.o Ruhrgebiet

edition assemblage

Bibliografische Information der Deutschen Bibliothek
Die Deutsche Bibliothek verzeichnet diese Publikation in der Deutschen Nationalbibliografie; detaillierte bibliografische Daten sind im Internet über http://dnb.ddb.de abrufbar.

ROSA
LUXEMBURG
STIFTUNG

Gedruckt mit freundlicher Unterstützung der Rosa Luxemburg Stiftung.

**Felix Bluhm**
**„Die Massen sind aber nicht zu halten gewesen."**

Zur Streik- und Sozialisierungsbewegung im Ruhrgebiet 1918/19

1. Auflage 2014
ISBN 978-3-942885-59-1
Reihe: Lo.g.o, Band 3


Postfach 27 46
D-48014 Münster
info@edition-assemblage.de | www.edition-assemblage.de

Mitglied der Kooperation *book:fair*

Umschlag: Markus Weiß (www.typogo.de)
Satz: edition assemblage
Druck: CPI Clausen & Bosse, Leck
Printed in Germany 2014

# Inhalt

# 1. Einleitung

Von November 1918 bis Ende April 1919 entwickelte sich auf den Zechen des Ruhrgebiets in mehreren Wellen eine Streikbewegung, an der sich auf ihrem Höhepunkt etwa 75-90% aller Bergleute des Ruhrreviers beteiligten. Insgesamt befanden sich in diesem Gebiet im April mehrere hunderttausend Arbeiter*innen[1] zeitgleich im Ausstand, es war „im wahrsten Sinne des Wortes ein Generalstreik."[2] Den Ausgangspunkt bildeten Konflikte um Arbeitszeiten und Entlohnung sowie die Empörung über ein Abkommen zwischen Gewerkschaften und Arbeitgeberseite. Im Rahmen der Bewegung wurde aber auch vehement die Sozialisierung der Zechen gefordert. Die hohe Beteiligung und die Dauer der Auseinandersetzung sind insbesondere deshalb besonders bemerkenswert, weil die Streiks sich gegen den Widerstand der etablierten Bergarbeitergewerkschaften und ohne zentrale Leitung entfalteten. Es liegt nahe, diese sich über mehrere Monate erstreckenden Aktivitäten zu den „entscheidenden Kämpfe[n] um die Weiterführung der Revolution"[3] zu zählen.

In der vorliegenden Studie werden die Streiks anhand der Stadt Hamborn und der dortigen Zeche „Gewerkschaft Deutscher Kaiser" (GDK) analysiert. Hamborn und die GDK waren sowohl Ursprungsort als auch Aktivitätszentrum der Bewegung. Sie bieten sich daher als Untersuchungsobjekte an. Hinzu kommt, dass die Forschung hier nicht bei Null ansetzen muss, sondern an bereits vorhandene Publikationen anknüpfen kann. Erst durch die Konzentration auf einen Ort wird der hohe Detaillierungsgrad ermöglicht, der – wie wir im Folgenden sehen werden – für das Verständnis notwendig ist. Der Fokus auf Hamborn bedeutet indes nicht, dass Geschehnisse, die sich außerhalb

1 In der Literatur ist in der Regel nur von „(Berg-)Arbeitern" die Rede, auch dann, wenn Frauen nachweislich beteiligt waren. Es wäre eine bequeme, aber zugleich unbefriedigende Lösung gewesen, die übliche Schreibweise zu übernehmen und Frauen und ihr Agieren somit zum Verschwinden zu bringen. Ich habe mich bemüht, nur dann die männliche Form zu verwenden, wenn viel dafür sprach, dass es tatsächlich nur um Männer ging. In vielen Fällen ließ sich schlichtweg nicht klären, ob auch Frauen mitwirkten oder betroffen waren. Insbesondere dann habe ich auf neutralere Formulierungen wie „Bergleute", „Beschäftigte" usw. zurückgegriffen.

2 Jürgen Tampke, Die Sozialisierungsbewegung im Steinkohlenbergbau an der Ruhr, S. 246. In: Hans Mommsen / Ulrich Borsdorf (Hrsg.), Glück auf, Kameraden! Die Bergarbeiter und ihre Organisationen in Deutschland, Köln 1979, S. 225-248.

3 Richard Müller, Der Bürgerkrieg in Deutschland, Berlin [2]1979 [Nachdruck der Ausgabe von 1925], S. 126.

der Stadt ereignet haben, gänzlich ausgeblendet werden können. Soweit sie für die Analyse wesentlich erschienen, sind sie daher mit einbezogen worden.

## 1.1. Forschungsstand

Angesichts des Umfangs der Auseinandersetzungen und der Vehemenz, mit der sie geführt wurden, ist es kaum überraschend, dass die Sozialisierungsbewegung in der Forschung nicht völlig unbeachtet geblieben ist. Allerdings exis tiert bis heute weder ein Sammelband, der sich der Thematik ausschließlich oder auch nur überwiegend widmet, noch eine entsprechende Monographie. In Publikationen verschiedener Autor*innen ist die Bewegung thematisiert worden. Zumeist beschränkt sich die Auseinandersetzung allerdings auf relativ kurze Textabschnitte. Die unter unterschiedlichen Fragestellungen zu Stande gekommenen Interpretationen gehen teilweise weit auseinander. Die wichtigsten Positionen sollen im Folgenden kurz skizziert werden:

Karl Heinz Roth nimmt in seinen Studien zur „‚anderen' Arbeiterbewegung" Bezug auf die Hamborner Bergleute.[4] Er ordnet die Bewegung als Aufbegehren der durch die Neuzusammensetzung der Arbeiterklasse entstandenen „Massenarbeiter" ein. Ihm zufolge bildeten die Bergleute zusammen mit anderen eine „neue Klassenavagarde [sic]"[5]. Der Massenarbeiter fungiert bei Roth als Gegenpol zum berufsstolzen Facharbeiter. Die Massenarbeiter kennzeichnet er als brutal ausgebeutet, hochmobil, multinational zusammengesetzt – er spricht von „einer absolut rechtlosen Pariaschicht"[6]. Abgesehen von solchen allgemein gehaltenen Charakterisierungen erfahren wir wenig zur konkreten Lebenssituation der Bergleute. Roth konzentriert sich insgesamt stark auf das Agieren der Repressionsorgane, hinter dem das Handeln der „‚anderen' Arbeiterbewegung" fast verschwindet. Zumindest in Hinblick auf die Streikbewegung lässt sich feststellen, dass ihr Verlauf – vor allem aber ihre Entstehung – unklar bleibt. Roths knappe Beschreibung der Bergleute legt nicht unbedingt nahe, dass diese zu effektiven und längerfristigen Kampfaktionen in der Lage sein könnten. Es wird „trotz der beschwörenden Formulierungen nicht deutlich, wie eine derart geknechtete und als Objekt

---

4 Vgl. Karl Heinz Roth, Arbeiterklasse und Arbeiterorganisationen – Deutschland 1890-1920. In: Erhard Lucas / James Wickham / Karl-Heinz Roth, Arbeiterradikalismus und Die „andere Arbeiterbewegung – zur Diskussion der Massenarbeiterthese, Bochum 1977, S. 15-60; Karl Heinz Roth, Die „andere" Arbeiterbewegung und die Entwicklung der kapitalistischen Repression von 1880 bis zur Gegenwart. Ein Beitrag zum Neuverständnis der Klassengeschichte in Deutschland, München 1974, S. 21-69.

5 Roth, Arbeiterklasse, S. 47.

6 Roth, Arbeiterbewegung, S. 27.

von Unterdrückungsmechanismen beschriebene Arbeiterschaft zum selbstbewußten Träger revolutionärer Veränderungen werden konnte."[7]

Auch Hans Mommsen hat sich mehrfach zur hier behandelten Streikbewegung geäußert. In einem Aufsatz von 1974 richtet er seinen Blick vor allem auf die großen Bergarbeiterverbände und die Arbeiterparteien.[8] Eine solche Perspektive wird der Bewegung von 1918/19, die sich im Wesentlichen außerhalb und vielfach gegen diese etablierten Organisationen der Arbeiterbewegung entwickelte, nicht gerecht. In zwei später veröffentlichten Texten stehen die Verbände zwar weniger stark im Vordergrund, bleiben aber normativer Bezugspunkt.[9] Die konkreten Erfahrungen, die die Belegschaften mit der Politik der Gewerkschaftsführungen machten und die die alternativen Organisierungsformen erst mit hervorbrachten, können von Mommsen zwar nicht gänzlich ausgeblendet werden, bleiben für seine Schlussfolgerungen aber letztlich ohne Bedeutung. Da sich die Bergleute seinen von modernisierungstheoretischen Ideen geprägten Vorstellungen partout nicht fügen wollen, werden sie mit fast durchweg negativen Charakterisierungen abgestraft. Explizit mit Bezug auf Hamborn schreibt Mommsen

> „daß hier der Anteil von sozial nicht ausreichend integrierten Zuwanderern besonders hoch war und die Belegschaften eine ausgeprägt heterogene Struktur aufwiesen. Die soziale und bildungsmäßige Isolierung [...] und der beträchtliche Prozentsatz von gesellschaftlich nicht eingegliederten polnischen Bergleuten wirkten hier in besonderem Maße zusammen. Der soziale Lernprozeß, der mit gewerkschaftlicher Arbeit verbunden war [...] hatte sich [...] noch nicht durchsetzen können."[10]

Derartige – wiederholt vorgebrachte – Hervorhebungen von Heterogenität, mangelnder Integration und Bildungsdefiziten stehen unverbunden neben dem Zugeständnis, dass die Arbeitskämpfe an der Ruhr mit „einem hohen Maß spontan sich bildender Solidarität und gleichwohl bemerkenswerter

---

7 Franz-Josef Brüggemeier, Leben vor Ort. Ruhrbergleute und Ruhrbergbau 1889-1919, München 1983, S. 262.

8 Vgl. Hans Mommsen, Die Bergarbeiterbewegung an der Ruhr 1918-1933. In: Jürgen Reulecke (Hrsg.), Arbeiterbewegung an Rhein und Ruhr. Beiträge zur Geschichte der Arbeiterbewegung in Rheinland-Westfalen, Wuppertal 1974, S. 275-314.

9 Vgl. Hans Mommsen, Soziale Kämpfe im Ruhrbergbau nach der Jahrhundertwende. In: Mommsen / Borsdorf (Hrsg.), Glück auf Kameraden!, S. 249-272; Hans Mommsen, Soziale und politische Konflikte an der Ruhr 1905 bis 1924. In: Hans Mommsen (Hrsg.), Arbeiterbewegung und industrieller Wandel. Studien zu gewerkschaftlichen Organisationsproblemen im Reich und an der Ruhr, Wuppertal 1980, S. 62-94.

10 Mommsen, Konflikte, S. 80f.

Disziplin durchgefochten wurden."[11] Solche Widersprüche ziehen sich durch alle hier angeführten Artikel, sie werden an keiner Stelle aufgelöst. Die organisatorischen Leistungen der Arbeiter*innen bleiben bei Mommsen unerklärt und angesichts der gewählten Perspektive wohl auch unerklärlich. Die Gründe für das Scheitern der Streiks sind für Mommsen hingegen offensichtlich, handelt es sich doch aus seiner Sicht bei der ganzen Bewegung um einen Anachronismus. Er konstatiert, „daß sich der soziale Protest der Bergarbeiterschaft in historisch überwundenen Kampfformen der Arbeiterbewegung artikulierte und folgerichtig keine Chance hatte, deren Lage zu verändern."[12] Insgesamt lässt sich feststellen, dass Hans Mommsen kaum bereit ist, sich tatsächlich auf eine genauere Analyse einzulassen, die seine Vorannahmen in Frage stellen könnte. Zum Verständnis der Sozialisierungsbewegung hat er daher nur wenig Substantielles beizutragen.

Im Gegensatz zu Mommsens Darstellung ist für Peter von Oertzen ein Scheitern der Bewegung nicht von vornherein ausgemacht.[13] Er sieht in ihr vielmehr eine realistische Alternative zu einer bürgerlich-kapitalistischen Republik einerseits und einer Revolution nach russischem Vorbild andererseits. In anderer Hinsicht weisen seine Ausführungen jedoch durchaus Parallelen zu Mommsens Artikeln auf: Noch stärker als dieser fokussiert von Oertzen die formalen Organisationen. Seine Darstellung krankt daran, dass er die Entwicklung vornehmlich auf der Ebene von Verhandlungen von Parteifunktionären darstellt. Damit werden die eigentlichen Träger*innen der Bewegung in den Hintergrund gedrängt. Die Lebenssituation der Bergleute spielt für von Oertzens Untersuchung, die „den sozialgeschichtlichen Befund gewissermaßen im Vorfeld zurückläßt"[14], keine nennenswerte Rolle. Erhard Lucas attestiert ihm daher zu Recht, dass er insbesondere von der ersten Phase der Streiks „nur eine sporadische und außerordentlich verzerrte Kenntnis hat."[15]

---

11 Mommsen, Konflikte, S. 76.

12 Mommsen, Bergarbeiterbewegung, S. 297.

13 Peter von Oertzen, Betriebsräte in der Novemberrevolution. Eine politikwissenschaftliche Untersuchung über Ideengehalt und Struktur der betrieblichen und wirtschaftlichen Arbeiterräte in der deutschen Revolution 1918/19, Bonn-Bad Godesberg ²1976, S. 110-133; Peter von Oertzen, Die Betriebsräte- und Sozialisierungsbewegung. In: Klaus Kinner, Der deutsche Kommunismus. Selbstverständnis und Realität, Bd. 1. Die Weimarer Zeit, Berlin 1999, S. 27-32; Peter von Oertzen, Die großen Streiks der Ruhrbergarbeiterschaft im Frühjahr 1919. In: Vierteljahreshefte für Zeitgeschichte, Bd. 6 (1958), H. 3, S. 231-262.

14 Brüggemeier, Leben, S. 261.

15 Erhard Lucas, Zwei Formen von Radikalismus in der deutschen Arbeiterbewegung, Frankfurt am Main 1976, S. 185.

Gemeinsam ist den meisten Untersuchungen, dass sie zwar oftmals weitreichende Aussagen über die Bewegung insgesamt treffen, auf eine detaillierte Analyse der sozialen Bedingungen an ihren Entstehungsorten jedoch verzichten. Teilweise lässt sich das sicherlich durch den relativ geringen Umfang der Texte erklären. Es kann aber dennoch konstatiert werden, dass hier ein beträchtliches Erkenntnispotential verschenkt wird. Dies gilt insbesondere vor dem Hintergrund, dass Bergbau und Bergleute, vor allem bezogen auf das Ruhrgebiet, ausgesprochen gut erforscht sind und sich auch zu einzelnen Aspekten in der Regel gleich mehrere Abhandlungen finden lassen. Als instruktiv haben sich insbesondere die Arbeiten von Franz-Josef Brüggemeier und Karin Hartewig erwiesen. Kaum zu übersehen ist zudem der enorme Beitrag, den Klaus Tenfelde – als Autor und Herausgeber – für die Erforschung des Ruhrbergbaus geleistet hat, auch wenn seine Ergebnisse hier teilweise in Frage gestellt werden müssen.

An diese erheblichen Wissensbestände lässt sich bei der Analyse der Sozialisierungsbewegung anknüpfen. In den bislang dazu veröffentlichten Ausführungen ist dieses Wissen jedoch in der Regel nicht systematisch eingebunden, sondern es sind lediglich einzelne Punkte herausgegriffen worden, aus denen dann recht pauschale Urteile über den Charakter der Bewegung abgeleitet wurden. Als positive Ausnahme vom bisher Gesagten dürfen zweifellos die Arbeiten von Erhard Lucas, der sich sehr differenziert mit Hamborn und der GDK auseinander gesetzt hat, nicht unerwähnt bleiben.[16] Gleichzeitig ist zu konstatieren, dass durch Lucas Veröffentlichungen – so inspirierend sie sind – die Entwicklungen in Hamborn keineswegs erschöpfend erforscht sind. Seine umfassend angelegte Untersuchung „der proletarischen Lebenswirklichkeit“[17] weist bei näherer Betrachtung erhebliche Lücken auf. Beispielsweise lässt Lucas die Arbeitssituation gänzlich unberücksichtigt, diese ist aber – wie wir sehen werden – für das Verständnis der Bewegung absolut zentral. In Bezug auf andere Bereiche – wie z.B. die Migrationsbewegungen – sind seine Interpretationen zumindest in Teilen zweifelhaft. Darüber hinaus konzentriert sich Lucas bei seiner Darstellung auf die erste Phase der Bewegung (bis Mitte Januar 1919). Wichtige Aspekte wie z.B. das Phänomen, dass die Ausschaltung

16 Vgl. Lucas, Formen; Erhard Lucas, Ursachen und Verlauf der Bergarbeiterbewegung in Hamborn und im westlichen Ruhrgebiet 1918/19. In: Duisburger Forschungen, Bd. 15. (1971), S. 1-119; Erhard Lucas., Zum Entstehungsprozeß und zum Ansatz der Untersuchung „Zwei Formen von Radikalismus in der deutschen Arbeiterbewegung“. In: Lucas / Wickham / Roth, Arbeiterradikalismus und Die „andere“ Arbeiterbewegung, S. 61-75; Erhard Lucas / Claus Del Tedesco, Zur Bergarbeiterbewegung in Hamborn 1918/19. In: Duisburger Forschungen, Bd. 22 (1975), S. 141-168.

17 Lucas, Formen, S. 12.

von Führungspersönlichkeiten das Agieren der Streikenden offenbar nur wenig tangiert hat, müssen ihm so verborgen bleiben und sind daher bislang nicht analysiert. Für die Rekonstruktion des zeitlichen Ablaufs der ersten Monate bieten Lucas Arbeiten jedoch eine gute Orientierungshilfe. Darüber hinaus finden sich bei ihm zahlreiche Hinweise auf einschlägige Quellen und Archivbestände.

Ähnlich wie Lucas beginnt Jürgen Tampke seine Untersuchung der revolutionären Ereignisse im Ruhrgebiet mit einer Analyse des sozialen und ökonomischen Hintergrunds. Da Tampke allerdings nicht nur einen Ort, sondern das ganze Industrierevier in den Blick nimmt, kann er nicht den hohen Grad an Detailliertheit und Eindringtiefe erreichen, der sich bei Lucas findet. Obwohl er andere Aspekte durchaus nicht unberücksichtigt lässt, ist auch Tampkes Darstellung von der bereits oben kritisierten Tendenz geprägt, die Bewegung als quasi automatische Folge einer Verschlechterung der materiellen Bedingungen aufzufassen, ohne genauer zu hinterfragen, wie es zu ihrer Entfaltung kommen konnte: Die Verelendung der Bergleute führt zum Aufruhr, darauf folgt Repression, die wiederum zu weiterer Radikalisierung führt. An einigen Stellen würde man sich zudem einen kritischeren Umgang mit den verwendeten Quellen wünschen. Trotz der hier angeführten Kritik gehören auch Tampkes Arbeiten zu den überzeugenderen Versuchen, die Revolution im Ruhrgebiet zu analysieren. Die Stärken seiner Darstellung, die den gesamten Zeitraum der Bewegung vom November 1918 bis Ende April 1919 abdeckt, liegen insbesondere in der detaillierten Beschreibung der dynamischen Geschehnisse, die sich in diesen Monaten ereigneten.[18]

## 1.2. Erkenntnisinteresse und Fragestellung

Die Ausrichtung der bisherigen Forschungen hat dazu geführt, dass die Entstehung der Bewegung in großen Teilen weiterhin unklar ist. Zwar finden sich vielfach Verweise auf die schlechte wirtschaftliche Lage der Bergleute, die erniedrigende Behandlung durch Vorgesetzte („Grubenmilitarismus“), die Entwurzelung und mangelhafte Integration der größtenteils zugewanderten Arbeitskräfte, die deutliche Diskrepanz zwischen während des Kriegs geschürten Erwartungen und der realen Situation nach dessen Ende usw. Es fehlt also nicht an Erklärungsversuchen für die Unzufriedenheit der Bergarbeiter. Regelmäßig wird jedoch ignoriert, dass ein Interesse an Veränderungen zwar eine notwendige, keinesfalls aber hinreichende Bedingung für kollektive Aktionen darstellt – dass die Analyse der ursprünglichen Motivationen also allenfalls

18 Vgl. Tampke, Jürgen: The Ruhr and Revolution. The Revolutionary Movement in the Rhenish-Westphalian Industrial Region 1912-1919, Canberra/Norwalk, Conn. 1978; Tampke, Sozialisierungsbewegung.

eine halbe Erklärung liefert, solange die Frage nach der *praktischen Organisierung und ihren Voraussetzungen* ausgespart bleibt. Es ist leicht nachvollziehbar, dass die Bergleute mit ihren Lebensbedingungen nicht glücklich waren, weitaus erstaunlicher erscheint mir hingegen, dass sie – obwohl sie eben nicht auf etablierte Organisationsstrukturen wie die der Gewerkschaften zurückgreifen konnten – eine revolutionäre Bewegung dieses Umfangs und dieser Dauer zu Wege brachten. Wie dies geschehen konnte, soll in der vorliegenden Arbeit ergründet werden. Gleichzeitig ist nicht zu leugnen, dass die Bergleute sich letztlich nicht durchsetzen konnten. Um ein vollständigeres Bild zu erhalten, das die Schwächen der Bewegung nicht ausblendet, muss auch dieser Aspekt bei der Untersuchung berücksichtigt werden. Ich werde mich daher bemühen, Antworten auf folgende Fragen zu finden: *Wie und aufgrund welcher (materieller) Bedingungen entwickelte sich aus der Unzufriedenheit mit der eigenen Lebens- und Arbeitssituation eine revolutionäre Streikbewegung?*[19] *Welche Elemente, die zu ihrem Scheitern beigetragen haben, lassen sich in diesem Kontext identifizieren?*[20]

19 Lucas legt dar, dass er in seiner auf die erste Phase der Bewegung ausgerichteten Untersuchung auf die Bezeichnung „revolutionär" weitgehend verzichtet und stattdessen „den weiteren Begriff ‚radikal' vorgezogen" (Lucas, Entstehungsprozess, S. 67) habe. Er verweist darauf, dass „nach der Definition der klassischen Arbeiterbewegung und der ihr folgenden Geschichtsschreibung" (Lucas, Entstehungsprozess, S. 67) die Beschreibung als „revolutionär" die Absicht der Eroberung der Staatsgewalt impliziere. Die Aktionen der Hamborner Arbeiter*innen führen ihn allerdings auch zu dem Schluss, „daß wir die Definition von ‚revolutionär' = auf die Eroberung der Staatsgewalt abzielend überdenken müssen." (Lucas, Entstehungsprozess, S. 67) Ich würde Lucas zustimmen, dass die große Mehrheit der Bergleute keinen Plan zur Eroberung der Staatsgewalt verfolgte. Das gilt mit Sicherheit für die frühe Phase, dürfte aber für spätere Zeiträume ebenfalls noch zutreffend sein. Ich halte die Bezeichnung „revolutionär" primär deshalb für angemessen, weil die Bewegung im Sinne einer *sozialen* Revolution auf die schnelle und grundlegende Umwälzung der gesellschaftlichen Verhältnisse hinwirkte. (Siehe hierzu: Otto Brunner / Werner Conze / Reinhart Koselleck (Hrsg.), Geschichtliche Grundbegriffe. Historisches Lexikon zur politisch-sozialen Sprache in Deutschland, Bd. 5, Stuttgart 1984, S. 766-769) Tatsächlich kämpfte sie aber spätestens im April auch für Forderungen, deren Verwirklichung der Regierung die Staats*gewalt* faktisch entzogen hätte.

20 Ich habe an dieser Stelle bewusst eine vorsichtige Formulierung gewählt. Gerade in Hinblick auf das Scheitern der Bewegung waren Kräfteverhältnisse von entscheidender Bedeutung, die sich nicht primär in Hamborn oder dem Ruhrgebiet konstituierten, sondern weit darüber hinausreichten. Wir können daher nicht hoffen, sie im Rahmen der vorliegenden Studie auch nur annähernd vollständig zu erfassen. Worauf ich hier abziele, sind die Schwächen, die der Bewegung selbst immanent waren.

## 1.3. Analyseansatz

Eine solche Fragestellung beinhaltet einige Implikationen. Zunächst wird hier davon ausgegangen, dass Organisierung sich nicht einfach von selbst ergibt, sondern dass es sich um einen in der Regel schwierigen und mühsamen Prozess handelt, der nur unter bestimmten Voraussetzungen überhaupt zu Stande kommt. Um diesen Prozess und die Formen, in denen er sich vollzieht, erklären zu können, müssen wir seine Träger*innen in den Blick nehmen, die Akteur*innen und ihre konkrete, von ihnen selbst mitgestaltete Lebenssituation zum Ausgangspunkt der Analyse machen:

> „Die Voraussetzungen, mit denen wir beginnen, sind keine willkürlichen, keine Dogmen, es sind wirkliche Voraussetzungen, von denen man nur in der Einbildung abstrahieren kann. Es sind die wirklichen Individuen, ihre Aktion und ihre materiellen Lebensbedingungen, sowohl die vorgefundenen wie die durch ihre eigne Aktion erzeugten."[21]

Angewendet wird also ein materialistischer Analyseansatz. Materialistisch allerdings nicht im Sinne eines weit verbreiteten Missverständnisses, dass soziale Phänomene einfach aus ökonomischen Grundstrukturen abgeleitet werden können. Sondern verstanden als genaue Untersuchung der jeweils besonderen Lage, in der sich Gruppen von Menschen befinden, und der spezifischen Vorstellungen, Empfindungen, Praktiken usw., die sie auf dieser Grundlage entwickeln. Es geht also um die Analyse von „Menschen [...] in ihrem wirklichen, empirisch anschaulichen Entwicklungsprozeß unter bestimmten Bedingungen."[22] Eine dementsprechende Perspektive ist insbesondere von Alf Lüdtke entwickelt worden. Er hat angeregt, „die Wechselbeziehungen

---

21 Karl Marx / Friedrich Engels, Die deutsche Ideologie. Kritik der neuesten deutschen Philosophie in ihren Repräsentanten Feuerbach, B. Bauer und Stirner, und des deutschen Sozialismus in seinen verschiedenen Propheten, S. 20. In: MEW 3, S. 9-530. Textstellen, wie die hier angeführte, stehen vordergründig im Widerspruch zu anderen Abschnitten des marxschen Werkes, in denen die Akteur*innen in den Hintergrund treten oder gänzlich zu verschwinden scheinen, ja in denen sich Geschichte als quasi naturgesetzlicher Prozess darstellt. Wir können diesen Punkt an dieser Stelle nicht genauer untersuchen. Verwiesen sei auf Helmut Fleischer, der den scheinbaren Widerspruch in kritischer Auseinandersetzung mit deterministischen und teleologischen Lesarten der marxschen Theorie eingehend analysiert und damit einen interessanten Beitrag dazu geleistet hat, „die marxistische Philosophie als eine humanistisch-emanzipatorische *Philosophie der Praxis* zu rekonstruieren." (Helmut Fleischer, Marxismus und Geschichte, [3]1970, S. 7). Fleischer wendet sich u.a. gegen eine kategoriale Verdinglichung der „gesellschaftlichen Verhältnisse" und betont, dass gerade Marx klar herausgestellt habe, „daß alle menschlichen ‚Verhältnisse' im *aktiven Verhalten* der Menschen wurzeln" (Fleischer, Marxismus, S. 31).

22 Marx / Engels, Ideologie, S. 27.

zwischen ‚objektiven' Lebenslagen und ‚subjektivem' Wahrnehmen und Handeln als Kernfrage historischer Arbeit zu nehmen"[23]. Fruchtbar scheint vor allem der von Lüdtke aufgegriffene Begriff der „Aneignung", der bei ihm im Mittelpunkt der Analyse steht.[24] Er erlaubt es, die Handlungsmöglichkeiten und das Agieren von Menschen zu erfassen, ohne diese als „autonome" Subjekte im luftleeren Raum zu konstruieren: „Ins Zentrum rückt die *soziale Praxis* der Menschen."[25] Indem wir die Streik- und Sozialisierungsbewegung zum Thema machen, fokussieren wir eine *besondere Form der Praxis*. Zu untersuchen ist, wie diese aus der durch spezifische Umstände geprägten, *alltäglichen Praxis der Akteur*innen*, also der Bergleute und ihrer Familien, entsprang. In der vorliegenden Studie wird dabei bewusst nicht versucht, dem von Lucas formulierten Anspruch, „daß alle Bereiche der proletarischen Lebenswirklichkeit erfaßt und und miteinander in Beziehung gesetzt werden müssen"[26], gerecht zu werden. Ein solches Vorhaben wäre – wenn überhaupt – nur im Rahmen eines deutlich umfangreicheren Forschungsprojektes zu bewältigen.

---

23 Alf Lüdtke, Einleitung: Was ist und wer treibt Alltagsgeschichte?, S. 28. In: Alf Lüdtke. (Hrsg.), Alltagsgeschichte. Zur Rekonstruktion historischer Erfahrungen und Lebensweisen, Frankfurt a.M. / New York 1989, S. 9-47.

24 Vgl. Belinda Davis / Thomas Lindenberger / Michael Wildt, Einleitung, S. 12. In: Belinda Davis / Thomas Lindenberger / Michael Wildt (Hrsg.), Alltag, Erfahrung, Eigensinn. Historisch-anthropologische Erkundungen, Frankfurt a.M. / New York 2008, S. 11-28; Alf Lüdtke, Alltagsgeschichte: Aneignung und Akteure. Oder – es hat noch kaum begonnen! In: WerkstattGeschichte 17 (1997), S. 83-92; Alf Lüdtke, Alltagsgeschichte – ein Bericht von unterwegs. In: Historische Anthropologie, Bd. 11 (2003), H. 2, S. 278-295; Alf Lüdtke, Anregungskraft und blinde Stellen. Zum Alphabet des Fragestellens nach Marx, S. 19-23. In: Alf Lüdtke. (Hrsg.), Was bleibt von marxistischen Perspektiven in der Geschichtsforschung?, Göttingen 1997, S. 9-32; Lüdtke, Einleitung.

25 Lüdtke, Einleitung, S. 12. Die Betonung der Praxis bedeutet nicht, die relative Beständigkeit bestimmter gesellschaftlicher Verhältnisse und deren Bedeutung für das Agieren der Akteur*innen zu negieren. Notwendig ist es aber, im Blick zu behalten, dass diese Strukturen selbst nicht einfach existent sind, sondern dem durch (gesellschaftlich beeinflusste) Bedürfnisse, Interessen, Erfahrungen, Wahrnehmungen usw. geprägten menschlichen Handeln entspringen. Es gilt also, die von Lüdtke hervorgehobenen „Wechselbeziehungen" tatsächlich als solche ernst zu nehmen: „Handlungsbedingungen erweisen sich in dieser Sicht als mehrdeutig; sie sind gegeben, *gleichermaßen* aber produziert. In den ‚Aneignungen' werden sie nuanciert, aber auch verändert. Die historischen Subjekte sind also dem gesellschaftlichen ‚field-of-force' (E.P. Thompson) nicht entzogen. […] Individuen und Gruppen formen das Profil ihrer Wahrnehmungs- und Handlungsweisen nicht *jenseits*, sondern *in* und *durch* gesellschaftliche Beziehungen." (Lüdtke, Einleitung, S. 12f.).

26 Lucas, Formen, S. 12.

Stattdessen habe ich mich dafür entschieden, einzelne Bereiche, die nach Sichtung der Forschungsliteratur und erster Quellen als für das Verständnis der Bewegung besonders relevant hervorstachen, genauer in den Blick zu nehmen. Dieses Vorgehen schien mir erkenntnisfördernder als eine Analyse, die eine Vielzahl von Punkten anreißt, ohne jedoch jeweils in die Tiefe zu gehen.[27] Die ausgewählten Bereiche wurden dann nicht allgemein, sondern in Hinblick auf ihre Bedeutung für die Streikbewegung untersucht, auch die jeweilige Darstellung ist in dieser Weise zugespitzt. Herausgearbeitet werden sollte insbesondere, wie sich konkret *Kommunikationsprozesse und soziale Beziehungen als Voraussetzungen für Solidarität und Organisierung* entwickelten, und welche *Erfahrungen* gemacht wurden, die für die Bewegung von Relevanz waren.

Die Weitergabe von Informationen, das Reden über vermeintlich individuelle Probleme, die sich oft erst im Gespräch als kollektive erweisen, der Austausch über Vorstellungen, Einschätzungen, Gefühle und individuelle Handlungsbereitschaft, die Planung eines gemeinsamen Vorgehens, die interne Verständigung über Forderungen und Ziele usw. – es dürfte kaum bestreitbar sein, dass Organisierung ohne intensive Kommunikation nicht auskommt, dass dieser Aspekt daher auch bei der Analyse zentral ist. Bezüglich der Kommunikationsprozesse ist zunächst zu klären, ob, wie und in welchem Umfang verschiedene Arbeiter*innen(gruppen) überhaupt miteinander in Kontakt kamen, inwiefern sie also die Möglichkeit zu direkter Interaktion hatten. Daran schließt sich die – aufgrund der Quellenlage deutlich schwieriger zu beantwortende – Frage nach den Kommunikationsinhalten an. Wichtig ist jedoch, nicht nur die verbale Artikulation zu berücksichtigen, scheint es doch so, dass für viele Arbeiter „die nicht-sprachlichen, körperlichen Kontakte besondere Bedeutung hatten."[28]

Kommunikationsprozesse in ihrer ganzen Vielfalt stellen auch ein wichtiges Element bei der Entstehung sozialer Beziehungen dar. Sich kennen zu lernen, einander einschätzen zu können, Vertrauen zueinander aufzubauen – persönliche Bindungen sind für kollektiven Protest unerlässlich. Aufzubegehren stellt(e) für Arbeiter*innen immer auch ein Risiko dar. Wer sich darauf verlassen kann, im Zweifelsfall nicht allein dazustehen, wer sich mit

27 Bei der weiteren Untersuchung des Materials wurde sich dennoch darum bemüht, für Veränderungen offen zu bleiben. Es ging also nicht darum, um jeden Preis an der zentralen Bedeutung der ursprünglich ausgewählten Bereiche festzuhalten. Trotzdem kann selbstverständlich nicht ausgeschlossen werden, dass wesentliche Aspekte unberücksichtigt geblieben sind.

28 Alf Lüdtke, Eigen-Sinn. Fabrikalltag, Arbeitererfahrung und Politik vom Kaiserreich bis in den Faschismus, Hamburg 1993, S. 137.

anderen verbunden fühlt, wird viel eher bereit sein, sich von der Teilnahme an gemeinsamen Aktionen überzeugen zu lassen. Soziale Beziehungen können Basis von Unterstützung und Hilfe sein, oft sind sie der entscheidende Faktor, wenn es darum geht, harte Konfrontationen durchzustehen. Für den und die Einzelne*n können sie dabei durchaus unangenehme, disziplinierende Formen annehmen: Der bei individuellem Einknicken drohende Verlust der sozialen Bindungen, das befürchtete Umschlagen von Sympathie und Zugehörigkeit in Verachtung und soziale Isolation begünstigen ein Durchhalten auch dann, wenn die eigene Kampfkraft erschöpft ist. So oder so – soziale Beziehungen sind für jede Art von Arbeitskampf zentral:

> „Deshalb ist die genaue Kenntnis der gruppenhaften [...] Bindungen und Beziehungen in der Arbeiterschaft [...] eine der unabdingbaren Voraussetzungen der Streikanalyse. Gruppenbindungen und Gruppenbewußtheit [...] sind entscheidende Bedingungen für die Möglichkeit von Streik.“[29]

Als dritten wesentlichen Aspekt haben wir oben den Bereich der Erfahrungen genannt. Vor allem in den 1990er Jahren ist der Begriff der Erfahrung intensiv diskutiert worden, oft als Gegensatz zum „Diskurs“.[30] Kathleen Canning hat darauf aufmerksam gemacht, dass durch den dichotomischen Charakter der Debatte der Erfahrungsbegriff teilweise seiner Komplexität beraubt worden ist.[31] Es erscheint daher sinnvoll im Folgenden auch ältere Ansätze einzubeziehen. In der vorliegenden Arbeit werden Erfahrungen gefasst als „durch Aufmerksamkeit ausgezeichnete Erlebnisse.“[32] In sedimentierter Form gehen Erfahrungen ein in den subjektiven Wissensbestand.[33] Zu berücksichtigen ist, dass Erfahrungen eine „sinnliche, körperliche Dimension“[34] besitzen: Verausgabung bei der Arbeit, körperliche Nähe zu Kolleg*innen, das Gefühl

---

29 Klaus Tenfelde / Heinrich Volkmann, Zur Geschichte des Streiks in Deutschland, S. 26. In: Klaus Tenfelde / Heinrich Volkmann (Hrsg.), Streik. Zur Geschichte des Arbeitskampfes in Deutschland während der Industrialisierung, München 1981, S. 9-30.

30 Vgl. Marguérite Bos / Bettina Vincenz / Tanja Wirz, Erfahrung: Alles nur Diskurs? Auseinandersetzung mit einer Debatte um einen vielschichtigen Begriff. In: Marguérite Bos / Bettina Vincenz / Tanja Wirz (Hrsg.), Erfahrung: Alles nur Diskurs? Zur Verwendung des Erfahrungsbegriffs in der Geschlechtergeschichte, Zürich 2004, S. 9-21; Kathleen Canning, Problematische Dichotomien. Erfahrung zwischen Narrativität und Materialität. In: Historische Anthropologie, Bd. 10 (2002), H. 2, S. 163-182.

31 Vgl. Canning, Dichotomien, S. 164f.

32 Alfred Schütz / Thomas Luckmann, Strukturen der Lebenswelt, Konstanz 2003, S. 449; siehe auch Lüdkte, Eigen-Sinn, S. 370, S. 399; Lüdtke, Einleitung, S. 25.

33 Vgl. Schütz / Luckmann, Strukturen, S. 410.

34 Davis / Lindenberger / Wildt, Einleitung, S. 13.

der eigenen Stärke, welches sich bei kollektiven Aktionen einstellen kann – all das können wesentliche Elemente von Erfahrung sein. Menschen machen Erfahrungen in der Auseinandersetzung mit ihrer (gesellschaftlichen) Umgebung. Indem sie sich diese aneignen, durchlaufen sie aber selbst einen Prozess der Veränderung, der ihr Denken, Fühlen und Handeln modifiziert: „Die unmittelbare Erfahrung von Menschen vollzieht sich nicht als bloße Aneignung und Kumulation von Wissen [...], sondern der Mensch wird von den Gegenständen so angeeignet, wie er diese sich aneignet."[35] Der bereits oben eingeführte Begriff der Aneignung ist also auch hier von zentraler Bedeutung. Er markiert die aktive Rolle des Subjekts im Prozess der „Erfahrungsproduktion"[36]. Zugleich sind wir damit auf die gesellschaftliche Dimension jedes Erfahrungsvorgangs verwiesen. Der Mensch existiert nicht als isoliertes, sondern nur als gesellschaftliches Wesen. Er ist durch seine jeweils spezifische gesellschaftliche Einbindung geprägt. In äußerlich gleichen Situation können daher unterschiedliche Erfahrungen gemacht werden. Wir können festhalten, dass:

> „verschiedene Menschen die selben Dinge verschieden erfahren können, dass jede Erfahrung dadurch geprägt ist, was die betreffende Person oder das betreffende Kollektiv an Vorwissen, Haltungen und Erwartungen mitbringt. Es gibt keine von der Gesellschaft unberührte, quasi natürliche Erfahrung."[37]

Verschiedene Formen des Wissens werden allerdings in unterschiedlicher Weise wirkmächtig. Oskar Negt und Alexander Kluge haben in Bezug auf Arbeiter das Zusammenwirken von unmittelbarer Erfahrung, also direkt Erlebtem, und mittelbarer Erfahrung, die z.B. die Form theoretischen Wissens annehmen kann, analysiert. Sie verweisen darauf, dass die mittelbare Erfahrung nur aufgenommen und sinnvoll verarbeitet werden kann, wenn sie einen Bezug zur eigenen Praxis der Arbeiter, zu ihrer unmittelbaren Erfah-

---

35 Oskar Negt / Alexander Kluge, Öffentlichkeit und Erfahrung. Zur Organisationsanalyse von bürgerlicher und proletarischer Öffentlichkeit, Frankfurt a.M. [6]1978, S. 57.

36 Negt / Kluge, Öffentlichkeit, S. 23. Dieser Aspekt ist auch von Edward P. Thompson besonders betont worden. Er stellt Erfahrung als einen der zentralen Begriffe heraus, über den „das Subjekt wieder Eingang in die Geschichte findet." (Edward P. Thompson, Das Elend der Theorie. Zur Produktion geschichtlicher Erfahrung, Frankfurt a.M. / New York 1980, S. 232).

37 Bos / Vincenz / Wirz, Erfahrung, S. 11. Siehe auch Ute Daniel, Die Erfahrungen der Geschlechtergeschichte, S. 60f. In: Bos / Vincenz / Wirz (Hrsg.), Erfahrung: Alles nur Diskurs?, S. 59-69.

rung, aufweist.[38] Lernprozesse werden also wesentlich durch selbst Erlebtes strukturiert. Damit tritt aber auch die überragende Bedeutung unmittelbarer Erfahrung für das praktische Handeln hervor:

> „*Es zeigt sich jedoch, daß die mittelbare Erfahrung auf alle praktischen Handlungen und unmittelbaren Erkenntnisse und Empfindungen einwirkt, daß sie aber nur in geringem Maß Organisator und Regulator des Erfahrungsinteresses sein kann. Mittelbare Erfahrung wird im wesentlichen nur praktisch, wenn sie im Lernrhythmus der unmittelbaren Erfahrung relevant ist.*“[39]

Wollen wir also das Agieren von Arbeiter*innen, ihre Praxis, verstehen, so müssen wir uns folglich insbesondere ihren unmittelbaren Erfahrungen zuwenden. Die Schwierigkeit besteht dabei darin, gesellschaftliche Prägung und bereits Vergangenes angemessen mit einzubeziehen. Die Rekonstruktion von Erfahrungen muss dabei stets in besonderer Weise unvollständig bleiben, denn die „Untersuchungsgegenstände fransen gewissermassen immer in die jeweilige Vorzeit aus, es gibt keine Möglichkeit mehr, einen sauberen Schnitt zu setzen, mit dem eine Untersuchung, eine Darstellung beginnt.“[40]

## 1.4. Quellenlage

In Hinblick auf die Quellenlage stoßen wir zunächst auf ein großes Problem: Die Bergarbeiter und ihre Familien im Allgemeinen und die Hamborner Arbeiter*innen im Besonderen haben uns selbst kaum schriftliche Äußerungen hinterlassen. Wie sie dachten, was sie fühlten und wie sie ihre Lage beurteilten, bleibt uns daher vielfach unzugänglich und verborgen.[41] Wir können uns bemühen, einen Teil davon indirekt zu erschließen – z.B. aus Forderungen, die erhoben wurden, aus einzelnen Aussprüchen, die sich verstreut in Berichten und Protokollen finden lassen, aus ihrem Verhalten, wie es uns von anderen überliefert wurde – sollten uns dabei aber bewusst sein, dass wir uns auf unsicherem Terrain bewegen und Vieles nur Vermu-

---

38 „In dieser theoretischen Formulierung, das heißt als mittelbare Erfahrung, können sich die Arbeiter Erfahrung nur dann aneignen, wenn sie etwas davon selber für sich schon organisiert haben.“ (Negt / Kluge, Öffentlichkeit, S. 58f.).

39 Negt / Kluge, Öffentlichkeit, S. 58, siehe auch Negt / Kluge, Öffentlichkeit, S. 59, S. 335f.

40 Daniel, Erfahrungen, S. 61.

41 Klaus Tenfelde und Helmuth Trischler haben in diesem Kontext auf Petitionsschriften als wichtige Quellengruppe verwiesen. Die von ihnen zusammengetragenen Dokumente erweisen sich allerdings zumindest für den hier untersuchten Zeitraum als nur wenig ergiebig. (Vgl. Klaus Tenfelde / Helmuth Trischler (Hrsg.), Bis vor die Stufen des Throns. Bittschriften und Beschwerden von Bergleuten im Zeitalter der Industrialisierung, München 1986).

tung bleiben kann. Diese Unsicherheit und die Notwendigkeit des indirekten Schließens beschränkt sich nicht auf das Innenleben der Arbeiter*innen, sondern betrifft auch den Bereich des praktischen Handelns. Ein Großteil dessen, was die Arbeiter*innen taten und von dem wir annehmen, dass es für die Streikbewegung wesentlich war, bewegte sich quasi unterhalb der Oberfläche, die von den verfügbaren Quellen abgebildet wird. Es fand keinen direkten Niederschlag in Zeitungsartikeln. Es blieb aber z.B. auch dem auf Täter*innen, auf „Rädelsführer" und „Streikhetzer" fixierten polizeilichen Blick verborgen. Eine Annäherung an die Streikbewegung gleicht daher einem Indizienprozess, bei dem wir massiv vom Ausschlussverfahren Gebrauch machen müssen: Oft können wir nicht genau sagen, wie einzelne Schritte zu Stande kamen, wir können aber zumindest konstatieren, was als Ursache ausscheidet, und unplausible Interpretationen zurückweisen.

Diese Einschränkungen vorweg geschickt, läßt sich feststellen, dass durchaus eine große Anzahl Quellen verfügbar ist, die uns einen Einblick sowohl in die Lebenssituation der Arbeiter*innen als auch in die Dynamik der Streikbewegung erlauben. Tatsächlich begegnet uns mit Alexander Stenbock-Fermor sogar ein Bergarbeiter, der kurz nach dem hier untersuchten Zeitraum, nämlich von 1922 bis 1923 auf der GDK gearbeitet und darüber ein Buch geschrieben hat.[42] Nun war Stenbock-Fermor als adliger Werksstudent sicherlich alles andere als ein typischer Bergmann. Obwohl er die gleiche Arbeit wie seine Kollegen verrichtete, erlebte er die Plackerei doch anders als diese, fühlte und dachte unterschiedlich, hatte ein anderes Verhältnis zu ihnen als diese untereinander und wurde auch von Vorgesetzten anders behandelt – kurz: seine Erfahrungen waren gewiss nicht die gleichen. Stenbock-Fermor erwies sich aber als genauer Beobachter, der in der Lage war, die äußeren Abläufe genau zu beschreiben. Sein Bericht stellt daher trotzdem eine der wichtigsten Quellen zum Grubenalltag in Hamborn dar. Insgesamt können wir seiner Darstellung eine hohe Glaubwürdigkeit zumessen. Die Aspekte, die sich anhand anderer Quellen und der wissenschaftlichen Literatur überprüfen lassen, sind bis ins Detail stimmig. Gewisse Übertreibungen lassen sich bei ihm in Hinblick auf politische Äußerungen vermuten, dieser Punkt ist allerdings im Rahmen der vorliegenden Arbeit ohnehin nicht mit einbezogen worden, da

42 Vgl. Alexander Stenbock-Fermor, Meine Erlebnisse als Bergarbeiter, Stuttgart 1928. Siehe hierzu auch Wolfgang Göbel, Bergarbeiter im Ruhrgebiet seit 1918. Eine kultursoziologische Analyse von Romanen aus der Arbeitswelt, Diss. Marburg/Lahn 1973, insbesondere S. 16f., S. 93-119, S. 257-282, S. 292. Die Zeche Deutscher Kaiser hieß, als Stenbock-Fermor dort arbeitete, nicht mehr so, sondern war in „Gewerkschaft Friedrich Thyssen" umbenannt worden.

wir bezüglich dieses Bereichs selbst in dem kurzen Zeitraum von 1918/19 bis 1922/23 von erheblichen Veränderungen ausgehen können.[43]

Während wir von Stenbock-Fermor Wesentliches zur Arbeitssituation erfahren, liefert uns Li Fischer-Eckert wichtige Informationen zum Wohn- und Reproduktionsbereich. Im Rahmen ihrer 1911/12 durchgeführten Studie über die „wirtschaftliche und soziale Lage der Frauen in dem modernen Industrieort Hamborn im Rheinland“[44] befragte sie fast 500 Hamborner Haushalte, darunter 281 Bergarbeiterfamilien. Obwohl Fischer-Eckert nur deutschsprachige Familien mit einbezog und die Befragten zudem leider nur selten selber zu Wort kommen, bietet uns die Schrift einen guten Einblick in das Leben in den Zechenkolonien. Auf vereinzelte, zweifelhafte Interpretationen gehen wir im entsprechenden Abschnitt noch gesondert ein. Fischer-Eckerts Monographie ist nur eine von mehreren zeitgenössischen Dissertationen, die sich mit der Stadt Hamborn und ihrer Entwicklung befassten. Von diesen ist neben der von Fischer-Eckert noch die von Wilhelm Bentrop hervorzuheben.[45] Bentrops Publikation können wir vor allem statistische Daten entnehmen, die sowohl den Arbeits- als auch den Wohnbereich abdecken.

In Bezug auf die eigentliche Streikbewegung können wir auf zahlreiche Flugblätter sowie Plakate zurückgreifen, die verschiedene Seiten in diesem Kontext publiziert haben, und die nicht nur in Quellensammlungen, sondern insbesondere auch in der sonstigen Literatur abgedruckt sind. Des Weiteren verfügen wir über eine Broschüre, die von einer von den Arbeiter- und Soldatenräten des Industriereviers eingesetzten „Neunerkommission für die Vorbereitung der Sozialisierung des Bergbaues“ herausgegeben worden ist und bei der wir aufgrund ihres Inhalts darauf schließen können, dass sie Ende Februar / Anfang März 1919 erschienen sein muss.[46] Die Broschüre wurde von dem kommunistischen Funktionär Julius Marchlewski (Karski) verfasst, der der Kommission u.a. als journalistischer Berater diente.[47] Darüber hinaus existiert ein Bericht eines von der Verfassungsgebenden Preußischen Landes-

43 Die Frage, inwiefern sich auch im Bereich der Arbeitsbedingungen ein Wandel ereignet hat, wird im entsprechenden Kapitel eingehend behandelt.

44 Vgl. Li Fischer-Eckert, Die wirtschaftliche und soziale Lage der Frauen in dem modernen Industrieort Hamborn im Rheinland, Diss. Tübingen 1913. Siehe dazu auch Lucas, Formen, S. 14, S. 57-61.

45 Vgl. Wilhelm Bentrop, Die industrielle Entwickelung der Stadt Hamborn am Rhein bis Ende des Jahres 1922, Diss. Würzburg 1922.

46 Vgl. Neunerkommission für die Vorbereitung der Sozialisierung des Bergbaues im rheinisch-westfälischen Industriegebiet (Hrsg.), Die Sozialisierung des Bergbaues und der Generalstreik im rheinisch-westfälischen Industriegebiet [Essen 1919].

47 Vgl. Tampke, Ruhr, S. 186.

versammlung eingesetzten Untersuchungsausschusses, der die Ursachen und den Ablauf der Bewegung ergründen sollte.[48] Der Ausschuss bemühte sich vehement, die Bewegung als das von außen gesteuerte Werk linksradikaler Agenten darzustellen.[49] Der Report ist daher als solcher wenig brauchbar. Wenn auch selektiv, so wurden hier allerdings dennoch eine Vielzahl lokaler Berichte von Behörden, Zechenleitungen und Gegnern der Bewegung zusammengetragen. Zur Rekonstruktion der Abläufe ist diese Zusammenstellung durchaus hilfreich. Eine weitere wichtige Quelle und in gewisser Weise den Gegenpol zum Bericht des Untersuchungsausschusses stellt die linksradikale Zeitung „Freiheit – Organ für die Interessen des gesamten werktätigen Volkes", die seit dem 1. Oktober 1918 in Mülheim unter der Leitung von Carl Minster und August Schoch erschien, dar.[50] Anfangs im Besitz der USP, wurde die Freiheit schon kurze Zeit später zum regionalen Parteiorgan der neugegründeten KPD, was allerdings keine größeren Auswirkungen auf die Gestaltung des Blattes hatte. Seit der ersten Ausgabe berichtete die Zeitung kontinuierlich sowie mit großer Sympathie über die Streikbewegung und dürfte damit in der Region einzigartig gewesen sein. Dadurch, dass sich die Redaktion in Mülheim befand und erst nach einiger Zeit eine Filiale der Freiheit in Hamborn eröffnet wurde, kam es in Einzelfällen zu fehlerhaften Meldungen bzw. Verzögerungen bei Nachrichten aus Hamborn. Dies wurde allerdings dadurch ausgeglichen, dass die Zeitung eine Vielzahl von Zuschriften erhielt, die auch veröffentlicht wurden. U.a. publizierte der Hamborner Arbeiterrat hier nahezu täglich Mitteilungen zur aktuellen Lage.

---

48 Vgl. Verfassungsgebende Preußische Landesversammlung 1919/20: Bericht des Untersuchungsausschusses über die Ursachen und den Verlauf der Unruhen in Rheinland und Westfalen in der Zeit vom 1. Januar bis 19. März 1919 (Nr. 3228).

49 Der Untersuchungsausschuss kam dementsprechend zu dem Ergebnis, „daß die *Hauptursachen der Unruhen* in den in Frage kommenden Städten und Gemeinden Rheinlands und Westfalens zu erblicken sind *in der geistigen, persönlichen und auch finanziellen Verbindung* der Anhänger der U.S.P.D., der Spartakisten, der Kommunisten und auch russischer Bolschewisten in diesen Städten und Gemeinden mit den Zentralen dieser Parteigruppen in Berlin." (Verfassungsgebende Preußische Landesversammlung, Bericht, S. 152).

50 Vgl. Freiheit. Organ für die Interessen des gesamten werktätigen Volkes (StdA Mü 1430/11). Ab der Ausgabe vom 17. Februar 1919 wurde der Untertitel in „Organ der Kommunistischen Partei" geändert. Zu Carl Minster siehe auch Hans Manfred Bock, Syndikalismus und Linkskommunismus von 1918 bis 1923. Ein Beitrag zu Sozial- und Ideengeschichte der frühen Weimarer Republik, Darmstadt 1993, S. 114f.; Jürgen Reulecke, Der Erste Weltkrieg und die Arbeiterbewegung im rheinisch-westfälischen Industriegebiet, S. 229ff. In: Reulecke (Hrsg.), Arbeiterbewegung an Rhein und Ruhr., S. 205-S. 239; Tampke, Ruhr, S. 54-59, S. 94, S. 107.

Bei der Archivarbeit war eine starke Fokussierung unumgänglich. Neben der in Mülheim archivierten Freiheit wurden für die vorliegende Arbeit die Bestände des Stadtarchivs Duisburg gesichtet.[51] Insbesondere der dort befindliche Bestand zu „Unruhen 1918-1924" erwies sich als sehr ergiebig. Dieser vereinigt eine Vielzahl unterschiedlicher Quellen, die von Zeitungsartikeln über Bekanntmachungen, Telegramme und interne Schreiben der Behörden bis hin zu Protokollen über Verhandlungen mit den Streikenden reichen.[52] Nicht berücksichtigt werden konnten u.a die Materialien, die im Landesarchiv NRW, Abteilung Rheinland verwahrt werden und deren Analyse ebenfalls lohnend sein dürfte. Auch in der in Münster ansässigen Abteilung des Landesarchivs lagern relevante Bestände. Dort befinden sich u.a. die Akten des Oberbergamtes sowie einer vom Militär aufgebauten Spionageabteilung, des Büros Kölpin. Obwohl diese Unterlagen hier ausgespart bleiben mussten, können wir dennoch davon ausgehen, dass wir die wichtigsten Quellen mit einbezogen haben. Für den in der vorliegenden Arbeit untersuchten Abschnitt sind andere Archive zentral als für die Zeiträume davor und danach. Jürgen Tampke schreibt u.a. mit Bezug auf das heutige Landesarchiv:

> „As far as the November Revolution of 1918 and the Workers' and Soldiers' Councils are concerned the holdings of these archives are less impressive. For the time between November 1918 and April 1919 it is necessary to consult the sources held at the regional *Stadtarchive.* Most valuable for this period are also the local newspapers which are generally found in the town archives of their place of publication."[53]

Werfen wir nun zunächst einen Blick darauf, welche Situation wir Ende 1918 in Hamborn vorfinden, bevor wir uns im zweiten Teil der Arbeit der Streikbewegung selbst zuwenden.

---

51 Hamborn wurde im Jahr 1929 mit Duisburg zu einer Stadt vereinigt.

52 Vgl. StdA Dui 51.

53 Tampke, Ruhr, S. 193. Bei Tampke findet sich auch der Hinweis, dass das Büro Kölpin erst später effektiv arbeitete und dessen Berichte anfänglich belanglos waren. (Vgl. Tampke, Ruhr, S. 187).

| Jahr | Masern und Röteln | Scharlach | Diphterie u. Krupp | Genickstarre | Unterleibstyph. incl. gastriges Fieber | Keuchhusten | Kindbettfieber | Kinderlähmung | Lungenschwindsucht | and. akute Erkrank. d. Atmungsorgane und Lungenentzündung | Akute Darmkrankheiten einschl. Brechdurchfall | Brechdurchfall: d. Kinder bis zu 1 Jahre | Brechdurchfall: aller übrigen Altersklassen | Alle übrigen Krankheiten | Gewaltsamer Tod: Verunglückungen | Gewaltsamer Tod: Selbstmord | Gewaltsamer Tod: Totschlag |
|---|---|---|---|---|---|---|---|---|---|---|---|---|---|---|---|---|---|
| 1913 | 25 | 1[illegible] | 70 | – | 6 | 25 | 8 | – | 174 | 447 | 381 | 87 | 25 | 518 | 118 | 11 | 5 |
| 1914 | 89 | 18 | 90 | – | 16 | 35 | 2 | – | 179 | 349 | 461 | 352 | 109 | 972 | 434 | 8 | 7 |
| 1915 | 14 | 70 | 119 | – | 9 | 21 | 3 | – | 147 | 338 | 344 | 229 | 115 | 505 | 994 | 10 | 3 |
| 1916 | 34 | 28 | 37 | – | 5 | 27 | 4 | – | 246 | 383 | 283 | 188 | 95 | 542 | 588 | 4 | – |
| 1917 | 2 | 2 | 19 | 3 | 9 | 13 | 2 | – | 333 | 391 | 380 | 143 | 237 | 426 | [illegible] | 3 | 1 |
| 1918 | 65 | 5 | 23 | 1 | 34 | 49 | 4 | – | 443 | 886 | 182 | 117 | 65 | 596 | [illegible] | 12 | 9 |

# 2. Die Stadt Hamborn

> „[E]in gewaltig-grausiger Anblick bot sich meinen staunenden Augen. Wohin der Blick schweifte, rechts, links, hinten, vorne: ein Wald von Fabrikschornsteinen, Fördertürmen, Maschinenhallen, Koksöfen, Hochöfen, Mietskasernen, gespensterhaft schwarz sich abhebend von dem schmutzig-grauen, feucht-nebligen Himmel. [...] Ungeheure Röhrengefüge zwischen kirchenhaft gewölbten Hallen und klotzigen Kuppeln [...]. Ein Wolkenmeer von schwarzem Rauch und geballten gelben Schwaden lag drückend über der ganzen Landschaft [...] Wie können hier Menschen leben, dachte ich mit Grauen“[54].

Alexander Stenbock-Fermor beschrieb seine Ankunft in Hamborn wie den Abstieg in die Hölle. Obwohl wir hier eine gewisse literarische Überzeichnung sicherlich in Rechnung stellen müssen, erhalten wir doch einen Eindruck vom Charakter dieser Stadt, die auch von anderen Zeitgenoss*innen als ausgesprochen lebensfeindliche Umgebung geschildert wurde.[55] Hamborn war eine reine Kreation der Großindustrie. Etwas nördlich von Duisburg gelegen, erlebte der zunächst sehr kleine Ort mit dem Vordringen des Bergbaus in die Emscherzone eine rapide Expansion, die in Hinblick auf Umfang und Geschwindigkeit selbst für das Ruhrgebiet außergewöhnlich war.[56] Anfangs verlief die Entwicklung allerdings eher langsam: Nachdem der Gutsbesitzer Morian 1856 bei Bohrungen auf Steinkohle gestoßen war, kam es erst elf Jahre später, also 1867, zur Bildung der „Gewerkschaft Hamborn“. Die Bevölkerungszahl lag in diesem Jahr bei nicht mehr als 2272 Einwohner*innen. 1871 begann das nun in „Gewerkschaft Deutscher Kaiser“ umbenannte Unternehmen mit der Abteufe des ersten Schachtes. Die Förderung konnte jedoch aufgrund ungünstiger geologischer Bedingungen und technischer Probleme erst 1876 aufgenommen werden. Trotz der damit verbundenen wirtschaftlichen Schwierigkeiten der Zeche wurde August Thyssen 1883 Teil des Grubenvorstands und sicherte sich ab 1885 systematisch die Anteilsmehrheit. 1888/89 wurde das Abteufen des zweiten und dritten Schachtes in Angriff genommen, für deren Fertigstellung aber nochmals sechs bzw. acht Jahre benötigt wurden. Ungeachtet der zahlreich auftretenden Hindernisse bei

54 Stenbock-Fermor, Erlebnisse, S. 7f.

55 Vgl. Lucas, Formen, S. 48f., S.56. Selbst Wilhelm Bentrop, der sehr darum bemüht war, die positiven Aspekte der Industrialisierung heraus zu stellen, kam nicht umhin die große Zahl an Schornsteinen zu erwähnen, die die Stadt prägten, und zuzugestehen, dass die Luft in Hamborn außergewöhnlich stark mit Abgasen belastet war. (Vgl. Bentrop, Entwickelung, S. 103f.).

56 Vgl. Bentrop, Entwickelung, S. 1ff.; Lucas, Formen, S. 25-29.

den Schachtarbeiten begann Thyssen parallel mit dem Aufbau eines vertikal integrierten Betriebes, indem er an gleicher Stelle innerhalb kürzester Zeit ein Eisen- und Stahlwerk errichten ließ, das schon Ende 1891 die Produktion aufnahm. Nur kurze Zeit später baute die im Besitz der Firma Haniel befindliche „Gewerkschaft des Steinkohlenbergwerks Neumühl“ in Hamborn eine zweite Zeche auf. Beide Zechen teuften in den folgenden Jahren zahlreiche weitere Schächte ab. Deutscher Kaiser war ab 1902 die Zeche mit der höchsten Jahresfördermenge im gesamten Ruhrgebiet und behauptete diese Position bis nach dem Krieg. Auch die oberirdischen Anlagen wurden noch erheblich erweitert, u.a finanzierte Thyssen den Bau von zwei leistungsfähigen Häfen am Rhein. Eine andere Firma errichtete in Hamborn zudem eine größere Zinkhütte, die vor allem wegen ihrer gesundheitsschädlichen Auswirkung erwähnenswert ist.[57]

Mit der Aufnahme der industriellen Produktion im großen Stil explodierten die Bevölkerungszahlen. Die Zahl der Einwohner*innen verfünffachte sich von 6063 im Jahr 1895 auf 32597 im Jahr 1900. In den nächsten fünf Jahren kam es nochmals zu einer Verdoppelung. 1910 war bereits ein Wert von 101703 in Hamborn wohnhaften Personen erreicht. 1913 wies Deutscher Kaiser eine Belegschaftsstärke von über 13900 Beschäftigten auf, im Thyssenschen Hüttenwerk arbeiteten zusätzlich knapp 11000 weitere Personen. Die Gewerkschaft Neumühl war zwar kleiner, aber auch hier kamen nochmals etwas über 5700 Arbeitskräfte zusammen.[58] Ihr spezieller Entstehungsprozess machte Hamborn zu einer Stadt, deren Bevölkerung sich fast ausschließlich aus Arbeiter*innen und ihren Familien zusammensetzte. Dieser Umstand konnte bei der Arbeiter*innenschaft zu Selbstbewusstsein und einem Gefühl von Stärke, jedoch auch zur Überschätzung der eigenen Macht führen.[59] Dieses Gefühl eigener Macht wurde durch die Art und Weise, in der zumindest Teile der Arbeiter*innen im Stadtbild auftraten, offensiv repräsentiert und zusätzlich verstärkt. Erhard Lucas beschreibt, wie „die Bergleute im Hamborner Raum in ihrer Freizeit in Gruppen von 40 bis 50 Mann, einen Kohlenhackenstiel in der Hand, spazierenzugehen pflegten, was

57 Vgl. Bentrop, Entwickelung, S. 3-15; Fischer-Eckert, Lage, S. 7-11; Lucas, Formen, S. 25-29; Joachim Huske, Die Steinkohlenzechen im Ruhrrevier. Daten und Fakten von den Anfängen bis 1986, Bochum 1987, S. 39f., S. 208ff.

58 Vgl. Bentrop, Entwickelung, S. 29, S. 43, S. 74f.; Huske, Steinkohlenzechen, S. 39f.; Lucas, Formen, S. 36. Die von Huske genannten Belegschaftszahlen weichen von den anderen Angaben leicht ab, bestätigen aber die rasante Entwicklung.

59 Vgl. Fischer-Eckert, Lage, S. 3, S. 13-16; Karin Hartewig, Das unberechenbare Jahrzehnt. Bergarbeiter und ihre Familien im Ruhrgebiet 1914-1924, München 1993, S. 267; Lucas, Formen, S. 276.

einen furchterweckenden Anblick bot."[60] In diesen Kontext ordnet er auch die relativ hohen Fallzahlen in den Deliktbereichen „Widerstand gegen die Staatsgewalt" und „Gefangenenbefreiung" ein.[61] Hier ist allerdings Vorsicht geboten. In der Tat kann die Kriminalstatistik als Indiz für bestimmte Verhaltensweisen gelten, insbesondere bei Straftatbeständen wie „Widerstand gegen die Staatsgewalt" liefert sie allerdings alles andere als eindeutige Hinweise. Da gerade Widerstandsanzeigen ein von Polizeibeamt*innen oft genutztes Mittel sind, um missliebige Personen, denen sich sonst nichts nachweisen lässt, abzustrafen, sind ohne eine Absicherung durch andere Quellen verschiedenste Interpretationen möglich.

Die besondere Entwicklung Hamborns und das weitgehende Fehlen des Bürgertums hatten aber noch ganz andere als die oben beschriebenen Konsequenzen: Die Steuereinnahmen waren niedrig, eine städtische Infrastruktur existierte lediglich in Ansätzen und einen urbanen Charakter konnte man Hamborn nur schwerlich zusprechen. Um die Schachtanlagen und Industriebetriebe konzentrierte Siedlungen waren untereinander nur lose verbunden, befestigte Straßen und Kanalisation teilweise noch nicht vorhanden.[62] Bert Altena hat in einem Aufsatz zu den Entstehungsbedingungen syndikalistischer Bewegungen explizit auch mit Blick auf Hamborn darauf hingewiesen, dass infrastrukturelle Mängel sich auf die kollektive Handlungsfähigkeit von Arbeiter*innen durchaus positiv auswirken konnten. Die Arbeiter*innen waren in dieser Situation gezwungen viele Angelegenheiten eigenständig zu regeln und durch selbstgeschaffene Strukturen aufzufangen. Sie waren „es gewöhnt, sich selbst zu organisieren und ihr Leben reichhaltig zu gestalten."[63]

60 Lucas, Formen, S. 110.

61 Vgl. Lucas, Formen, S. 110.

62 Vgl. Franz J. Brüggemeier / Lutz Niethammer, Schlafgänger, Schnapskasinos und schwerindustrielle Kolonie. Aspekte der Arbeiterwohnungsfrage im Ruhrgebiet vor dem Ersten Weltkrieg, S. 138ff., S. 159. In: Jürgen Reulecke / Wolfhard Weber (Hrsg.), Fabrik – Familie – Feierabend. Beiträge zur Sozialgeschichte des Alltags im Industriezeitalter, Wuppertal 1978, S. 135-175; Fischer-Eckert, Lage, S. 25; Klaus-Michael Mallmann, Erfahrungsräume und Deutungswelten. Klassenbildung, Fragmentierung und Bergarbeiterbewegung in Deutschland 1871-1914, S. 601f. In: Klaus Tenfelde (Hrsg.), Sozialgeschichte des Bergbaus im 19. und 20. Jahrhundert. Beiträge des Internationalen Kongresses zur Bergbaugeschichte Bochum, Bundesrepublik Deutschland, 3.-7. September 1989, München 1992, S. 593-608; Lucas, Formen, S. 56f.; Wilhelm Treue, Die Feuer verlöschen nie. August Thyssen-Hütte 1890-1926, Düsseldorf / Wien 1966, S. 132.

63 Bert Altena, Zur Analyse des revolutionären Syndikalismus, S. 29. In: Mitteilungsblatt des Instituts zur Erforschung der europäischen Arbeiterbewegung (IGA), H. 22 (1999), S. 5-35.

Als Beispiel für solche Selbstorganisationsprozesse kann man das äußerst rege Vereinsleben sehen, dass die Hamborner Arbeiter*innenschaft etablierte. Im Jahr 1909 gab es insgesamt 252 von der Polizei registrierte Zusammenschlüsse, die sich als Arbeiter*innenvereine einordnen lassen.[64] Die Vereine sind aber nicht nur ein Indiz für durchaus erstaunliche Fähigkeiten zur Bildung von Assoziationen. Sie verweisen zudem auf Austauschmöglichkeiten und soziale Kontakte, die auch im Kontext kollektiver Interessenvertretung zum Tragen kommen konnten. Umso wichtiger ist daher Lucas Anmerkung, „daß sich die Hamborner Arbeiter mit ihren Vereinen ein Kommunikationsnetz in einer Stadt schufen, die ihnen nichts bot als Arbeitsplätze, einförmige Wohnungen, relativ wenige Gastwirtschaften und ein unsagbar monoton-graues Stadtbild."[65]

## 2.1. Migrationsbewegungen

Bislang haben wir Hamborn vor allem unter der Perspektive einer explosionsartig anwachsenden Stadt betrachtet. Trotz hoher Geburtenraten in Hamborn ergab sich der weitaus größte Teil des Bevölkerungswachstums aus einer enormen Zuwanderung. Ein nicht unwesentlicher Teil der Migrant*innen stammte dabei aus weiter entfernten Gegenden. Die von der Gemeindeverwaltung geführte Statistik für das Jahr 1910 zählte 18052 Personen aus Österreich-Ungarn, 19000 Einwohner*innen wurden in der Aufstellung als polnisch eingeordnet. Größere Gruppen kamen zudem aus Holland (2088 Personen) und Italien (1341).[66] Trotz der heterogenen Herkunft finden sich keine belastbaren Hinweise darauf, dass nationalistische Spaltungslinien die Handlungsfähigkeit der Arbeiter*innen einschränkten oder überhaupt in Bezug auf Arbeitskämpfe eine Rolle spielten. Ein wichtiger Faktor dürfte gewesen sein, dass unterschiedliche Herkunft in diesem Fall nicht mit differenten Positionen oder Aufstiegschancen im Betrieb verbunden war. Es gab zu dieser Zeit im Ruhrbergbau kein Unterschichtungsphänomen, keine Spaltung in „einheimische" Facharbeiter*innen und „Fremde", denen die unteren Lohngruppen zugewiesen wurden.[67] Stattdessen begünstigten durchmischte

---

64 Vgl. Altena, Analyse, S. 26-31; Fischer-Eckert, Lage, S. 131f.; Lucas, Formen, S. 94f.

65 Lucas, Formen, S. 95.

66 Vgl. Fischer-Eckert, Lage, S. 43; Lucas, Formen, S. 28-42.

67 Im Rahmen der Germanisierungspolitik wurden auch für den Bergbau diskriminierende Verordnungen erlassen, die z.B. den Aufstieg zum Ortsältesten von mündlichen und schriftlichen Deutschkenntnissen abhängig machten. In der Praxis erlangten diese Regelungen allerdings keine Relevanz, da sie dem Arbeitskräftebedarf der Zechenunternehmen, denen die Kontrolle weitgehend selbst überlassen wurde, entgegenliefen. Faktisch unmöglich war für polnische Arbeiter hingegen der Aufstieg

Arbeitsteams und die spezifischen Arbeits- und Wohnformen, die unten ausführlich dargestellt werden, ein gemeinsames Agieren.

Insbesondere die Zeche Deutscher Kaiser schickte (wie im Übrigen zahlreiche Unternehmen im Ruhrgebiet) Werber aus, um Arbeitskräfte auch über weite Distanzen für die Kohlengewinnung in Hamborn zu rekrutieren. In der Regel wurden größere Gruppen an einem Ort angeworben und dann in gemeinsamen Transporten, die durchaus mehrere hundert Personen umfassen konnten, nach Hamborn gebracht. Die neu angelegten Bergleute kamen überwiegend aus ländlichen Gebieten, daneben wurden aber auch gezielt erfahrene Bergarbeiter aus anderen Kohlenrevieren abgeworben. Neben diesen von der Industrie organisierten Wanderungsbewegungen gab es Migrant*innen, die aufgrund direkter persönlicher Kontakte nach Hamborn kamen. In vielen Fällen holten Arbeiter*innen, die bereits nach Hamborn zugewandert waren, kurze Zeit später Familienangehörige nach oder erleichterten Bekannten durch Informationen und Unterstützungsmöglichkeiten die Entscheidung, ebenfalls zu migrieren.[68] Bei solchen Formen der Kettenmigration ist die Eingebundenheit in soziale Netzwerke offensichtlich. Doch auch bei den geschlossenen Transporten können wir – allein schon aufgrund der gemeinsamen Anwerbung an einem Ort – davon ausgehen, dass die Neuankömmlinge vielfach bereits bei ihrer Ankunft in Hamborn über Kontakte zu anderen Arbeiter*innen verfügten. Hinzu kommt, dass die Transporte oftmals ganze Familien umfassten.[69] Die Beschreibung der Migrant*innen als entwurzelte, isolierte und aus allen sozialen Bindungen herausgerissene Individuen, wie sie sich in der zeitgenössischen und Teilen der Forschungsliteratur findet, geht daher an der Realität vorbei. Nicht zu bestreiten ist hingegen, dass der Umzug nach Hamborn für einen Großteil der Migrant*innen eine elementare Veränderung ihrer Lebenssituation bedeutete. Viele von ihnen machten hier ihre ersten Erfahrungen mit dem Wohnen in der Stadt und mit industrieller Arbeit.[70] Andere waren mit dem Leben als Bergleute bereits vertraut und legten bei ihrer Wanderung deutlich geringere Entfernungen zurück. Sie waren Teil der umfangreichen Migrationsbewegungen innerhalb des Ruhrge-

---

zum Steiger. (Vgl. Christoph Kleßmann, Polnische Bergarbeiter im Ruhrgebiet 1870-1945. Soziale Integration und nationale Subkultur einer Minderheit in der deutschen Industriegesellschaft, Göttingen 1978, S. 62-72).

68 Vgl. Brüggemeier, Leben, S. 65f.; Fischer-Eckert, Lage, S. 46-64; Hartewig, Jahrzehnt, S. 66ff.; Lucas, Formen, S. 40ff.; S. 92.

69 Vgl. Brüggemeier / Niethammer, Schlafgänger, S. 156; Fischer-Eckert, Lage, S. 52f., 56f.

70 Vgl. Lucas, Formen, S. 41, S. 60-63, S. 92; Fischer-Eckert, Lage, S. 63, S. 69-77; S. 92ff.

biets, durch die sich die einzelnen Zechen und Orte dieser Region in einem permanenten Austausch befanden.

In diesem Kontext ist zu beachten, dass die sich in der schnellen Expansion Hamborns darstellenden Wanderungsgewinne nur einen kleinen Teil der tatsächlichen Migrationsbewegungen abbilden. Während jedes Jahr mehrere zehntausend Personen zuwanderten, verließen gleichzeitig auch sehr viele Menschen die Stadt. Die Zahl der Abmeldungen belief sich vor dem Krieg jährlich jeweils auf knapp ein Drittel der Gesamtbevölkerung Hamborns. Noch höher sind die Angaben für die Umzüge innerhalb der Stadt.[71] Eine zeitgenössische Beobachterin hatte daher den Eindruck, „vor einem grossen Bienenhause zu stehen, in das Tausende von Bienen unaufhörlich hineinströmen und Tausende wieder heraus."[72] In der Tat war die Fluktuation unter den Einwohner*innen vor dem Krieg in Hamborn außergewöhnlich hoch, selbst für das Ruhrgebiet, das allgemein über eine sehr mobile Bevölkerung verfügte.[73] Die Bergleute trugen zu dieser Bewegung durch das sogenannte „Zechenlaufen" bei, den häufigen Wechsel zwischen einzelnen Betrieben und Orten. Die geringen Distanzen zwischen den Zechen und die hohe Arbeitskräftenachfrage begünstigten diese weit verbreitete Praxis, mit der die Beschäftigten auf individuellem Wege versuchten, ihre Lohn- und Arbeitssituation zu verbessern.[74] Mobilitätsvergleiche zwischen verschiedenen Städten sind allerdings mit Schwierigkeiten behaftet, da die Statistiken sich in der Regel auf die gesamte Einwohner*innenschaft bezogen und die (Berg-) Arbeiter*innen nicht gesondert erfassten. Aufgrund der unterschiedlichen Zusammensetzung der jeweiligen Bevölkerung kann hier schnell ein falscher Eindruck entstehen. Die fehlende Differenzierung bezüglich einzelner Einwohner*innen- bzw. Berufsgruppen schränkt insgesamt die Möglichkeiten ein, aus diesen Zahlen Schlüsse für die vorliegende Fragestellung zu ziehen. Besonders problematisch wird es, wenn die aus demographischen Daten für die Vorkriegszeit gewonnenen Befunde ohne Weiteres auf die Kriegs- und Nachkriegszeit übertragen werden. Karin Hartewig hat unter explizitem

71 Vgl. Fischer-Eckert, Lage, S. 64f.; Lucas, Formen, S. 40ff.

72 Fischer-Eckert, Lage, S. 64.

73 Vgl. Brüggemeier, Leben, S. 273; Hartewig, Jahrzehnt, S. 34-37; Dieter Langewiesche, Mobilität in deutschen Mittel- und Großstädten. Aspekte der Binnenwanderung im 19. und 20. Jahrhundert. In: Werner Conze / Ulrich Engelhardt (Hrsg.), Arbeiter im Industrialisierungsprozeß. Herkunft, Lage und Verhalten, Stuttgart 1979, S. 70-93.

74 Vgl. Brüggemeier, Leben, S. 60f.; Dick Geary, The Myth of the Radical Miner, S. 56. In: Stefan Berger / Andy Croll / Norman LaPorte (Hrsg.), Towards a comparative history of coalfield societies, Aldershot / Burlington 2005, S. 43-64; Hartewig, Jahrzehnt, S. 46f.; Lucas, Formen, S. 41f.; Mommsen, Konflikte, S. 71f.;

Verweis auf Hamborn zu Recht vor einem solchen Vorgehen gewarnt.[75] Tatsächlich reduzierte sich in Hamborn während des Krieges die Quote der Zu- und Wegzüge um fast die Hälfte, so dass Hamborn nun bezüglich der Fluktuation gegenüber anderen Städten nicht mehr hervorstach.[76] In der Gesamtschau erweisen sich also Ergebnisse, die sich primär auf die Mobilitätsstatistik der Hamborner Gesamtbevölkerung in der Vorkriegszeit stützen, als höchst unsicher. Wenn z.B. Lucas auf Basis dieser Daten anzweifelt, dass sich in Hamborn engere Nachbarschaftsbeziehungen herausbilden konnten,[77] so müssen wir diese Einschätzung zurückweisen, da sie im Widerspruch zu Informationen steht, die wir aus anderen Quellen gewinnen können. Wichtige Hinweise zum tatsächlichen Verhalten der Bergleute liefern uns zunächst statistische Angaben zum Belegschaftswechsel verschiedener Zechen. Bei den bezüglich dieses Aspekts vorliegenden Zahlen weist die GDK zwar hohe, keineswegs aber außergewöhnliche Werte auf.[78] Entscheidend ist es jedoch, die Statistiken mit qualitativen Daten zu kontextualisieren. Nur auf diese Weise können wir die Migrationsbewegungen in Bezug auf unsere Fragestellung angemessen interpretieren. Insbesondere werden wir so in die Lage versetzt, innerhalb der Zechenbelegschaften zu differenzieren und zwischen verschiedenen Gruppen von Bergleuten mit jeweils andersartigen Formen der Mobilität und sozialen Einbindung zu unterscheiden. Im nächsten Abschnitt nehmen wir daher das Wohnverhalten der Bergleute genauer unter die Lupe.

---

75 Vgl. Hartewig, Jahrzehnt, S. 40f.

76 Vgl. Hartewig, Jahrzehnt, S. 35; Verwaltungsbericht der Stadt Hamborn am Rhein für die Zeit vom 1. April 1914 bis 31. März 1919, S. 3ff.; Verwaltungsbericht der Stadt Hamborn am Rhein für das Jahr 1919, o.P., Kapitel II. Zur Abnahme der Bevölkerungsbewegungen dürfte u.a. das 1916 verabschiedete Hilfsdienstgesetz beigetragen haben, das sich zwar als nur begrenzt erfolgreich erwies, dennoch eine Einschränkung der Mobilität bei den Arbeitern und ihren Familien zur Folge hatte. (Vgl. Hartewig, Jahrzehnt, S. 46f.).

77 Vgl. Lucas, Formen, S. 92f.; siehe auch Fischer-Eckert, Lage, S. 65, S. 87, S. 129.

78 Gerhard Adelmann, Die soziale Betriebsverfassung des Ruhrbergbaus vom Anfang des 19. Jahrhunderts bis zum Ersten Weltkrieg unter besonderer Berücksichtigung des Industrie- und Handelskammerbezirks Essen, Bonn 1962, S. 155, S. 173.

| an- | Deutsche | Ausländer | Amerikaner | Belgier | Bulgaren | Dänen | Engländer | Franzosen | Griechen | Holländer | Jtaliener | Luxemburger | Oesterr.-Ungarn | Oesterr.- Polen | Rumänen | Russen | Russ.- Polen | Serben | Schweden-Norweg | Schweizer | Spanier | Türken | Summe | Auf 100 d.Bev.e Ausld. |
|---|---|---|---|---|---|---|---|---|---|---|---|---|---|---|---|---|---|---|---|---|---|---|---|---|
| 1901 | 31251 | 5628 | - | 35 | - | · | - | - | - | 905 | 253 | · | 4415 | · | - | 2 | - | 4 | - | 14 | · | · | 36879 | 15,26 |
| 1905 | 52749 | 14749 | - | 43 | 1 | 1 | 2 | 4 | - | 1153 | 749 | 1 | 12716 | 3 | 1 | 4 | 1 | 1 | - | 18 | · | 1 | 67494 | 21,92 |
| 1910 | 80084 | 21637 | 5 | 31 | - | 1 | 4 | 2 | - | 2188 | 1341 | 9 | 18052 | 27 | 4 | 28 | 6 | 2 | 2 | 35 | - | - | 101721 | 21,27 |
| 1914 | 96953 | 22394 | 5 | 39 | 1 | 9 | 1 | 5 | - | 1850 | 3011 | 7 | 17095 | 125 | 5 | 133 | 30 | 4 | 2 | 68 | 3 | 1 | 119337 | 18,76 |
| 1915 | 93605 | 18300 | 2 | 34 | · | 12 | 1 | 1 | 1 | 2060 | 1940 | 15 | 14105 | 60 | 1 | 9 | 7 | X | 1 | 51 | - | - | 111905 | 16,35 |
| 1916 | 91911 | 18394 | 4 | 978 | · | 10 | 1 | 12 | - | 1771 | 671 | 23 | 12660 | 114 | - | 25 | 2452 | 1 | - | 59 | 1 | 4 | 110305 | 16,72 |
| 1917 | 79453 | 23430 | 3 | 3742 | · | 4 | 1 | 55 | - | 1598 | 618 | 23 | 12854 | 119 | - | 25 | 4292 | 1 | 1 | 46 | 1 | 1 | 102883 | 22,77 |
| 1918 | 87319 | 22040 | 3 | 3071 | · | 4 | [illegible] | 89 | 84 | 1607 | 656 | 18 | 11985 | 119 | - | 24 | 4253 | 1 | · | 56 | 64 | 3 | 109359 | 20,15 |
| 1919 | 95752 | 17313 | 4 | 142 | · | 4 | [illegible] | 13 | 22 | 2555 | 503 | 13 | 13176 | 119 | 2 | 45 | 1114 | - | - | 42 | 54 | 4 | 113065 | 15,31 |

# 3. Reproduktionsbereich

Die besondere Entstehungsgeschichte Hamborns führte bezüglich der Wohnsituation der Arbeiter*innen zu einer spezifischen Lage. Dass ein ortsansässiges Bürgertum wie bereits erwähnt kaum vorhanden war, hatte u.a. auch zur Folge, dass nur relativ wenige Wohnungen privat vermietet wurden. Die mit der rapiden Expansion der Stadt entstandene Nachfrage nach Wohnraum konnte der freie Wohnungsmarkt jedenfalls nicht ansatzweise befriedigen. Hinzu kam, dass die Hamborner Großindustrie mit Blick auf Expansionsmöglichkeiten, aber auch aufgrund der unvermeidlich auftretenden Bergschäden, für die sonst hohe Schadensersatzleistungen hätten gezahlt werden müssen, über die Hälfte des Stadtgebietes in ihren Besitz gebracht hatte. Allein dem Thyssenkonzern gehörten 1922 rund 40% der Fläche, der Gewerkschaft Neumühl weitere 12%.[79] Um den immensen Bedarf an Arbeitskräften zu decken, waren die Unternehmen gezwungen in großem Umfang Werkswohnungen zu errichten. Gleichzeitig verfolgten insbesondere die Zechen damit auch das Ziel, die Belegschaften längerfristig zu binden und das Zechenlaufen einzuschränken. Die Wohnungen in den Zechenkolonien waren daher in der Regel qualitativ besser und deutlich günstiger als die auf dem freien Wohnungsmarkt angebotenen Unterkünfte und der Mietvertrag war an das Arbeitsverhältnis gebunden. Wie für andere Ruhrgebietsstädte lässt sich auch für Hamborn und die Gewerkschaft Deutscher Kaiser nachweisen, dass die Fluktuation bei den Bewohner*innen von Werkswohnungen tatsächlich erheblich niedriger war als beim Rest der Belegschaft. Für das Jahr 1900 vorliegende Zahlen verdeutlichen die enorme Differenz: Während bei der Gesamtbelegschaft von Deutscher Kaiser die Fluktuation 77,9% betrug, lag sie bei den Koloniebewohnern zu diesem Zeitpunkt nur bei 5,0%.[80] Die stark erhöhte Sesshaftigkeit lässt sich u.a. auch darauf zurückführen, dass die Werkswohnungen normalerweise über Gartenland – entweder direkt an die Häuser angeschlossen oder in Form von Schrebergärten – und teilweise Stallungen verfügten. Die Ehefrauen der Bergarbeiter nutzten diese Grundstücke intensiv zum Anbau von Lebensmitteln. Umzüge hätten oftmals den Verlust

---

79 Vgl. Bentrop, Entwickelung, S. 80; Brüggemeier, Leben, S. 42; Brüggemeier / Niethammer, Schlafgänger, S. 140, S. 171; Fischer-Eckert, Lage, S. 22-28; Lucas, Formen, S. 56.

80 Vgl. Adelmann, Betriebsverfassung, S. 163-175; Gerhard Adelmann, Quellensammlung zur Geschichte der sozialen Betriebsverfassung. Ruhrindustrie unter besonderer Berücksichtigung des Industrie- und Handelskammerbezirks Essen, Bd. 2, Bonn 1965, S. 66; Bentrop, Entwickelung, S. 80-84; Brüggemeier, Leben, S. 46-50; Brüggemeier / Niethammer, Schlafgänger, S. 168ff.; Fischer-Eckert, Lage, S. 24-32.

der von den Familien fest eingeplanten Erträge bedeutet und wurden daher tunlichst vermieden.[81] Bedingt durch die in der Kriegs- und Nachkriegszeit bestehenden Mängel bei der Lebensmittelversorgung erlangten derartige subsistenzwirtschaftliche Praktiken noch größere Bedeutung. Die veränderte Lage beförderte so zusätzlich die ohnehin deutlich ausgeprägtere Ortsgebundenheit der Familien, die in den Kolonien wohnten.[82]

In Hamborn stach die Bautätigkeit der Gewerkschaft Deutscher Kaiser auch gegenüber den anderen Betrieben der Großindustrie hervor. Im Jahr 1919 konnte die Zeche ihrer Belegschaft insgesamt 6554 Wohnungen zur Verfügung stellen.[83] Hinzu kamen zahlreiche Plätze in werkseigenen Ledigenheimen, die Bentrop für das Jahr 1922 immerhin auf 1950 beziffert.[84] Diese als Menagen bezeichneten Heime waren bei den Arbeitern allerdings höchst unbeliebt und stellten für sie nur eine Notlösung dar.[85] Auffällig ist der große Unterschied zum Wohnungsbau der Thyssenhütte. Obwohl sich die Belegschaftszahlen des Hüttenwerks schon vor dem Krieg in ähnlichen Dimensionen wie die der Zeche bewegten und diese am Kriegsende bei weitem übertrafen, wurden für die Metallarbeiter*innen kaum Wohnungen errichtet. 1918 waren für 11558 Arbeiter*innen des Hüttenwerks nur ca. 1300 Werkswohnungen verfügbar.[86] Wir stoßen in Hamborn damit auf ein Phänomen, das David Crew bereits für Bochum untersucht und als eine der Ursachen für das unterschiedliche Protestverhalten verschiedener Arbeiter*innengruppen ausgemacht hat: Wenn auch die tatsächlichen Belegungszahlen für die Wohnungen des Hüttenwerkes nicht verfügbar sind, können wir doch davon ausgehen, dass die Hamborner Bergleute wie in Bochum in deutlich stärkerem Maße als Berufsgruppe in geschlossenen Siedlungen zusammenwohnten als die Metallarbeiter*innen.[87] Die Zeche hatte aufgrund der erheblich stärkeren Aktivitäten in diesem Bereich und der kriegsbedingt stark gesunkenen Beleg-

81 Vgl. Bentrop, Entwickelung, S. 83; Brüggemeier, Leben, S. 49f.; Brüggemeier / Niethammer, Schlafgänger, S. 169f.; Lucas, Formen, S. 70; Mietvertrag der GDK. Dokumentiert in Fischer-Eckert, Lage, S. 31-34, hier S. 31.

82 Vgl. Hartewig, Jahrzehnt, S. 151, S. 190-195.

83 Vgl. Adelmann, Quellensammlung, Bd. 2, S. 67; Bentrop, Entwickelung, S. 82.

84 Vgl. Bentrop, Entwickelung, S. 86f.

85 Vgl. Brüggemeier, Leben, S. 53-58.

86 Vgl. Bentrop, Entwickelung, S. 29, S. 61, S. 74ff., S. 82; Fischer-Eckert, Lage, S. 24.

87 Vgl. David F. Crew, Bochum. Sozialgeschichte einer Industriestadt 1860-1914, Frankfurt/M / Berlin / Wien 1980, S. 203-207; David F. Crew, Berufliche Lage und Protestverhalten Bochumer Bergleute und Metallarbeiter im ausgehenden 19. Jahrhundert, S. 85ff. In: Mommsen / Borsdorf (Hrsg.), Glück auf, Kameraden!, S. 71-88. Siehe auch Brüggemeier, Leben, S. 235; Brüggemeier / Niethammer, Schlafgänger, S. 155.

schaftszahlen – auf die wir im nächsten Kapitel noch genauer eingehen werden – die Möglichkeit, nahezu alle Beschäftigten in Koloniewohnungen unterzubringen. Zusammen mit den Menagen können wir sogar von Überkapazitäten ausgehen. Deutscher Kaiser erreichte damit auch eine signifikant höhere Abdeckung des Wohnungsbedarfs der Belegschaft als die andere Hamborner Zeche, Neumühl, die ebenfalls zahlreiche Häuser für ihre Arbeiter*innen errichtete.[88] Doch nicht nur für Hamborner Verhältnisse war der Wohnungsbau von Deutscher Kaiser außergewöhnlich, er ragte ebenso im Vergleich mit Zechen in anderen Ruhrgebietsorten heraus. Im Jahr 1919 lebten 73,97% der Belegschaft der GDK in den zecheneigenen Wohnungen. Gerhard Adelmann hat, gestützt auf die Angaben des Oberbergamtes Dortmund, entsprechende Prozentwerte auch für weitere (große) Ruhrgebietszechen errechnet. Zwar untersucht Adelmann nur verhältnismäßig wenige Unternehmen, so dass die Aussagekraft des Vergleichs begrenzt ist. Dennoch sticht ins Auge, dass Deutscher Kaiser jeweils mindestens 13% über den Zahlen der anderen Zechen lag.[89] Für die Analyse der Streikbewegung ist diese Tatsache von besonderem Gewicht. Schon zeitgenössische Darstellungen betonten die in der Regel ausgesprochen hohe Streikbeteiligung von Koloniebewohner*innen, spätere Forschungen haben die Kolonien ebenfalls als Streikhochburgen und Orte, die schnell zum Ausgangspunkt sozialer Unruhe wurden, identifiziert.[90] Karin Hartewig verweist explizit auf die wichtige Rolle der Kolonien auch für die in der vorliegenden Arbeit untersuchten Auseinandersetzungen: „Nicht zufällig sollten die Streikbewegungen der Bergleute […] 1918/19 ihren Anfang in Bergarbeiterorten nehmen, die große Bergmannskolonien aufwiesen und in denen ein hoher Anteil der Belegschaft mit ihren Familien lebte."[91] Es lohnt sich also, die Kolonien genauer in den Blick zu nehmen.

## 3.1. Das Leben in den Zechenkolonien

Dem ersten Anschein nach waren die Kolonien nur sehr bedingt als Ausgangspunkte von Protesten prädestiniert. Immerhin befanden sich die Arbeiter*innen hier auch außerhalb der Arbeitszeit im Einflussbereich des

---

88 Vgl. Bentrop, Entwickelung, S. 29, S. 43, S. 61, S.74ff., S. 81-87.

89 Adelmann, Quellensammlung, Bd. 2, S. 67. Brüggemeier hat Durchschnittszahlen für die einzelnen Bergreviere des Ruhrgebiets im Jahr 1914 errechnet. Auch seine Angaben deuten darauf hin, dass der von der GDK erreichte Prozentwert im Vergleich extrem hoch lag. (Vgl. Franz Josef Brüggemeier, „Volle Kost voll". Die Wohnungsverhältnisse der Bergleute an der Ruhr um die Jahrhundertwende, S. 153. In: Mommsen / Borsdorf (Hrsg.), Glück auf, Kameraden!, S. 151-173).

90 Vgl. Brüggemeier, Leben, S. 235f.; Hartewig, Jahrzehnt, S. 147.

91 Hartewig, Jahrzehnt, S. 151.

Unternehmens. Die Zechen setzten Kontrolleure ein, um die Kolonien zu überwachen und die Arbeiter*innenschaft zu disziplinieren.[92] Als deutlich wirksameres Mittel dürfte allerdings die bereits erwähnte Koppelung von Arbeits- und Mietvertrag anzusehen sein. Die von der Gewerkschaft Deutscher Kaiser ausgegebenen Mietverträge verlangten das Verlassen der Werkswohnung an dem Tag, an dem das Arbeitsverhältnis endete. Noch strikter war eine Regelung, die sich explizit mit Arbeitskämpfen befasste und die festlegte, dass die Zeche bei einer Teilnahme der Koloniebewohner*innen die sofortige Räumung der Wohnung einfordern konnte: „Im Falle einer Beteiligung des Mieters an Arbeiterausständen muss die Wohnung auf Verlangen der Vermieterin ohne weiteres sofort geräumt werden."[93] In der Praxis erwiesen sich solche Bestimmungen als nur begrenzt effektiv, da die hohe Arbeitskräftenachfrage und die große Solidarität unter den Arbeiter*innen die Umsetzung derartiger Sanktionen erschwerten. In der Regel mussten sich die Unternehmen mit der Hoffnung begnügen, dass die unverhüllt formulierte Drohung die Beschäftigten einschüchtern würde. Dennoch griffen die Grubenleitungen mitunter tatsächlich zum Mittel der Zwangsräumungen, obgleich der Umfang notwendigerweise beschränkt blieb: Im Zusammenhang mit dem Streik von 1905 kündigte Deutscher Kaiser zunächst allen streikenden Koloniebewohnern. 51 „Rädelsführer" mussten ihre Wohnungen dann wirklich verlassen.[94] Die gleichwohl nachweisbar hohe Beteiligung von Koloniebewohner*innen an Arbeitskämpfen verweist darauf, dass hier starke Faktoren wirksam gewesen sein müssen, die die Einschüchterungsstrategie der Unternehmen mehr als ausglichen. Wir werden diese Aspekte im nächsten Abschnitt untersuchen. Angemerkt sei noch, dass die in den Werkssiedlungen erlebte starke Abhängigkeit von der Zeche, die „persönliche Unfreiheit des Wohnens in den Kolonien"[95], dazu führte, dass zumindest einem Teil der Bergleute die auf dem freien Wohnungsmarkt angebotenen Unterkünfte trotz der schlechteren Ausstattung und höherer Mieten attraktiv erschienen.[96]

Die unmittelbare Verknüpfung von Arbeitsplatz und Wohnung ermöglichte jedoch nicht nur den repressiven Zugriff der Unternehmen. Sie hatte auch zur Folge, dass die dort Wohnenden durch die gemeinsame Abhängigkeit von

---

92 Vgl. Brüggemeier, Leben, S. 235; Paul Grabein, Aus dem Reiche der schwarzen Diamanten. Bilder aus dem Bergmannsleben, Leipzig u.a. 1910, S. 163-174.

93 Mietvertrag [wie Anm. 81], hier S. 31f.

94 Vgl. Adelmann, Betriebsverfassung, S. 168f.; Brüggemeier / Niethammer, Schlafgänger, S. 170.

95 Fischer-Eckert, Lage, S. 36.

96 Vgl. Fischer-Eckert, Lage, S. 36, S. 42; Lucas, Formen, S. 49.

einem Betrieb verbunden waren. Ihre Gemeinsamkeit erstreckte sich damit nicht nur auf einen Bereich ihres Lebens, sondern nahezu auf ihre gesamte Existenz. Der komplette Lebensrhythmus in den Kolonien richtete sich nach dem Takt der Zeche. Diese weitgehende Nivellierung von Unterschieden in der Lebensführung der Arbeiter*innen wurde durch die äußerliche Gestaltung der Siedlungen auch optisch eindrucksvoll repräsentiert:

> „Alle Einwohner gehören demselben Berufe, derselben gesellschaftlichen Schicht an. Wie die Häuser schon durch ihre äusserliche Übereinstimmung gleichsam als das uniformierte Symbol der ewig gleichmässigen Beschäftigung seiner Bewohner wirken, ebenso spielt sich auch das Leben seiner Insassen [...] genau nach dem Schema der Schichtuhr ab. [...] Das Schicksal der Nachbarn gleicht mit wenigen Abweichungen dem eignen, wie ein Ei dem andern."[97]

Die Errichtung zahlreicher Häuser in einheitlicher Bauweise war für die Kolonien typisch. Der so ohnehin schnell entstehende Eindruck von Uniformität wurde durch die spezifische Bauweise der Thyssensiedlungen, die durch geschlossene Blocks und gerade Straßen geprägt waren, allerdings noch erheblich verstärkt:

> „Obermarxloh ist in seiner Gesamtheit ein großes Kolonieviertel, in dem in durchweg architektonisch gleichgearteten Häusern, die in quadratischen Blocks angeordnet sind, Arbeiter der verschiedenen Thyssenschen Schachtanlagen untergebracht sind. [...] Monotonie der Formen, Monotonie der Farben, Monotonie der Arbeit."[98]

Die Koloniebewohner*innen konnten in dieser Konstellation gar nicht umhin, die Gleichförmigkeit ihres Lebens zu erkennen, ihre relativ einheitliche Lebenslage zu realisieren. Die Wahrnehmung, eine gemeinsame Situation, ein kollektives Schicksal zu teilen, ist aber ein wichtiger Faktor für die Entstehung von Solidarität. Nicht übersehen werden sollte an dieser Stelle der im oben angeführten Zitat enthaltene Hinweis, dass in der Siedlung Beschäftigte verschiedener Schachtanlagen der GDK wohnten. Hier wurden also auch Bergleute zusammengeführt, die während ihrer Arbeitszeit keinen Kontakt untereinander hatten. Die Wohnform der Arbeiter*innen begünstigte damit ein schnelles Übergreifen von Protesten, die von einzelnen Schachtanlagen ausgingen, auf die Betriebsebene. Gegebenenfalls konnte ein gemeinsames Agieren hier sogar schon im Vorfeld abgesprochen werden.

---

97 Fischer-Eckert, Lage, S. 28f.

98 Robert Blum, Hamborn a./Rhein, die Entwicklung eines jungen Gemeinwesens zur Industriegroßstadt unter besonderer Berücksichtigung der Entwicklung von Handwerk und Einzelhandel, Diss. Köln 1933, S. 29f.

Eine Abschottung der einzelnen Familien gegenüber den Nachbar*innen fand in den Kolonien nicht statt. Die sich für die zugewanderten Arbeiter*innen ergebende Notwendigkeit, sich schnell in einer unbekannten Umgebung zurecht zu finden, erzwang die Öffnung nach außen. Es entstand eine „halboffene Familienstruktur"[99]. Diese spezifische Familienkonstellation, die im Ruhrgebiet weit verbreitet war, wurde insbesondere durch die Aufnahme lediger Bergleute in die eigene Wohnung befördert, eine Praktik, die als Schlaf- oder Kostgängerwesen bezeichnet wurde. Es war dabei durchaus nicht ungewöhnlich, dass eine Familie gleich mehreren Schlafgängern Unterkunft bot. Die Familien erschlossen sich so eine zusätzliche Einnahmequelle, um das schmale Budget aufzubessern. Für die Kostgänger hingegen ergab sich hier eine attraktive Alternative zu den ungeliebten Menagen. Wenn sie vom Land kamen, stellte die Integration in einen fremden Haushalt für sie zudem kein unbekanntes Phänomen dar. Für das Kostgeld übernahmen die Frauen in der Regel einen Großteil der Reproduktionsarbeiten für die Schlafgänger. Sie bereiteten ihnen nicht nur die Mahlzeiten zu, sondern kümmerten sich darüber hinaus auch um die Wäsche und Reparatur der Kleidung, Besorgungen usw.[100] Zahlreich sind die Berichte über intime Verhältnisse zwischen Ehefrauen und Kostgängern. Ob es sich dabei primär um ein Produkt der Phantasie handelte oder ob die Beziehungen zwischen ihnen tatsächlich oft diese Form annahmen, ist allerdings kaum rekonstruierbar.[101] Als sicher kann hingegen gelten, dass sich in vielen Fällen zwischen den Kostgängern und den anderen Bewohner*innen einer Wohnung auch persönliche Bindungen entfalteten, der Kontakt also nicht auf ein reines Dienstleistungsverhältnis beschränkt blieb.[102] Zudem brachten die Kostgänger über ihre Bekanntschaften usw. die anderen Haushaltsmitglieder mit weiteren Bergleuten in Berührung. Durch das Schlafgängerwesen potenzierten sich so die sozialen Beziehungen innerhalb der Belegschaften. Gleichzeitig ermöglichte die weite Verbreitung dieser Wohnform den ledigen Bergleuten eine enorme Mobilität und den schnellen Wechsel zwischen verschiedenen Zechen im Ruhrgebiet. Eine neue Schlafstelle war nicht schwer zu finden, ein Umzug ohne Familie und mit nur wenig persönlichem Besitz recht leicht zu bewerkstelligen und die

---

99 Brüggemeier / Niethammer, Schlafgänger, S. 156.

100 Brüggemeier, Leben, S. 52-64; Brüggemeier / Niethammer, Schlafgänger, S. 151-156; Lucas, Formen, S. 47-54.

101 Vgl. Brüggemeier, Leben, S. 68; Brüggemeier, Kost, S. 166; Lucas, Formen, S. 70-73; Grabein, Reiche, S. 166; Georg Werner, Ein Kumpel. Erzählung aus dem Leben der Bergarbeiter, Berlin $^{2}$1930, S. 69f.

102 Vgl. Brüggemeier, Leben, S. 62-66; Brüggemeier, Kost, S. 165f.; Brüggemeier / Niethammer, Schlafgänger, S. 153.

Aufnahme in den Haushalt gewährleistete, dass man auch am neuen Wohnort nicht isoliert war.[103] Die Schlafgänger waren daher in einer günstigen Position um Konflikte im Betrieb auch offen auszutragen und sich an Arbeitskämpfen zu beteiligen. Selbst im Falle einer Niederlage waren die Konsequenzen für sie verhältnismäßig wenig schwerwiegend.[104] Entscheidend war zudem, dass das Kostgängerwesen das Überspringen lokal initiierter Streiks auf andere Betriebe erheblich begünstigte. Insbesondere durch die sozialen Kontakte der Kostgänger waren die Zechenbelegschaften der einzelnen Gruben und Städte des Ruhrgebiets eng miteinander verknüpft. Auch wenn ein Großteil der Bekanntschaften den Umzug nicht überdauerte, so entstand durch die weite Verbreitung des Kostgängerwesens insgesamt doch eine große Zahl intensiver sozialer Beziehungen, die das Ruhrrevier wie ein Netz überzogen: „Noch nach Jahrzehnten konnte ich, wenn ich zufällig nach Gelsenkirchen kam, nicht an seinem Hause vorbeigehen, ohne ihm zum mindesten ‚Guten Tag' zu sagen."[105] Das enge Verhältnis zu einem Mitglied der ihn aufnehmenden Familie, das Georg Werner hier beschreibt, mag in seiner Persistenz ungewöhnlich sein. Mit Sicherheit war die Entstehung auch längerfristig stabiler Freundschaften aber alles andere als ein Einzelfall.

Ließ sich bei den Bergleuten generell schon eine Öffnung der Familien und eine Vielzahl von Außenkontakten beobachten, so können wir auch in dieser Hinsicht bei den von Thyssen gebauten Wohnvierteln Faktoren identifizieren, die allgemein vorhandene Tendenzen zusätzlich verstärkten. Auffällig ist insbesondere die extreme Verdichtung der Thyssenkolonien, die vor allem im Vergleich mit der anderen Hamborner Zeche hervorsticht. Auf einer etwas kleineren Fläche als Neumühl brachte Thyssen ca. zweieinhalbmal so viele Arbeiter*innen unter. Diese starke Konzentration erreichte die Gewerkschaft Deutscher Kaiser dadurch, dass, im Unterschied zu den anderen Hamborner Kolonien, nicht einzelne einstöckige Häuser in offener Bauweise, sondern Mietskasernen mit mehreren Etagen errichtet wurden. Anders als bei Neumühl wiesen die Häuser keine separaten Eingänge für die einzelnen Familien auf, eine Tatsache, die auch im Verwaltungsbericht der Gemeinde beklagt wurde.[106] Die Arbeiter*innen der GDK wurden so im Wohnbereich auf

---

103 Vgl. Brüggemeier, Leben, S. 60ff.; Brüggemeier / Niethammer, Schlafgänger, S. 153.

104 Vgl. Brüggemeier, Kost, S. 172f.

105 Werner, Kumpel, S. 67.

106 Vgl. Bentrop, Entwickelung, S. 81; Fischer-Eckert, Lage, S. 24ff.; Karl Freundlieb, Allgemeine und wirtschaftliche Entwicklung der Stadt Hamborn a. Rhein unter besonderer Berücksichtigung der Bodenpreisgestaltung in den Jahren 1880/1914, Diss. Würzburg 1930, S. 34-42; Lucas, Formen, S. 48f.

engster Fläche zusammengedrängt. Die dadurch geschaffene Situation war für sie sicherlich oft unangenehm und führte auch zu Reibereien, gleichzeitig wurden intensivere Kontakte so aber nahezu unvermeidlich. Das Leben verlagerte sich in den Werkssiedlungen der GDK teilweise auf die Straße, u.a. auch deshalb, weil Kneipen in Hamborn kaum vorhanden waren. Die unmittelbare Umgebung der eigenen Wohnung, so beschreibt es der Hamborner Lehrer Heinrich Kautz eindrücklich, wurde zum zentralen Kommunikationsort:

> „Frauen […] stehen mit aufgerollten Ärmeln da und schwatzen und plaudern wie laute Spatzen. Oder sie sitzen auf den Treppenstufen und schälen Kartoffeln oder flicken, häkeln, stricken. In den Fenstern liegen die Kostgänger. […] Abends, besonders im Sommer, ist es recht lustig in der Kolonie. Überall ist Musik. Manchmal gibt's auch Zank und Schlägerei. Aber meist sitzen die Leute gemütlich auf den Treppenstufen und scherzen und rauchen und plaudern."[107]

Angesichts der engen Bindung an die Zeche ist es naheliegend anzunehmen, dass ein Großteil der Gespräche um das Unternehmen und die von ihm geschaffenen Arbeits- und Lebensbedingungen kreiste. Dabei gab es offenbar wenige Geheimnisse. Auch finanzielle Fragen wurden offen angesprochen und Unzufriedenheit mit den Zuständen gegenüber den Kolleg*innen und Nachbar*innen deutlich artikuliert: „Da zeigt einer dem Kameraden die Lohntüte. Wie er schimpft! Aha, ihm ist sicher viel abgezogen worden. […] Nichts wird am Lohntag so eingehend besprochen wie die Lohntüte."[108]

Ein Teil der gemeinsam in einem Ort angeworbenen Arbeiter*innen wohnte auch in der neuen Stadt zusammen, in anderen Fällen lebten direkte Arbeitskolleg*innen in unmittelbarer Nachbarschaft. Doch auch ohne solche besonders günstigen Konstellationen dürfte die Kontaktaufnahme in den Kolonien nicht schwergefallen sein: Die relative Homogenität der Bewohner*innen, die Ähnlichkeit der eigenen Lebenserfahrungen und die physische Nähe waren ein fruchtbarer Boden für den Austausch unter den Arbeiter*innen.[109] Wie wir gesehen haben, waren die Kolonien durch einen hohen Grad an Kommunikation unter den Bewohner*innen geprägt, sie entwickelten sich so zu „sozialen Räumen intensiver Nachbarschaft, politischer Sozialisation und kollektiver Konfliktbereitschaft"[110]. Positive Auswirkungen auf die Beteiligung an Arbeitskämpfen hatte darüber hinaus aber auch die soziale Kontrolle durch die anderen Arbeiter*innen. Fischer-

---

107 Heinrich Kautz, Um die Seele des Industriekindes, Donauwörth $^{2}$1929, S. 174f.; vgl. auch Lucas, Formen, S. 93.

108 Kautz, Seele, S. 186; vgl. auch Lucas, Formen, S. 93.

109 Vgl. Brüggemeier, Leben, S. 59, S. 66.

110 Hartewig, Jahrzehnt, S. 151.

Eckert vergleicht die GDK mit der Hamborner Haniel-Zeche und merkt an, dass in den Siedlungen von Neumühl „die Familien sich gegenseitig weniger ‚in die Töpfe sehen' können."[111] Hingegen war die soziale Kontrolle in den hochverdichteten Kolonien besonders stark ausgeprägt. Die Bewohner*innen „kennen eben einander viel zu gut"[112], als dass ihnen die Aktivitäten ihrer Nachbar*innen verborgen blieben: „Ein Verschwinden, ein ungesehenes Untertauchen gibt es in normalen Arbeitervierteln nicht."[113] Streikbruch fiel unter diesen Bedingungen sofort auf und führte zum „totalen Verlust des sozialen Ansehens in der lokalen Gruppe"[114]. Die Verknüpfung von Arbeits- und Wohnbereich nahm Beschäftigten, die sich kollektiven Aktionen verweigerten, jeden Rückzugsraum. In den Kolonien waren sie auch in der Freizeit mit der Verachtung ihrer Kolleg*innen und deren Familien konfrontiert. Es klingt daher fast euphemistisch, wenn Brüggemeier konstatiert: „Streikbrecher hatten es hier nicht leicht."[115] Wie bedrohlich die Lage für diese in den Kolonien tatsächlich werden konnte, mag ein Beispiel aus dem Bergarbeiterstreik von 1912 verdeutlichen, bei dem sich die christliche gegen die drei anderen Gewerkschaften stellte und damit im gesamten Ruhrgebiet besondere Konflikte innerhalb der Belegschaften verursachte. Im Zuge dieses Arbeitskampfes kam es in zwei Hamborner Wohnvierteln zu massiven Auseinandersetzungen zwischen Arbeiter*innen und der Polizei, die die Streikbrecher schützte. Ein erster Versuch, die Streikbrecher zurück in ihre Wohnungen in einer der Thyssenkolonien zu geleiten, musste aufgrund militanter Gegenwehr abgebrochen werden. Beim zweiten Anlauf drang die Polizei mit rund 70 Mann in die Siedlung ein. Im Polizeibericht ist von heftigen Angriffen die Rede: Die Polizisten seien aus allen Richtungen beworfen und beschossen worden. Die Beamten selbst setzten mehrfach ihre Schusswaffen gegen die Arbeiter*innen ein. Große Probleme hatte die Polizei bei dem Versuch, Festnahmen zu tätigen. Die Angriffe erfolgten aus den mehrstöckigen Häusern heraus, die Täter*innen waren nicht zu ermitteln.[116] Die Streikenden

111 Fischer-Eckert, Lage, S. 25.

112 Fischer-Eckert, Lage, S. 29.

113 Heinrich Husmann, Lebensformen und ihr Wandel beim Arbeiter in Hamborn. Teil I, S. 28. In: Rheinisch-westfälische Zeitschrift für Volkskunde, Bd. 4 (1957), H. 1, S. 1-39.

114 Albin Gladen, Die Streiks der Bergarbeiter im Ruhrgebiet in den Jahren 1889, 1905 und 1912, S. 127. In: Reulecke (Hrsg.), Arbeiterbewegung an Rhein und Ruhr, S. 111-148.

115 Brüggemeier, Kost, S. 173.

116 Vgl. Bericht über die Verwaltung und den Stand der Gemeinde-Angelegenheiten der Stadt Hamborn für das Rechnungsjahr 1911 (StdA Dui), S. 116; Lucas, Formen,

waren sich bezüglich der Notwendigkeit des militanten Agierens offenbar einig. Zumindest aber verhielten sie sich in der Konfrontation mit der Polizei solidarisch, so dass Denunziationen nicht vorkamen.

## 3.2. Die Rolle der Frauen in den Wohnvierteln

Schwer zu erfassen ist die Rolle, die die Frauen in den Kolonievierteln und insbesondere auch in Hinblick auf die Streiks spielten. In der bisherigen Forschung sind sie deutlich weniger als ihre Verwandten und Ehemänner berücksichtigt worden. Da im Rahmen der vorliegenden Studie nicht in größerem Umfang neue Quellen erschlossen werden können, muss in diesem Bereich vieles Spekulation bleiben. Selbst von Li Fischer-Eckert, die die Lage der Hamborner Arbeiterfrauen untersucht hat, erfahren wir in dieser Hinsicht nur wenig. In ihrem stark von sozialreformerischen Bestrebungen geprägten Werk bemängelt sie die „psychische Leere und Verarmung“[117] der Frauen. Ihre Beschreibung verdeutlicht, dass das Denken der Hamborner Arbeiterinnen von ihrer unmittelbaren Lebenssituation und ihren alltäglichen Problemen dominiert wurde. Sie entwickelten keine weit darüber hinausreichenden Visionen und Vorstellungen: „Ausserhalb ihrer täglichen Sorgen ist keine Welt mehr für sie da.“[118] Es gibt keinen Anlass Fischer-Eckerts diesbezügliche Darstellung in Zweifel zu ziehen, indes ist mehr als fraglich, dass sie hier – wie von ihr angenommen – eine Besonderheit der Frauen beschreibt. Problematisch ist, dass Fischer-Eckert die Ehemänner bei ihrer Argumentation als Kontrastfolie nutzt, sich in dieser Hinsicht aber weitgehend auf Vermutungen stützen muss, da sie die Bergmänner bei ihrer Untersuchung nicht erfasst hat. Ihre Klage über den verheerenden Bewusstseinsstand der Frauen weist große Parallelen zu den Einschätzungen Adolf Levensteins auf, der von 1907 bis 1911 ebenfalls eine umfangreiche Erhebung, allerdings unter männlichen Arbeitern, durchgeführt hat. Levenstein ordnet immerhin 72,7% der von ihm befragten Ruhrbergleute einer Kategorie zu, für die er die Bezeichnung „Schicht der seelisch Toten“ für treffend hält.[119]

---

S. 127f.

117 Fischer-Eckert, Lage, S. 133.

118 Fischer-Eckert, Lage, S. 134.

119 Vgl. Adolf Levenstein, Die Arbeiterfrage. Mit besonderer Berücksichtigung der sozialpsychologischen Seite des modernen Großbetriebes und der psycho-physischen Einwirkungen auf die Arbeiter, München 1912, S. 4-13. Hätte Levenstein ein ähnliches Vorgehen gewählt wie Fischer-Eckert, die für ihre Stichprobenauswahl auf die Melderegister zurückgegriffen und die Befragungen persönlich durchgeführt hat, wäre sein Gesamturteil vermutlich noch weitaus negativer ausgefallen. Die von Levenstein angewandte Erhebungsmethode führt zu erheblichen Verzerrungen. Er

Fischer-Eckerts Entsetzen über den niedrigen Bildungsstand der Frauen, ihr engagiertes Eintreten für eine Änderung dieser Situation und ihr bürgerlicher Hintergrund verstellen ihr den Blick auf das spezifische Wissen, über das die befragten Arbeiterinnen durchaus verfügten. Über den kurz vor ihrer Befragung katastrophal gescheiterten Bergarbeiterstreik von 1912 schreibt sie: „Wohl hatte der Streik im Frühjahr die Gemüter allgemein aufgeschreckt, aber warum und weshalb sich dieser Aufstand überhaupt abgespielt hatte, das wusste mir keine zu sagen."120 Die zu diesem Arbeitskampf zitierten Äußerungen der Frauen – „‚sie hatten kein Geld' oder ‚die christlichen haben nicht Wort gehalten'"121 – stehen aber im Widerspruch dazu. Die Antworten der Frauen zeigen, dass sie sehr wohl klar benennen konnten, worum es bei dem Streik ging bzw. was sie in diesem Kontext für besonders relevant hielten, nämlich Lohnfragen bzw. das zu niedrige Familieneinkommen. Da letztlich sie mit begrenzten finanziellen Mitteln das Leben der Familie organisieren mussten, stellten niedrige Löhne der Bergleute für die Frauen ein alltägliches Problem dar und sie mögen sich von dem Streik vor allem in dieser Hinsicht eine Verbesserung der Situation erhofft haben. Die Frauen waren also in der Lage, ihre Interessen recht klar zu artikulieren. Sie taten dies aber in einer für viele Arbeiter*innen charakteristischen Weise – nicht in abstrakten Kategorien, sondern mit unmittelbarem Bezug auf ihre Lebenssituation.122 Es weist nichts darauf hin, dass die Hamborner Frauen sich in dieser Hinsicht von den männlichen Arbeitern unterschieden. Wir können ihnen also nicht einfach aufgrund ihres Bewusstseinsstandes eine untergeordnete Rolle innerhalb des Organisierungsprozesses zuweisen. Auch ein spezifisches Informationsdefizit und Desinteresse, das Fischer-Eckert unterstellt, lässt sich aus den von ihr erfassten Aussagen und Verhaltensweisen nicht ableiten. Die Tatsache, dass viele Frauen „die Zeitung nur in bezug auf ‚die Neuigkeiten'"123 lasen,

---

verwendet Fragebögen, die von den Arbeitern selbst ausgefüllt und zurückgeschickt werden müssen, was für nicht wenige schon eine bedeutende Hürde darstellen dürfte. Schwerwiegender ist jedoch, dass er die Fragebögen lediglich an befreundete Arbeiter versandt und diese dann um Weiterverbreitung gebeten hat. Nach seinen eigenen Angaben hat er zudem nur sozialdemokratisch oder freigewerkschaftlich organisierte Arbeiter erfasst.

120 Fischer-Eckert, Lage, S. 134.

121 Fischer-Eckert, Lage, S. 134.

122 Vgl. Lucas, Formen, S. 232; S. 275, S. 280f.

123 Fischer-Eckert, Lage, S. 133. An gleicher Stelle führt Fischer-Eckert an, dass die Frauen Bücher nur in absoluten Ausnahmefällen und wenn überhaupt, dann nur Romane lasen. Verschiedene Quellen verweisen aber zumindest bezüglich der Art der gelesenen Literatur auf sehr ähnliche Tendenzen bei den männlichen Hamborner Arbeitern. Berücksichtigt werden muss in diesem Zusammenhang, dass in Hamborn

ist kein Beleg für besondere geistige Abstumpfung, sondern verweist im Gegenteil auf Neugier im Wortsinne und das Bestreben, über aktuelle Entwicklungen auf dem Laufenden zu bleiben. Zumindest ein Teil der Frauen war deshalb auch in der Lage sich zum kurz vorher durchgeführten Streik ein genaueres Urteil zu bilden. Die Klage über den Wortbruch der „christlichen" zeigt, dass sie über die besondere Konfliktlage im Rahmen dieses Arbeitskampfes informiert waren, dass sie zwischen den verschiedenen Bergarbeitergewerkschaften differenzieren konnten und im Ausscheren des christlichen Verbandes einen wesentlichen Grund für das Scheitern identifizierten. Ihre politische Position wurde von den Arbeiterinnen mitunter offensiv vertreten und auch gegenüber ihren Ehemännern durchgesetzt: „[W]enn der Mann ein wenig unter dem Pantoffel stand, erklärten sie mir kampfbereit: ‚Ich habe es nicht mehr geduldet, dass er noch im Verband ist und wenn mir einer von denen kommt, dann fliegt er die Treppe herunter!'"[124]

Zumindest die hier aufscheinende Informiertheit der Frauen ist an und für sich wenig überraschend. Das Leben in einem gänzlich von der Zeche geprägten Umfeld, das gemeinsame Wohnen in der ausschließlich von Bergarbeiterfamilien besiedelten Kolonie war auch für die Frauen prägend. Nicht speziell auf Hamborn bezogen, aber auf den Ruhrkohlenbezirk insgesamt, gibt es daher auch ganz andere Beschreibungen als die von Fischer-Eckert:

> „Viel stärker als in anderen Berufsgruppen sind sie interessiert und eingeweiht in die Eigenarten der Betriebe. Dem Fremden erscheint es immer seltsam, wenn er in einen Grubenbezirk kommt und hier von Frauen Fachausdrücke hört, die sonst nur Männern geläufig sind."[125]

Die Frauen verbrachten in der Regel deutlich mehr Zeit als die Männer in den Kolonien. Obwohl während des Krieges in diesem Bereich eine gewisse Veränderung eintrat, waren Lohnarbeitsmöglichkeiten für Frauen in Orten wie Hamborn nur in sehr begrenztem Umfang vorhanden. Sie waren daher in der weiter oben beschriebenen Weise in den Wohnvierteln tätig, leisteten Garten- und Reproduktionsarbeiten für ihre Familien und die Kostgänger. Die im Wohnbereich entstandenen Kommunikationsbeziehungen waren deshalb unter den Frauen besonders stark ausgeprägt, bei Beschreibungen des Kolonielebens fallen oft Schilderungen der lebhaften Gespräche zwischen Arbeiterinnen ins Auge.[126] Der Austausch über die von allen geteilten

---

keine öffentliche Bibliothek existierte. (Vgl. Lucas, Formen, S. 108f.; Verwaltungsbericht der Stadt Hamborn am Rhein für das Jahr 1919, o.P., Kapitel XV., Abschnitt D).

124 Fischer-Eckert, Lage, S. 134.

125 Heinrich Teuber, Bergmannsfrauen. In: Sozialistische Politik und Wirtschaft, Berlin, 5. Jg., Nr. 9, 4. März 1927. Zitiert nach Lucas, Formen, S. 66.

126 Vgl. Kautz, Seele, S. 174; Stenbock-Fermor, Erlebnisse, S. 102.

Probleme begünstigte auch bei ihnen die Entwicklung von Kollektivität: „Die Gemeinsamkeit der gleichen Sorgen […] schafft zwischen den Frauen der Bergleute ein Gemeinschaftsgefühl."[127] Auf dieser Basis wurden solidarische Handlungen möglich, die nötigenfalls sogar die Grenzen der bestehenden Gesetze überschritten. Lucas verweist in diesem Zusammenhang auf die in Gesprächen mit Zeitzeug*innen thematisierte gegenseitige Hilfe bei Abtreibungen und die Mauer des Schweigens, auf die Polizei und Justiz bei diesbezüglichen Nachforschungen trafen. Derartige Erfahrungen konnten ebenso die Grundlage für kollektive Aktionen in anderen Kontexten bilden.[128] Und in der Tat lassen sich deutliche Hinweise finden, dass die Frauen auch im Rahmen von Arbeitskämpfen einen wichtigen Faktor darstellten. Vor allem sie waren es, die die informellen Strukturen in den Wohnvierteln trugen: „[D]er Umgang mit Schlafgängern, die Kontakte zu Nachbarn, diese und andere Bestandteile des alltäglichen Lebens wurden in erster Linie über die Frauen vermittelt."[129] Insbesondere für den Informationsfluss zwischen Bergleuten, die in verschiedenen Schichten arbeiteten, waren die Kontakte der Frauen, die nicht in Lohnarbeitsverhältnissen standen, wesentlich. Darüber hinaus förderte der enge Lebenszusammenhang der Kolonien aber auch die direkte Beteiligung der Frauen an Arbeitskampfaktionen. Das war insbesondere dann der Fall, wenn die Siedlungen – z.B. wie oben im Kontext des Streiks von 1912 beschrieben – unmittelbar in Auseinandersetzungen einbezogen wurden. Die Teilnahme der Frauen blieb aber nicht auf diese Situationen beschränkt:

---

127 Teuber, Bergmannsfrauen [wie Anm. 125].

128 Vgl. Lucas, Formen, S. 74f.

129 Brüggemeier, Leben, S. 65. Ganz ähnlich äußert sich Horst Steffens, wenn auch in Bezug auf ein anderes Bergbaugebiet und einen etwas früheren Zeitraum. Trotz zum Teil erheblicher Unterschiede zwischen Saarrevier und Ruhrgebiet, die sich auch auf den Wohnbereich der Bergleute erstreckten, gab es dennoch in Bezug auf einzelne Aspekte große Parallelen. Die von Steffens konstatierte zentrale Rolle der Frauen in den Kommunikationsbeziehungen, die sich insbesondere im Zusammenhang mit dem Schlafgängerwesen ergab, und ihr umfangreiches Wissen über die Arbeitssituation der Männer liefern uns auch für die vorliegende Untersuchung wichtige Hinweise: „Für die Familienstrukturen bedeutet die Wohnsituation der Bergarbeiter eine innerfamiliäre Stärkung der Frau. Die optimale Nutzung der weiblichen Arbeitskraft im Einliegerwesen begründet auch ihre zentrale Bedeutung im häuslichen Kommunikationssystem. Ihre Fähigkeit, täglich mit allen Bewohnern zu kommunizieren – was bei schichtarbeitenden Männern nur eingeschränkt möglich war – erhöht ihre Kenntnis und Betroffenheit von Nöten und Problemen der Bergarbeit." (Horst Steffens, Arbeiterwohnverhältnisse und Arbeitskampf. Das Beispiel der Saarbergleute in der großen Streikzeit 1889-1893, S. 134. In: Tenfelde / Volkmann (Hrsg.), Streik, S. 124-142).

> „Die räumliche Geschlossenheit der Grubenbezirke begünstigt eine Solidarität der Frauen mit den streikenden oder ausgesperrten Männern, die bei anderen weit zerstreut wohnenden Berufsgruppen schwer zu erzielen ist. Nicht selten greifen die Frauen aktiv in die Kämpfe der Männer ein, erreichen als Streikposten und bei ähnlichen Aufgaben häufig mehr als die Männer.“[130]

Das gemeinsame Agieren im Rahmen von Streiks bedeutete allerdings nicht die Aufhebung bestehender Geschlechterhierarchien, obwohl die beteiligten Frauen durch die Erfahrungen, die sie im Kontext dieser Aktionen machten, in der Regel sicherlich erheblich an Selbstvertrauen und Handlungsfähigkeit gewannen. Dennoch war die Solidarität nicht selten einseitig. Z.B. blieb weibliche Lohnarbeit in vielen Bereichen auch aus Sicht der Arbeiter ein Tabu und Frauen, die in diese Bereiche vordrangen, begegneten, wie wir weiter unten sehen werden, oft massiver Ausgrenzung durch Kollegen.

## 3.3 Zwischenfazit

Nach näherer Untersuchung kann es nicht mehr überraschen, dass die Kolonien sich zu Streikhochburgen entwickelten. Viele verschiedene Faktoren begünstigten kollektives Handeln der Arbeiter*innen und ließen die Kontroll- und Disziplinierungsversuche der Zechen scheitern: Die enge Verknüpfung von Arbeits- und Wohnbereich und die dadurch bedingte Gemeinsamkeit der Erfahrungen, die nahezu alle Facetten des alltäglichen Lebens der Bewohner*innen umfasste, beförderten die Entstehung von Solidarität. Durch die Kombination aus intensiver Kommunikation und stark ausgeprägter sozialer Kontrolle wurde nicht nur der Ausbruch von Arbeitskämpfen begünstigt, sondern insbesondere auch eine stabile Basis dafür geschaffen, dass diese über lange Zeiträume mit hoher Beteiligung geführt werden konnten. Der enge soziale Kontakt ermöglichte Unterstützung untereinander, trug dazu bei sich immer wieder gegenseitig zu bestärken und zu ermutigen. Er beinhaltete aber ebenso den Zwang zum Mitmachen. Individuell aus der Streikfront auszuscheren war für Koloniebewohner*innen kaum eine gangbare Option. Die Gefahr einer schleichenden Abnahme der Streikbeteiligung bei längeren Abseitskämpfen wurde so durch das gemeinsame Wohnen deutlich eingedämmt.

So sehr einerseits die gemeinsamen Erfahrungen der Bewohner*innen zu betonen sind, so wichtig ist es andererseits in Hinsicht auf ihre Mobilität Differenzierungen vorzunehmen. Erst durch die Analyse der Wohnsituation können wir die Wanderungsbewegungen angemessen interpretieren. Das Bild einer Arbeiter*innenschaft, die sich in permanentem Fluss befand und

130 Teuber, Bergmannsfrauen [wie Anm. 125].

unablässig rotierte, trägt nur für einen Teil der Bewohner*innen. Umso explosiver ist die Mischung, die wir in den Kolonien tatsächlich vorfinden. Auf der einen Seite treffen wir hier auf junge, ledige und hochmobile Arbeiter, die bei einem Streik nicht viel zu verlieren hatten und die sich daher bereitwillig an Arbeitskämpfen beteiligten. Diese Bergleute verfügten durch ihre Mobilität gleichzeitig über besonders viele über-lokale Kontakte. Auf der anderen Seite wohnten in den Zechensiedlungen relativ sesshafte Familien mit lokalen sozialen Bindungen, die soweit gefestigt waren, dass sie zur Basis auch intensiv und langfristig geführter Kämpfe werden konnten. Beide Gruppen lebten nicht isoliert nebeneinander, sondern waren durch das Schlafgängerwesen aufs Engste miteinander verbunden. Berücksichtigen wir nun noch, dass die Kolonien – zumindest in Hamborn – Bergleute aus verschiedenen Schachtanlagen zusammenführten, so wird das schnelle Überspringen von Streikaktionen von einzelnen Schächten auf die Betriebsebene und von dort auf andere Zechen erklärlich. Die Untersuchung der Wohnsituation liefert uns neben allgemeinen Informationen zur Streikfähigkeit der Bergleute aber auch deutliche Hinweise darauf, warum sich speziell Hamborn und die Zeche Deutscher Kaiser zum Zentrum der Aktivitäten entwickelten. Die enorme Bautätigkeit der GDK und die rapide Schrumpfung der Belegschaft führten dazu, dass der Anteil der Bergleute, der in den Zechenkolonien wohnte, während und nach dem Krieg absolut außergewöhnlich war. Die besondere Bauweise der Thyssensiedlungen, ihre Gleichförmigkeit und extreme Verdichtung, trugen ihr Übriges zur Entstehung der Streiks bei.

Trotz der enormen Bedeutung für Arbeitskämpfe jeglicher Art hatte die besondere Wohnform der Bergleute im Kontext der Sozialisierungsbewegung auch eine Kehrseite. Ambivalente Auswirkungen ergaben sich vor allem aus der insgesamt großen Homogenität der Koloniebewohner*innen, die wir bisher lediglich als positiven Faktor beachtet haben. Durch die Koppelung von Arbeits- und Wohnumfeld kamen die Bergarbeiter und ihre Familien mit anderen Arbeiter*innengruppen nur wenig in Kontakt. Das galt selbst für die hochmobilen Arbeitskräfte, die sich zwar innerhalb des Ruhrgebiets, dabei aber dennoch primär im Kreis der Zechenbelegschaften bewegten. Die unmittelbaren Erfahrungen der Bergleute im Wohnbereich begünstigten die Entwicklung von Solidarität innerhalb ihrer Berufsgruppe, sie trugen aber nicht dazu bei, dass sie sich als Teil einer Arbeiter*innenklasse mit gemeinsamen Interessen wahrnahmen.[131] Dieser Aspekt gewann durch den agrarischen Hintergrund vieler Hamborner Bergleute zusätzlich an Gewicht. Ein Großteil von ihnen hatte zuvor noch nie in der Industrie gearbeitet und war auch nicht in stärker durchmischten Arbeiter*innenvierteln aufgewachsen.

131 Vgl. Brüggemeier, Leben, S. 123; Crew, Bochum, S. 203-207; Crew, Lage, S. 85ff.

Weniger als andere machten sie daher Erfahrungen, die die Entstehung eines Klassenbewusstseins befördert hätten. Gleichzeitig – und das dürfte wesentlicher sein – verfügten sie aufgrund der beschriebenen Konstellation insgesamt nur über wenige persönliche Beziehungen zu Arbeiter*innen anderer Berufsgruppen, die für gemeinsame Aktionen genutzt werden konnten. Wir werden auf diese Aspekte später zurückkommen, wenn wir uns näher mit den Ursachen für das Scheitern der Sozialisierungsbewegung auseinandersetzen. Zunächst wenden wir uns im nächsten Kapitel aber dem Arbeitsbereich zu, um ein vollständigeres Bild vom Leben der Hamborner Bergleute zu erhalten.

# 4. Die Zeche Deutscher Kaiser

Der Krieg führte zu umfassenden Veränderungen in der Belegschaftszusammensetzung des Ruhrbergbaus. Während einerseits zahlreiche Arbeiter eingezogen wurden, kamen andererseits neue Beschäftigtengruppen hinzu bzw. gewannen deutlich an Bedeutung: Zu nennen sind hier insbesondere Jugendliche, Kriegsgefangene, Frauen, Deportierte und Invalide.[132] Zechen wie Deutscher Kaiser mit ihrem hohen Anteil an jungen Bergleuten waren in besonderem Maße betroffen. Trotz der neu angelegten Arbeiter*innen sanken die Belegschaftszahlen dramatisch ab. Während das Unternehmen 1913 noch 13919 Arbeiter*innen beschäftigte, standen der Zeche drei Jahre später nur noch 7188 Arbeitskräfte zur Verfügung. Nach dem hier erreichten Tiefststand stiegen die Beschäftigtenzahlen lediglich leicht auf 7874 Arbeiter*innen im Jahr 1918 an. Erst im Laufe des Jahres 1919 setzte eine deutliche Zunahme ein, so dass im ersten Nachkriegsjahr eine Belegschaftsstärke von 8923 Personen erreicht wurde, die aber immer noch klar unter dem Vorkriegswert lag.[133]

Bei Karin Hartewig findet sich der Hinweis, dass in der ersten Hälfte des Jahres 1917 auf Deutscher Kaiser nur noch 66% der Beschäftigten eine deutsche Staatsangehörigkeit hatten.[134] Die meisten der im Ruhrgebiet angelegten ausländischen Arbeiter*innen waren Kriegsgefangene. Ihre Zahl erreichte im August 1918 einen Höchststand, insgesamt machten Kriegsgefangene zu diesem Zeitpunkt 16,4% der Belegschaften aus. Dreiviertel von ihnen wurden unter Tage eingesetzt.[135] Im Oktober des gleichen Jahres lassen sich im „Ruhrbergbau 70 000 Kriegsgefangene, 9000 angeworbene Belgier und 15 200 russische Polen“[136] nachweisen. Drei Monate später waren von den Genannten hingegen nur noch 4600 anwesend.[137] Das Kriegsende führte hier also erneut zu gewaltigen Umbrüchen. Die von Hartewig ebenfalls

---

132 Vgl. Hartewig, Jahrzehnt, S. 58f.

133 Vgl. Bentrop, Entwickelung, S. 29, S. 74ff.; Hartewig, Jahrzehnt, S. 56; Huske, Steinkohlenzechen, S. 40.

134 Vgl. Hartewig, Jahrzehnt, S. 56.

135 Vgl. Hartewig, Jahrzehnt, S. 51; Kai Rawe, Kriegsgefangene, Freiwillige und Deportierte. Ausländerbeschäftigung im Ruhrbergbau während des Ersten Weltkrieges, S. 40-44. In: Klaus Tenfelde / Hans-Christoph Seidel (Hrsg.), Zwangsarbeit im Bergwerk. Der Arbeitseinsatz im Kohlenbergbau des Deutschen Reiches und der besetzten Gebiete im Ersten und Zweiten Weltkrieg. Bd. 1: Forschungen, Essen 2005, S. 35-61.

136 Hartewig, Jahrzehnt, S. 59.

137 Vgl. Hartewig, Jahrzehnt, S. 59.

erwähnte Abwanderung polnischer Bergleute nach Frankreich und Polen setzte hingegen erst zwischen März und Juni 1919, also gegen Ende des in der vorliegenden Studie untersuchten Zeitraums, ein.[138]

Auch bei anderen der oben angeführten Beschäftigtengruppen lässt sich im Zusammenhang mit Krieg und Kriegsende eine erhebliche Dynamik erkennen. Bereits am 4.8.1914 wurde ein Gesetz erlassen, das den Einsatz von Frauen im Bergbau und von Jugendlichen unter 16 Jahren unter Tage zuließ. Obwohl auch von der Möglichkeit der Untertagearbeit zunehmend Gebrauch gemacht wurde, legten die Zechen diese extrem jungen Arbeitskräfte in größerer Zahl vor allem über Tage an. Anders wurde bei jungen Bergleuten zwischen 16 und 19 Jahren verfahren, deren Anteil sich ebenfalls stetig erhöhte, bis er 1918 schließlich die Marke von 40,5% der Untertagebelegschaften erreichte.[139] Das Kriegsende bedeutete allerdings nicht das Ende der Beschäftigung von Jugendlichen, stattdessen stellten sie auch in den kommenden Jahren eine wichtige Beschäftigtengruppe dar.[140] Ganz anders sah es bei den Frauen aus, deren Anwesenheit in den Betrieben auf erhebliche Widerstände stieß. Dennoch arbeiteten während des Krieges ca. 20000-24000 Frauen im Ruhrbergbau und stellten damit 5,7%-6,7% der Gesamtbelegschaften.[141] Sie blieben dabei allerdings auf den Übertagebetrieb beschränkt, da eine Anlegung unter Tage an sozialen Tabus scheiterte. Vor allem die männlichen Bergarbeiter und die Gewerkschaften sperrten sich strikt gegen eine Integration von Frauen in den Untertagebereich.[142] Nach Kriegsende setzten massive Verdrängungsprozesse ein. Neben den Demobilmachungsausschüssen, die die Substitution von berufstätigen Frauen durch Kriegsheimkehrer anstrebten, setzen sich auch männliche Arbeiter zum Teil vehement für die Herausdrängung von Frauen aus den Zechen ein.[143] Ihre Position stand dabei im Widerspruch zu den Zechenverwaltungen, die die Frauenbeschäftigung aufgrund teilweise um die Hälfte niedrigerer Löhne und ohnehin hoher Arbeitskräftenachfrage tendenziell eher befürworteten.[144] Die Zahl der in den Bergwerksbetrieben tätigen Frauen sank daher zwar deutlich ab, war in der ersten Hälfte des Jahres 1919 mit insgesamt 10 000 Arbeiterinnen aber immer noch deutlich höher als in den Folgejahren.[145]

---

138 Vgl. Hartewig, Jahrzehnt, S. 63.

139 Vgl. Hartewig, Jahrzehnt, S. 48; S. 110; Rawe, Kriegsgefangene, S. 38.

140 Vgl. Hartewig, Jahrzehnt, S. 64f.

141 Vgl. Hartewig, Jahrzehnt, S. 49, S. 203; Rawe, Kriegsgefangene, S. 38.

142 Vgl. Hartewig, Jahrzehnt, S. 49ff.; Rawe, Kriegsgefangene, S. 39f.

143 Vgl. Hartewig, Jahrzehnt, S. 209.

144 Vgl. Hartewig, Jahrzehnt, S. 209, S. 211.

145 Vgl. Hartewig, Jahrzehnt, S. 65, S. 208.

## 4.1. Über- und Untertagebelegschaft

Im Rahmen der bisherigen Ausführungen zur Belegschaft ist eine wichtige betriebsorganisatorische Unterteilung der Zechen schon angeklungen: Sie gliederten sich in einen Untertage- und einen Übertagebetrieb. Während unter Tage die Kohle gewonnen und zum Schacht transportiert wurde, erfolgte über Tage die Aufbereitung und Veredelung des Rohstoffs. Zu den Tagesanlagen zählten u.a. Abteilungen zur Separation, Kohlenwäsche, Verladung, Werkstätten sowie im Falle von Deutscher Kaiser z.B. auch Kokerei- und Ziegeleibetriebe.[146] Die Übertagearbeiter*innen machten allerdings insgesamt lediglich etwas über 20 Prozent der Gesamtbelegschaft aus.[147] So banal der Hinweis auf die Differenzierung in Unter- und Übertagebereich zunächst klingen mag, so weitreichend waren die Konsequenzen dieser Unterteilung in der Praxis: Es entstanden zwei Belegschaftsteile, die innerhalb des Betriebs nahezu vollständig voneinander isoliert waren.[148] Im Zusammenhang mit der Frage der Frauenbeschäftigung ist bereits deutlich geworden, dass die Bergarbeiter dieser Trennung einige Bedeutung zumaßen: Während Frauenarbeit über Tage zwar nicht unumstritten war, zumindest aber für die Dauer des Krieges relativ problemlos etabliert werden konnte, ließ sie sich unter Tage aufgrund der Ablehnung durch die männliche Arbeiterschaft nicht durchsetzen. Es existierte also offenbar ein Gruppenbewusstsein, das sich primär auf die Arbeiter des Untertagebetriebs, nicht auf die Zechenbelegschaft als Ganze bezog. Der Schacht markierte lange Zeit die Schranke zu einem exklusiven Bereich, nämlich zur Sphäre der erwachsenen Männer, von der Frauen und Jugendliche ausgeschlossen waren. Für viele Jungen war daher der Tag der ersten Einfahrt von besonderer Bedeutung, „sie wollten gleichgestellt sein

---

146 Vgl. Bentrop, Entwickelung, S. 25-29; Hartewig, Jahrzehnt, S. 49, S. 147; Treue, Feuer, S. 50f., S. 149f., S. 215f., 230f., S. 241

147 Vgl. Bentrop, Entwickelung, S. 119; Klaus Tenfelde, Der bergmännische Arbeitsplatz während der Hochindustrialisierung (1890 bis 1914), S. 288. In: Conze / Engelhardt (Hrsg.), Arbeiter im Industrialisierungsprozeß, S. 283-335; Wolfhard Weber, Der Arbeitsplatz in einem expandierenden Wirtschaftszweig: Der Bergmann, S. 112. In: Reulecke / Weber (Hrsg.), Fabrik – Familie – Feierabend, S. 89-113.

148 Besonders deutlich wird dieser Aspekt in der Darstellung Alexander Stenbock-Fermors. Stenbock-Fermor schilderte detailliert seinen Arbeitsalltag von der Ankunft auf dem Betriebsgelände der Gewerkschaft bis zum Verlassen der Zeche nach Schichtende. Dabei beschrieb er auch verschiedene Arbeitergruppen und ihre Tätigkeiten. Die Übertagebelegschaft taucht in seinem Buch an keiner Stelle auf, eben weil ihm als Untertagearbeiter jeglicher betrieblicher Kontakt zu dieser Gruppe fehlte. (Vgl. Stenbock-Fermor, Erlebnisse).

und zur Welt der Erwachsenen gehören"[149]. Die Gesamtbelegschaft war also hierarchisch segmentiert. Das Entlohnungssystem stützte diese Hierarchie, Tagesarbeiter*innen erhielten grundsätzlich deutlich niedrigere Löhne[150]. Sie befanden sich daher in einer Position, die es sehr schwierig machte, umfassende Streikbewegungen zu initiieren oder in diesen die Führung zu übernehmen. Negativ auf ihre Möglichkeiten zum kollektiven Handeln wirkten sich zudem ihre heterogene Zusammensetzung, die Form der Arbeitsorganisation sowie die Entlohnungssituation aus. Im Gegensatz zu den Untertagearbeitern, „war die Situation der Übertage-Belegschaft durch Zersplitterung, individuell berechneten Schichtlohn und ein hohes Maß an Beaufsichtigung charakterisiert."[151]

Mit der Einfahrt in die Grube begaben sich die Bergleute in ein Umfeld, das sich in vielerlei Hinsicht von den Bedingungen an der Erdoberfläche unterschied. Unter Tage war es dunkel, in vielen Abschnitten räumlich sehr beengt und – je nach Wetterführung und Arbeitsplatz – extrem warm, feucht, stickig und staubig; teilweise herrschten Temperaturen bis über 30 Grad:[152] „Hier unten war die Luft künstlich, feuchtwarm, wie in einem überheizten Badezimmer oder Gewächshaus [...] nur unsere Grubenlampen warfen einen matten Schimmer, der knapp ausreichte, die allernächste Umgebung in Umrissen zu erkennen."[153] Zu Recht verweist Klaus Tenfelde auf „die räumlichen und klimatischen Bedingungen der Arbeitsverrichtung, aus denen sich die Singularität bergmännischer Arbeit"[154] herleitete und mit denen die Entstehung eines „Berufsbewußtsein[s]"[155] eng verbunden gewesen sei. Interessant ist in diesem Zusammenhang die Erwähnung Alexander Stenbock-Fermors, dass die Schachtarbeiter, die ja quasi am Übergang zur Oberfläche tätig waren und die nach seiner Beschreibung bei deutlich erträglicheren Temperaturen und besserer Luft arbeiteten, von den anderen „nicht als volle

---

149 Brüggemeier, Leben, S. 96. Mit dem Gesetz von 1914, das die Anlegung von Jugendlichen unter 16 Jahren unter Tage zuließ, wurde die zuvor starre Grenze zwar offiziell etwas aufgeweicht, die faktischen Veränderungen waren allerdings gering.

150 Vgl. Stephen Hickey, Bergmannsarbeit an der Ruhr vor dem Ersten Weltkrieg, S. 61. In: Mommsen / Borsdorf (Hrsg.), Glück auf, Kameraden!, S. 49-69.

151 Michael Zimmermann, Schachtanlage und Zechenkolonie. Leben, Arbeit und Politik in einer Arbeitersiedlung 1880-1980, Essen 1987, S. 29f.

152 Vgl. Brüggemeier, Leben, S. 106; Hickey, Bergmannsarbeit, S. 49; S. H. F. Hickey, Workers in Imperial Germany. The Miners of the Ruhr, Oxford 1985, S. 111f.; Stenbock-Fermor, Erlebnisse, S. 24; Tenfelde, Arbeitsplatz, S. 321f.

153 Stenbock-Fermor, Erlebnisse, S. 21.

154 Tenfelde, Arbeitsplatz, S. 287.

155 Tenfelde, Arbeitsplatz, S. 287.

Bergleute"[156] angesehen wurden. Die bergmännische Arbeit fand allerdings nicht nur unter besonders unangenehmen Umständen statt, sie war darüber hinaus auch hochgefährlich. Das galt einerseits in Hinsicht auf Krankheiten und langfristige Gesundheitsschädigungen, andererseits in Bezug auf die im Bergbau zahlreich auftretenden und häufig tödlich verlaufenden Unfälle.[157] Allein für die GDK wurden von 1913-1918 jährlich zwischen 2282 und 3752 Unfälle behördlich gemeldet. Bei diesen Unglücken verstarben jedes Jahr 33 bis 60 Bergleute. Auch von den Erkrankungen der Atmungsorgane, die in Hamborn die mit Abstand häufigste Todesursache darstellten, dürfte ein erheblicher Anteil durch die Arbeitsbedingungen unter Tage verursacht worden sein.[158] Die Gefährlichkeit der Grubenarbeit fand im zeitgenössischen Diskurs ihren Niederschlag und stand den Bergleuten klar vor Augen.[159] Sie beförderte ein „eigenberufliche[s] Bewußtsein der Bergleute [...], einem auch durch seine Berufsgefahren gezeichneten, ja, ausgezeichneten Stand anzugehören."[160] So wichtig die bislang aufgeführten Aspekte sind, so wenig sind sie hinreichend, um das von Hickey konstatierte „Bewußtsein gemeinsamer Identität und kollektiver Zusammengehörigkeit, das sie nicht bloß als Arbeiter, sondern als Bergleute kennzeichnete und sie dadurch von anderen Arbeitergruppen abhob"[161], zu erklären. Zwar hat uns die Analyse der Wohnformen und der Migrationsbewegungen bereits wichtige Hinweise auf den engen Zusammenschluss der Bergleute und die Absonderung von anderen Arbeiter*innen geliefert. Hickey bezieht sich hier aber ausdrücklich auf den Bereich der Arbeit. Um Hickeys Einschätzung überprüfen und begründete Aussagen zu den Auswirkungen der Arbeitssituation treffen zu können, müssen wir uns im Folgenden sowohl die konkrete Arbeitsverrichtung als auch die spezifischen Kommunikationsstrukturen, die sich innerhalb der Untertagebelegeschaften identifizieren lassen, genauer ansehen. Trotz der bisherigen Ausführungen scheinen unter Tage die Voraussetzungen für die Konstituierung einer geschlossenen und handlungsfähigen Gruppe zunächst nämlich

156 Stenbock-Fermor, Erlebnisse, S. 155.

157 Vgl. Hartewig, Jahrzehnt, S. 110f.; Hickey, Bergmannsarbeit, S. 57ff.; Hickey, Workers, S. 117-127; Tenfelde, Arbeitsplatz, S. 323.

158 Vgl. Verwaltungsbericht 1. April 1914 bis 31. März 1919, S. 8, S. 140.

159 Vgl. Detlev. J. K. Peukert, Industrialisierung des Bewußtseins? Arbeitserfahrungen von Ruhrbergleuten im 20. Jahrhundert, S. 92. In: Klaus Tenfelde (Hrsg.), Arbeit und Arbeitserfahrung in der Geschichte, Göttingen 1986, S. 92-119; Tenfelde, Arbeitsplatz, S. 334f.

160 Tenfelde, Arbeitsplatz, S. 335.

161 Hickey, Bergmannsarbeit, S. 49; vgl. auch Crew, Lage, S. 72.; Crew, Bochum, S. 172.

alles andere als günstig gewesen zu sein. Das Grubengebäude erstreckte sich über viele Kilometer, die Belegschaft war verstreut auf zahlreiche Betriebspunkte.[162] In diesem unübersichtlichen Gebilde lassen sich verschiedene Arbeitsplatzgruppen wie Streckenauffahrung, Kohlengewinnung, Förderung und Reparaturarbeiten unterscheiden.[163] Ein Großteil der Arbeiterschaft, etwa die Hälfte der Gesamtbelegschaft eines Bergwerks, war direkt mit der Kohlengewinnung beschäftigt.[164] Diesen zentralen Bereich wollen wir daher zuerst in den Blick nehmen.

## 4.2. Die Ortskameradschaften

Die Gewinnungsarbeit im Ruhrgebiet war lange Zeit durch sehr kleine Arbeitsteams, sogenannte Kameradschaften, geprägt, die in der Regel nicht mehr als drei bis fünf Bergleute umfassten. Den Kern der Kameradschaften bildeten die Hauer, die innerhalb der Zechen die mit Abstand größte und – mit Ausnahme einiger weniger Spezialisten – auch die bestbezahlte Arbeitergruppe stellten. Zur Kameradschaft gehörte ferner normalerweise mindestens ein Lehrhauer, der innerhalb der Kameradschaft die bergmännischen Arbeitstechniken erlernte. Die Kameradschaften wurden im Gedinge, einer Form des Gruppenakkords bezahlt. Diesem Gedinge war teilweise noch ein Schlepper zugeordnet, der bei der Beladung der Wagen half und für ihren Weitertransport zu den Bremsbergen bzw. Blindschächten zuständig war, also eigentlich dem Bereich der Förderung zuzurechnen ist.[165] Wenn Abbauverfahren mit Versatz angewendet wurden – das war im Ruhrgebiet im Untersuchungszeitraum der Fall – mussten die Schlepper zudem die für die Verfüllung der ausgekohlten Hohlräume benötigten Materialien herbei-

---

162 Vgl. Bentrop, Entwickelung, S. 17f.; Brüggemeier, Leben, S. 111f.; Stenbock-Fermor, Erlebnisse, S. 20-24; Tenfelde, Arbeitsplatz, S. 297-300; Weber, Arbeitsplatz, S.108, S. 112.

163 Vgl. Tenfelde, Arbeitsplatz, S. 319.

164 Vgl. Brüggemeier, Leben, S. 94, 104; Franz Brüggemeier, Soziale Vagabundage oder revolutionärer Heros? Zur Sozialgeschichte der Ruhrbergarbeiter 1880-1920, S. 273. In: Lutz Niethammer (Hrsg.), Lebenserfahrung und kollektives Gedächtnis. Die Praxis der „Oral History", Frankfurt am Main 1985, S. 263-289; Hartewig, Jahrzehnt, S. 85f., Tenfelde, Arbeitsplatz, S. 288. Bei den Angaben findet sich eine recht große Spannweite, unbestritten ist aber, dass die Gewinnungsarbeiter die größte Gruppe im Bergwerk bilden.

165 Vgl. Brüggemeier, Leben, S. 98; Brüggemeier, Vagabundage, S. 273; Hickey, Bergmannsarbeit, S. 49f., S. 64; Stenbock-Fermor, Erlebnisse, S. 44f.; Weber, Arbeitsplatz, S. 103f.

schaffen.[166] Eine direkte personelle Kontrolle der Arbeitsvorgänge durch den Steiger war angesichts der Zersplitterung der Belegschaften und der Ausdehnung des Grubenbaus nicht möglich. Es war insbesondere auf den großen Zechen nicht ungewöhnlich, dass die Steigerreviere so viele Betriebspunkte umfassten, dass der Steiger die einzelnen Örter höchstens einmal pro Schicht befahren konnte.[167] Der Einfluss des Steigers auf die konkrete Ausgestaltung der Arbeit musste sich so auf allgemeine Anweisungen zu Abbau und Ausbau beschränken. Die Kameradschaften verfügten daher im Arbeitsprozess über einen hohen Grad an Autonomie und Selbständigkeit, dieser Aspekt war im Ruhrgebiet im Vergleich zu anderen Bergbaubezirken besonders ausgeprägt. Sie organisierten unter Führung der Hauer eigenständig ein recht komplexes System verschiedener Arbeitsabläufe.[168] Auffällig ist, dass bei der Arbeit vor Ort Maschinen noch keine Rolle spielten, die Arbeiter waren also keineswegs „Appendix der technischen Apparatur"[169]: „Die technische Entwicklung hatte [...] vor der eigentlichen Gewinnungsarbeit Halt gemacht; diese beruhte noch bis Anfang der 1920er Jahre weitgehend auf Handarbeit".[170] Das Arbeitsergebnis hing also stark von den Fertigkeiten der Bergmänner ab, die nur auf sehr einfache Hilfsmittel zurückgreifen konnten: „Die wichtigsten Arbeitsmittel hierbei waren neben Sprengstoff immer noch Hacke, Schrämeisen und Schaufeln zum Lösen und Verladen der Kohle sowie Hammer, Säge und Axt zum Ausbau und zur Sicherung der Orte und Strecken."[171] Bei geeigneten

166 Vgl. Brüggemeier, Leben, S. 98; Hartewig, Jahrzehnt, S. 98; Hickey, Bergmannsarbeit, S. 51; Weber, Arbeitsplatz, S. 99f. Die Zeche Deutscher Kaiser nutzte allerdings zumindest teilweise Spülversatz. Dabei wurden mit Wasser versetzte granulierte Schlacken und Sand mit Hilfe von Rohren eingespült. (Vgl. Paul Arnst, August Thyssen und sein Werk, Leipzig 1925, S. 22; Uwe Burghardt, Die Mechanisierung des Ruhrbergbaus 1890-1930, München 1995, S. 104ff.; Versuche und Verbesserungen beim Bergwerksbetriebe in Preußen während des Jahres 1912, S. 155. In: Zeitschrift für das Berg-, Hütten- und Salinenwesen im Preußischen Staate, Bd. 61 (1913), H. 2, S. 146-210).

167 Vgl. Brüggemeier, Leben, S. 112-116; Brüggemeier, Vagabundage, S. 274; Hartewig, Jahrzehnt, S. 97; Peukert, Industrialisierung, S. 97; Hickey, Bergmannsarbeit, S. 65.

168 Vgl. Brüggemeier, Leben, S. 112-121; Brüggemeier, Vagabundage, S. 273ff.; Hartewig, Jahrzehnt, S.97; Peukert, Industrialisierung, S. 96f.

169 Horst Kern / Michael Schumann, Industriearbeit und Arbeiterbewußtsein. Eine empirische Untersuchung über den Einfluß der aktuellen technischen Entwicklung auf die industrielle Arbeit und das Arbeiterbewußtsein, Frankfurt am Main 1985, S. 20.

170 Brüggemeier, Leben, S. 81; vgl. auch Peukert, Industrialisierung, S. 96.

171 Brüggemeier, Leben, S. 75; vgl. auch Hickey, Workers, S. 112f.

Verhältnissen wurden zunächst Sprenglöcher gebohrt und die Kohle dann durch Schießen gelockert. Eine andere Möglichkeit bestand darin, einen Schram herzustellen und die anstehende Kohle dann in möglichst großen Brocken herein zu brechen. Elementar war die systematische Ausnutzung von Flözrissen und Gebirgsdruck.[172] Neben der eigentlichen Hereingewinnung der Kohle waren die Kameradschaften u.a. auch für die Zimmerung, die Nachführung des Versatzes und die Verlegung von Schienen zuständig. Während der Gebirgsdruck bei der Gewinnungsarbeit hilfreich sein konnte, stellte er die Bergleute andererseits vor erhebliche Herausforderungen: Je nach Arbeitsort konnte der Ausbau komplizierte Konstruktionen erforderlich machen, um ein Nachbrechen des Hangenden zu verhindern. Aufgrund jeweils unterschiedlicher Gebirgs- und Lagerungsverhältnisse konnte im gesamten Arbeitsprozess nicht schematisch gearbeitet werden, sondern das Vorgehen musste beständig an die jeweiligen Bedingungen angepasst werden. Die Tätigkeit der Kameradschaftsmitglieder erforderte daher neben Kraft, Ausdauer und Geschicklichkeit auch erhebliche Kompetenzen im Bereich selbständiger Planung.[173] Aus der Selbständigkeit der Kameradschaften und der Komplexität ihrer Arbeit erwuchsen bei den Bergleuten sowohl großes Selbstbewusstsein als auch Stolz auf die eigenen Fähigkeiten.[174] Vor Romantisierungen sollten wir uns dennoch hüten, denn gleichzeitig hassten viele von ihnen die Bergarbeit aufgrund der harten Bedingungen und wollten so wenig wie möglich arbeiten. Nicht nur 1918/19 zählte daher die Verringerung der Schichtdauer zu den zentralen Forderungen. Schon bei der von Levenstein durchgeführten Erhebung erklärte eine große Mehrheit der befragten Ruhrbergleute, dass sie sich eine Arbeitszeit von fünf Stunden oder weniger wünschten.[175]

Die umfangreichen Kenntnisse, die die Bergleute im Rahmen ihrer Tätigkeit erwarben, wurden kontinuierlich an weniger erfahrene Bergmänner weitergegeben. Ein geregeltes Ausbildungssystem existierte im Ruhrbergbau im Untersuchungszeitraum nicht. Wissen und Erfahrungen mussten daher innerhalb der Kameradschaften vermittelt werden. Die Kameradschaft erhielt so eine wichtige „Rolle als Lehr-, Lern- und Erfahrungsgemeinschaft“[176].

172 Vgl. Brüggemeier, Leben, S. 102, S. 108; Hartewig, Jahrzehnt, S. 95; Hickey, Workers, S. 111; Tenfelde, Arbeitsplatz, S. 300; Weber, Arbeitsplatz, S. 105f.

173 Vgl. Brüggemeier, Leben, S. 102; Hickey, Bergmannsarbeit, S. 51; Hickey, Workers, S. 111; Tenfelde, Arbeitsplatz, S. 300f.

174 Vgl. Brüggemeier, Leben, S. 79, S. 132; Hickey, Bergmannsarbeit, S. 65; Hickey, Workers, S. 116f.

175 Vgl. Hickey, Workers, S. 117; Levenstein, Arbeiterfrage, S. 53-61; S. 155-161.

176 Tenfelde, Arbeitsplatz, S. 302; vgl. auch Brüggemeier, Leben, S. 99-102.

Angesichts der Tatsache, dass die Arbeit am Gewinnungspunkt selbst innerhalb der Bergwerke zu den gefährlichsten zählte,[177] hingen von den beschriebenen Fertigkeiten und ihrer Vermittlung an unerfahrene Kollegen nicht nur die gewonnene Kohlenmenge, sondern ebenso Gesundheit und Leben der Bergleute ab. Zur Reduzierung der Risiken waren die einzelnen Kameradschaftsmitglieder in hohem Maße aufeinander angewiesen. Neuankömmlinge wurden daher schnell und effektiv in die Gruppe eingebunden.[178] Bei den Bergleuten bestand darüber hinaus ein starkes Eigeninteresse, Spannungen innerhalb der Kameradschaft zu bewältigen[179] und Fähigkeiten zur Koordination und Teamarbeit zu entwickeln bzw. zu erweitern. Gleichzeitig fügten gemeinsam erlebte und überstandene Gefahrensituationen die Gruppe enger zusammen.[180] Vor allem Brüggemeier betont in Hinblick auf die Gruppenbildungsprozesse die aus den spezifischen räumlichen und klimatischen Bedingungen des Bergbaus entspringenden Arbeitserfahrungen. Die Bergleute arbeiteten aufgrund der Hitze, der hohen Luftfeuchtigkeit und der anstrengenden Tätigkeit oft mit freiem Oberkörper an sehr engen Arbeitsorten: „Sie rieben aneinander, schwitzten und strengten sich gemeinsam an."[181] Die unvermeidliche Nähe hatte erhebliche Auswirkungen auf die Beziehungen der Bergarbeiter untereinander:

> „Es liegt auf der Hand, daß die körperliche Verausgabung und die unmittelbaren körperlichen Kontakte wesentliche Erfahrungen der Bergleute bildeten, die ihr Selbstverständnis und den Umgang miteinander entscheidend prägten. Unter diesen Bedingungen dürfte es kaum Berührungsängste gegeben haben, die Mauern gleich zwischen ihnen standen und gemeinsame Aktionen erschwerten"[182].

Klaus Tenfelde schildert die Arbeit in der Gruppe zwar deutlich weniger detailliert und anschaulich als Brüggemeier, bestätigt aber dessen Befund in Bezug auf die sozialen Beziehungen, die zwischen den Bergleuten entstanden. Er hebt die „Fülle gewichtiger gruppeninterner Bindungen"[183] hervor. Zusätzlich verweist er darauf, dass in Hinblick auf die Intensität der Kontakte zwischen den Bergleuten ein deutlicher Unterschied zu anderen Branchen

177 Vgl. Tenfelde, Arbeitsplatz, S. 324f.

178 Vgl. Crew, Bochum, S. 200; Hickey, Bergmannsarbeit, S. 64f.; Hickey, Workers, S. 163; Tenfelde, Arbeitsplatz, S. 302.

179 Vgl. Brüggemeier, Leben, S. 234, Hickey, Bergmannsarbeit, S. 64f.

180 Vgl. Brüggemeier, Leben, S. 138.

181 Brüggemeier, Leben, S. 138.

182 Brüggemeier, Leben, S. 140.

183 Tenfelde, Arbeitsplatz, S. 302.

bestand, selbst wenn diese Formen von Teamarbeit aufwiesen.[184] Die sich unter den Bergarbeitern entwickelnde Vertrautheit ging erheblich über den eigentlichen Arbeitskontext hinaus:

> „Der Gruppenzusammenhang war eng, enger als überall sonst, und das Sich-Kennen [...] umgriff allgemeine, fundamentale Bedürfnisse und Erfahrungen. Die Kameradschaft war mehr als bloße Arbeitsgruppe, sie war ‚Arbeitsgesellung', Zentrum von Arbeits- und Sozialbeziehungen, um das sich ein Netz des Bekanntseins und wechselseitigen Einschätzens bis vor die Tore der Zechen wob."[185]

Um diese starke Verbundenheit innerhalb der Kameradschaften vollständig zu verstehen, müssen wir zusätzlich zu den bisherigen Aspekten auch die Kommunikation zwischen den Bergleuten untersuchen. Auffällig ist in dieser Hinsicht, dass die Bergmänner viel Zeit hatten, um offen miteinander zu sprechen. Vorgesetzte waren nicht anwesend und es gab an den Gewinnungspunkten auch keine Maschinen oder andere Lärmquellen, die Gespräche unmöglich machten.[186] Prinzipiell hatten die Bergleute so während der gesamten Schicht die Gelegenheit sich zu unterhalten, obwohl die schwere körperliche Arbeit hier sicherlich zu Einschränkungen führte. Andererseits war es gerade der beschwerliche Charakter der Bergarbeit, der Gesprächsmöglichkeiten kreierte: „Harte Arbeit erfordert Kurzpausen nach jeder Überanstrengung, verlangt Verschnaufen, Ausruhen."[187] Immer wieder kam es aber auch aus anderen Gründen zu kurzen Arbeitsunterbrechungen – z.B. wenn auf Wagen oder den für die Sprengungen zuständigen Schießmeister gewartet werden musste –, in denen besser miteinander gesprochen werden konnte.[188] Hinzu kamen die längeren, gemeinsam in der Kameradschaft verbrachten Pausen, über deren Ausdehnung und Einteilung die Arbeitsgruppe eigenständig verfügen konnte.[189] Dass die Bergleute für ihre Gesprächspausen einen eigenen Begriff prägten, das „Bergamt",[190] verweist auf die Bedeutung, die sie diesem Austausch zumaßen. Der ironische Bezug auf die gleichnamige Behörde

---

184 Vgl. Tenfelde, Arbeitsplatz, S. 303; ebenso Crew, Lage, S. 84f.

185 Tenfelde, Arbeitsplatz, S. 303.

186 Vgl. Brüggemeier, Leben, S. 136.

187 Tenfelde, Arbeitsplatz, S. 322.

188 Vgl. Brüggemeier, Vagabundage, S. 287; Stenbock-Fermor, Erlebnisse, S. 158; Helmuth Trischler, Steiger im deutschen Bergbau. Zur Sozialgeschichte der technischen Angestellten 1815-1945, München 1988, S.63.

189 Vgl. Brüggemeier, Leben, S. 136; Brüggemeier, Vagabundage, S. 287; Tenfelde, Arbeitsplatz, S. 322.

190 Vgl. Brüggemeier, Leben, S. 136; Klaus Tenfelde, Sozialgeschichte der Bergarbeiterschaft an der Ruhr im 19. Jahrhundert, Bonn $^{2}$1981, S. 15.

könnte zudem durchaus als Hinweis darauf interpretiert werden, dass auch hier wichtige Entscheidungen getroffen wurden. In jedem Fall können wir aber davon ausgehen, dass die Bergleute, die häufig monatelang in einem Team zusammenarbeiteten,[191] viel übereinander erfuhren, sich nicht nur über Fragen des Arbeitsprozesses austauschten, sondern ebenso über Sorgen, Nöte, Hoffnungen, Einschätzungen der betrieblichen und politischen Situation usw., sich also auch im Rahmen von Gesprächen intensiv kennenlernten.[192]

Das Zusammentreffen dieser selbstständigen, selbstbewussten und in sich geschlossenen Arbeitsgruppen mit Vorgesetzten barg großes Konfliktpotential. Die Steiger müssen von den Kameradschaften vor allem als Störfaktor wahrgenommen worden sein, da ein produktiver Beitrag der Führungskräfte kaum erkennbar war und diese vor allem disziplinierend tätig waren. Derartige negative Wahrnehmungen wurden noch erheblich dadurch verstärkt, dass die Steiger oftmals versuchten, die fehlenden Kontrollmöglichkeiten durch einen extrem rüden Umgang mit ihren Untergebenen und einen umfangreichen Strafenkatalog auszugleichen. Dieses Verhalten war als wesentlicher Bestandteil des „Grubenmilitarismus" berüchtigt und weit verbreitet. Die Steiger repräsentierten damit unter Tage den ungebrochenen „Herr-im-Hause"-Standpunkt der Zechenunternehmer.[193] Neben der Leistungssteigerung, die hierdurch möglicherweise tatsächlich erreicht worden sein mag, hatte dieses Auftreten bei den in der Kameradschaft tätigen Bergleuten noch einen anderen Effekt: Es stärkte die Solidarität innerhalb der Gruppe, da die in der Regel als willkürlich erlebten Disziplinierungsversuche sich normalerweise nicht gegen einzelne Bergmänner, sondern gegen die Kameradschaft als Ganze richteten.[194] Da die unmittelbare Überwachung der Arbeitsabläufe nicht realisiert werden konnte, stellte darüber hinaus der gruppenbezogene Akkordlohn, von dem die Kameradschaftsmitglieder nach ihrer Berufserfahrung gestaffelte Anteile erhielten, ein wesentliches Element der Leistungskontrolle dar. Das Gedinge bemaß sich im Wesentlichen an der Menge der geförderten Kohle – konkret an der Zahl der von der Kameradschaft gefüllten Wagen.[195] Der

191 Vgl. Tenfelde, Arbeitsplatz, S. 302.

192 Vgl. Stenbock-Fermor, Erlebnisse, S. 26-31.

193 Vgl. Brüggemeier, Leben, S. 136f., S. 128f.; Crew, Lage, S. 78; Hartewig, Jahrzehnt, 97f., S. 101; Gladen, Streiks, S. 116f.; Hickey, Bergmannsarbeit, S. 66ff.; Hickey, Workers, S. 159-162; Mommsen, Konflikte, S. 70; Klaus Tenfelde, Probleme der Organisation von Arbeitern und Unternehmern im Ruhrbergbau 1890-1918, S. 48f. In: Mommsen (Hrsg.), Arbeiterbewegung und industrieller Wandel, S. 38-61; Weber, Arbeitsplatz, S.96.

194 Vgl. Brüggemeier, Leben, S. 128f., S. 138; Brüggemeier, Vagabundage, S. 276; Hickey, Bergmannsarbeit, S. 67f.; Weber, Arbeitsplatz, S. 104.

195 Vgl. Brüggemeier, Leben, S. 122-126; Brüggemeier, Vagabundage, S . 275; Grabein, Reiche, S.43f.; Hartewig, Jahrzehnt, S. 97f; Hickey, Workers, S. 138ff.; Stenbock-

Leistungsdruck, der dadurch entstand, konnte im Einzelfall zu erheblichen kameradschaftsinternen Spannungen und für Bergleute, die nicht mithalten konnten, zu immensen Belastungen führen.[196] Insgesamt lässt sich eine solidaritätsfördernde Wirkung des Entlohnungssystems jedoch kaum bestreiten: „So besteht denn eine starke Interessengemeinschaft und ein lebhaftes Solidaritätsgefühl in jeder dieser kleinen Arbeitergruppen. Es hängt ja jeder in seinem Gewinn mit vom Fleiß und der Geschicklichkeit des andern ab."[197] Die pro Kameradschaft erreichbare Fördermenge war neben deren Leistungsfähigkeit in hohem Maße abhängig von den Lagerungsbedingungen der Kohle, die auch innerhalb einer Grube stark variieren konnten. Die Höhe des Gedinges wurde daher monatlich von den einzelnen Kameradschaften einerseits und dem Reviersteiger andererseits neu ausgehandelt. Der Steiger vertrat hier die Interessen der Zecheneigentümer, da er für höhere Förderleistungen eine Prämie erhielt, die – die Angaben sind hier unterschiedlich – durchaus 20-50% seines Einkommens ausmachen konnte. Es ist kaum verwunderlich, dass es um die Frage der Gedingehöhe immer wieder zu Auseinandersetzungen kam.[198] Verschärft wurden die Spannungen noch dadurch, dass mitunter das ausgehandelte Ergebnis von der nächsthöheren Hierarchieebene, dem Fahrsteiger, nachträglich abgeändert wurde.[199] Der Interessenwiderspruch von Zechenkapital und Bergarbeiterschaft trat an diesem Punkt regelmäßig offen zu Tage, da die Bergleute die Versuche des Managements, die Betriebskosten zu reduzieren, als Bestrebungen wahrnahmen, sie unter die als gerecht empfundene Lohnhöhe zu drücken. Entscheidend ist hier, dass aufgrund des bergbauspezifischen Entlohnungssystems kein dauerhafter Status quo etabliert wurde, sondern die Aushandlungskonflikte monatlich neu ausgetragen wurden:[200] „Constant negotiation meant constant conflict."[201] Die Kameradschaften wurden somit in regelmäßig auftretenden Konflikten mit einem

---

Fermor, Erlebnisse, S. 44f.

196 Vgl. Brüggemeier, Leben, S. 126; Hartewig, Jahrzehnt, S. 103.

197 Grabein, Reiche, S. 44. Siehe dazu auch Crew, Lage, S. 84; Hickey, Bergmannsarbeit, S. 66ff.; Tenfelde, Sozialgeschichte der Bergarbeiterschaft, S. 298f.

198 Vgl. Brüggemeier, Leben, S. 122f.; Hartewig, Jahrzehnt, S. 97; Hickey, Bergmannsarbeit, S. 61f., S. 66ff.; Hickey, Workers, S. 138-142, S. 159; Mommsen, Konflikte, S. 71f.; Jakob Triem, Im Schein der Grubenlampe. Ein Tagebuch. 1916-1933, S. 208. In: Walter Köpping (Hrsg.), Lebensberichte deutscher Bergarbeiter, Frankfurt am Main / Olten / Wien 1984, S. 198-233.

199 Vgl. Trischler, Steiger, S. 63.

200 Vgl. Brüggemeier, Leben, S. 123; Hickey, Bergmannsarbeit, S. 62; Hickey, Workers, S. 139-142, S. 146.

201 Hickey, Workers, S. 140.

gemeinsamen Gegner zusammengeschweißt. Brüggemeier weist darauf hin, dass dieser Prozess – zusätzlich zu den oben bereits aufgeführten Aspekten der Gruppenbildung – zur Nivellierung religiöser, nationalistischer oder sonstiger politischer Spaltungslinien innerhalb der Arbeiterschaft beitrug:

> „Nicht zuletzt wurde mit jeder Gedingefestsetzung nachdrücklich vor Augen geführt, daß die eigentlichen Probleme nicht unter den Arbeitern bestanden, sondern sich vielmehr aus dem Gegensatz zum Steiger und zu der von diesem repräsentierten Betriebsführung ergaben."[202]

Zu beachten ist in diesem Kontext, dass die Gedingeaushandlung innerhalb der Kameradschaft vielfältige Kommunikationsprozesse erforderte, die in diesem Fall auch zu einer Einigung über das gemeinsame Vorgehen führen mussten. Bevor sie dem Steiger entgegentreten konnten, war es notwendig, dass die Bergleute erst untereinander klärten, welche Forderungen sie für angemessen und durchsetzbar hielten. Das Gedingesystem zwang die Bergmänner also ständig über ihre Arbeitsbedingungen und Ansprüche zu diskutieren und diesbezogene Entscheidungen zu treffen.[203] Da die Verhandlungen mit dem Steiger zudem nicht von der ganzen Kameradschaft gemeinsam, sondern durch eines ihrer Mitglieder – den sogenannten Ortsältesten – geführt wurden,[204] stellte für sie die Entsendung von Delegierten ein gewohntes Prinzip dar. Die Ortsältesten wiederum hatten durch diese Regelung große Übung darin, für eine Gruppe zu sprechen und deren Interessen zu vertreten. Insgesamt lässt sich feststellen, dass die Bergleute gerade durch die Auseinandersetzungen mit dem Steiger einen immensen Erfahrungsschatz in Hinblick auf kollektive Konfliktführung und Interessenvertretung erwarben. Diese Erlebnisse bildeten eine stabile Basis für umfangreichere Zusammenstöße mit dem Zechenkapital:

> „Die Gedingefestsetzung, Fragen des Ausbaus, der Aufsicht und Kontrolle, das Strafwesen etc. bildeten einen zentralen Bestandteil der Arbeitsorganisation unter Tage. Sie waren Gegenstand der ‚stillen', nicht an die Öffentlichkeit dringenden Kämpfe, die keinen Tag aufhörten und auf denen die Massenstreiks aufbauten."[205]

---

202 Brüggemeier, Leben, S. 126, vgl. auch S. 234; Hickey, Workers, S. 164f.; Peukert, Industrialisierung, S. 97; Tenfelde, Arbeitsplatz, S. 301.

203 Vgl. Hickey, Workers, S. 163.

204 Vgl. Brüggemeier, Leben, S. 131f.; Crew, Lage, S. 84; Hickey, Bergmannsarbeit, S. 62, S. 66; Hickey, Workers, 139; Mommsen, Konflikte, S. 71.

205 Brüggemeier, Leben, S. 238f., vgl. auch S. 91; Hickey, Bergmannsarbeit, S. 66ff.; Hickey, Workers, S. 140ff.

## 4.3. Technische Neuerungen und Veränderungen der Arbeitsgruppen

Es ist in der Forschung unbestritten, dass es im Ruhrbergbau eigenständige Arbeitsteams in der oben beschriebenen Form gegeben hat. Allerdings hat sich eine Kontroverse darum entsponnen, bis zu welchem Zeitpunkt von der Existenz dieser im Arbeitsprozess autonomen Kleingruppen ausgegangen werden kann. Für die in der vorliegenden Studie behandelten Ereignisse ergibt sich die Schwierigkeit, dass diese in einen Übergangszeitraum fallen, für den es in dieser Hinsicht bislang keinen Forschungskonsens gibt. Da die konkrete Ausgestaltung der bergmännischen Arbeit und insbesondere die daran geknüpften Sozialbeziehungen und Erfahrungen nach meiner Auffassung aber zentral für das Verständnis der Streik- und Sozialisierungsbewegung sind, kommen wir nicht umhin, die verschiedenen in die Debatte eingebrachten Auffassungen kritisch gegeneinander abzuwägen und zu einer Entscheidung zu gelangen.

Vor allem Klaus Tenfelde und Franz-Josef Brüggemeier vertreten bezüglich des technischen Wandels und der Veränderung der Arbeitsorganisation konträre Standpunkte, aber auch Karin Hartewig, S.H.F. Hickey und Uwe Burghardt haben sich zu der Frage geäußert und mehr oder weniger klar positioniert. Einig sind sich die verschiedenen Autor*innen darin, dass die Auflösung der zuvor bestehenden Kameradschaften aus der Einführung neuer Abbauverfahren, technischen Innovationen im Bereich der Förderung im Abbauraum und der damit verbundenen Konzentration der Gewinnungspunkte resultierte. Ein Konsens besteht in Hinblick darauf, dass insbesondere der Etablierung der Schüttelrutsche, einer motorgetriebenen Rutsche, die die gewonnene Kohle vom Abbaupunkt weg und Versatzmaterial dorthin transportieren konnte, eine wichtige Rolle bei der Betriebskonzentration zukam.[206] Brüggemeier ist der Ansicht, dass die Umwandlung der Betriebsorganisation im Wesentlichen erst im Laufe der zwanziger Jahre stattfand, die beschriebenen Kameradschaften 1918/19 also noch zentrale Bedeutung besaßen:

> „Der Übergang zu einer Ausdifferenzierung und Spezialisierung der Belegschaft und damit der Übergang zum Einzelgedinge, das schließlich zur Auflösung der Ortskameradschaften führte, datiert erst aus den 1920er Jahren. Bis in die Weimarer Republik hinein herrschten somit Abbauverfahren vor, die zu einer großen, oftmals beklagten Zersplitterung des Untertagebetriebes führten.“[207]

206 Vgl. Uwe Burghardt, Die Anfänge der Mechanisierung des Ruhrbergbaus (1905-1914), S. 408-417. In: Tenfelde (Hrsg.), Sozialgeschichte des Bergbaus, S. 404-420; Burghardt, Mechanisierung, S. 118-126; Hartewig, Jahrzehnt, S. 95f.; Tenfelde, Arbeitsplatz, S. 300.

207 Brüggemeier, Leben, S. 111f.

Tenfelde hingegen vermutet eine deutlich frühere Umstellung der Abbauorganisation. Er behauptet, dass bereits rund zwanzig Jahre vorher eine vollständige Umstellung auf langfrontige Abbauverfahren durchgeführt wurde: „[D]ie Entwicklung einer leistungsfähigen Strebförderung durch die Schüttelrutsche führte zum Übergang auf den Strebbau ‚mit breitem Blick', der den Pfeilerrückbau nach der Jahrhundertwende völlig verdrängte."[208] Das neue Abbauverfahren habe deutlich mehr Bergleute an einem Gewinnungspunkt zusammengefasst, so etwa „vor 1914 zwischen 10 und 85, im Durchschnitt jedoch erst 20 Mann"[209].

Zum besseren Verständnis der Diskussion müssen wir kurz auf einige technische Details eingehen. Das Abbauverfahren mit Schüttelrutschen und großen Gruppen an einem Gewinnungspunkt, dessen frühe Etablierung Tenfelde vertritt, war durch eine lange durchgängige Abbaufront gekennzeichnet. Die Hauer arbeiteten hier im Abstand von einigen Metern auf einer Höhe nebeneinander, wobei der Streb eine Gesamtlänge von bis zu 150 m erreichte. Sie gewannen jeweils einzeln die Kohle herein, schaufelten diese auf die Schüttelrutsche und führten dann die Zimmerung bis an den Kohlenstoß heran. Mit der neuen Arbeitsorganisation war eine stärkere Spezialisierung der Schichten verbunden. In der Förderschicht waren fast nur noch Kohlenhauer im Streb tätig, in den Nebenschichten wurden der Versatz und die Umsetzung der Rutschen von Schleppern durchgeführt.[210] Es liegt auf der Hand, dass die Ortskameradschaften unter diesen Bedingungen nicht mehr adäquat waren. Als Entlohnung etablierte sich – zumindest für die Hauer – ein individueller Leistungslohn:

> „Die alte Ortskameradschaft als Schutz-, Lern- und Erfahrungsgemeinschaft löste sich […] auf, und auch die Leistungsgemeinschaft zerbrach: Anders als im Pfeilerbau […] ging man nun mehr und mehr zum Einzelgedinge als Metergedinge, bemessen nach der Tiefe und Länge des je vom Hauer hereingewonnenen Kohlenstoßes, über."[211]

Aus Sicht der Betriebsleitungen war der Langfrontstrebbau mit Schüttelrutschen aus verschiedenen Gründen attraktiv. Ein Großteil der Schlepper konnte mit dieser Methode eingespart werden, eine zusätzliche Kostenreduktion ergab sich durch die Verkürzung des notwendigen Streckennetzes. Gleichzeitig wurde durch den einfacheren Ausbau im Streb der Einsatz der Hauer effektiviert, da diese nun einen größeren Teil ihrer Schicht für die tatsächliche Gewinnungsarbeit aufwenden konnten. Nicht unerwünscht war

208 Tenfelde, Arbeitsplatz, S. 300, vgl. auch S. 313-322.

209 Tenfelde, Arbeitsplatz, S. 317.

210 Vgl. Hartewig, Jahrzehnt, S. 96f.; Tenfelde, Arbeitsplatz, S. 313-120.

211 Tenfelde, Arbeitsplatz, S. 317; vgl. auch Hartewig, Jahrzehnt, S. 97f.

darüber hinaus, dass sich durch die geringere Zersplitterung der Belegschaften eine deutlich leichtere Überwachung ergab.[212]

Eine solche Betriebskonzentration war allerdings nur unter bestimmten Bedingungen umsetzbar. Die Gewinnungsarbeit im Steinkohlenbergbau erforderte einerseits den Abtransport einer großen Menge des gewonnenen Rohstoffs, andererseits bei Versatzbau die Zuführung des Materials zur Verfüllung der entstehenden Hohlräume. Solange die Förderung mit Wagen durchgeführt wurde, mussten im Abstand von wenigen Metern vom Streb abzweigende Strecken offen gehalten werden, um den effektiven Transport zu gewährleisten. Die meisten der oben genannten Faktoren, die aus Unternehmenssicht für den Strebbau sprachen, fehlten bei diesem als Strebbau mit kurzen Stößen bezeichneten Verfahren. Eine Einsparung bei den Personalkosten war mit dieser Methode nicht zu erreichen, da die Schlepper weiterhin benötigt wurden. Die bisherigen Ortskameradschaften blieben daher bestehen. Gleichzeitig fielen für die Unterhaltung des Streckennetzes erhebliche Kosten an. Die Strecken mussten im Versatz geführt werden, es fand also keine vollständige Verfüllung der ausgekohlten Bereiche statt. Da sich seitlich der Strecken kein festes Gestein befand, lastete auch auf ihnen ein erheblicher Gebirgsdruck und ein besonders sorgfältiger Ausbau wurde erforderlich.[213] Die Menge des Materials, das vom Streb weg- bzw. dorthin befördert werden konnte, war durch die Transportkapazität des zugehörigen Bremsbergs beschränkt. Sowohl Gebirgsdruck als auch begrenzte Transportmöglichkeiten dürften stark dazu beitragen, dass die Streblänge bei diesem Verfahren deutlich geringer war als beim Rutschenbetrieb, so dass auch die Betriebskonzentration nur sehr eingeschränkt gelang.[214] Der Strebbau ohne Rutsche fand angesichts der beschriebenen Schwierigkeiten einerseits keine große Verbreitung, andererseits veränderte sich selbst da, wo er eingeführt wurde, die Situation der Kameradschaften nur marginal. Die zentrale Rolle der Schüttelrutsche ist nun leicht nachvollziehbar: Mit diesem leistungsfähigen Strebfördermittel konnte der Transport im Abbauraum selbst vollzogen werden, die Strecken im Versatz und der Bremsberg entfielen. Erst dadurch wurden die Ausweitung der Streblänge, die Auflösung der Kameradschaften

212 Vgl. Burghardt, Mechanisierung, S. 124; Hartewig, Jahrzehnt, S. 89-98; [Carlo] Pommer, Die mechanische Abbauförderung beim Steinkohlenbergbau im Oberbergamtsbezirk Dortmund, S. 290f. In: Zeitschrift für das Berg-, Hütten- und Salinenwesen im Preußischen Staate, Bd. 61 (1913), H. 2, S. 254-296.

213 Vgl. Burghardt, Mechanisierung, S. 81ff., S. 101, S. 119; Dieter Schulte-Steinberg, Zur Entwicklung vom Örter- und Pfeilerbau zum Langfrontbau im Ruhrrevier, Diss. Aachen 1994, S. 20.

214 Vgl. Burghardt, Anfänge, S. 408f.; Burghardt, Mechanisierung, S. 119.

und eine nennenswerte Betriebskonzentration ermöglicht. In Hinblick auf die Frage, inwiefern sich umfassende Veränderungen in der Belegschaftsstruktur ergaben, ist der Einsatz von Schüttelrutschen daher ein wichtiger Indikator.

An Tenfeldes Darstellung ist auffällig, dass ein nahezu unmittelbarer und allgemeiner Übergang vom Pfeilerbau zum teilmechanisierten Strebbau impliziert wird. Andere Abbauverfahren mit verstreuten Betriebspunkten und Ortskameradschaften, die auf den Pfeilerbau folgten und teilweise große Verbreitung fanden wie z.B. der Stoßbau, werden von Tenfelde ignoriert. Schon hierdurch ergibt sich eine nicht unerhebliche Verzerrung. Lohnend ist ein Blick auf die Zahl der Schüttelrutschenbetriebe, die Tenfelde einem zentralen zeitgenössischen Aufsatz von Carlo Pommer entnimmt: „Vor 1908 war die mechanische Abbauförderung nur auf 6, 1912 dagegen schon auf 96 Schachtanlagen in 654 Abbaubetrieben eingeführt, und der so geförderte Produktionsanteil betrug 1912 bereits 10,3 % im Ruhrbezirk."[215] Ein Anteil von rund einem Zehntel an der Gesamtproduktion – hierbei ist zudem die signifikant höhere Produktivität der Schüttelrutschenbetriebe zu beachten – vermag allerdings kaum den Eindruck immenser betrieblicher Umstellungen zu stützen, den Tenfelde in seinen Ausführungen erweckt. Zwar gab es bis zum Beginn des Krieges unzweifelhaft eine weitere Zunahme des Schüttelrutschenanteils, diese dürfte sich aber in Grenzen gehalten haben, da die Zahl der Schachtanlagen, die jährlich die mechanisierte Strebförderung neu einführten, bereits ab 1912 stark abnahm und in den folgenden Jahren im einstelligen Bereich lag.[216] Auch auf den Zechen, die schon Schüttelrutschen nutzten, ließ sich die Umstellung in der Regel nur in kleinen Schritten vollziehen, da die Rutschenbetriebe nicht ohne weiteres in das bestehende Grubengebäude integriert werden konnten. Die Einführung lohnte sich deshalb oft erst bei der Erschließung neuer Bereiche: „Es ist einleuchtend, daß die Umwandlung in den Rutschenbetrieb nur allmählich vollzogen werden kann. Die Vorrichtung muß der veränderten Abbauart angepaßt werden."[217]

Ein Blick auf die Belegschaftszahlen stützt das Bild einer nur sehr begrenzten Veränderung: Selbst wenn bei den von Pommer angegebenen Intervallen jeweils der höchstmögliche Wert angenommen wird, ergibt sich bei der Berechnung eine Zahl von knapp unter 16000 Bergleuten, die 1912 insgesamt in den Schüttelrutschenbetrieben des Ruhrbergbaus tätig waren. In Relation zu den über dreihunderttausend Bergmännern des Ruhrreviers[218]

215 Tenfelde, Arbeitsplatz, S. 310. Vgl. auch Pommer, Abbauförderung, S. 255ff.

216 Vgl. Burkhardt, Mechanisierung, S. 118, S. 383f.; Pommer, Abbauförderung, S. 255.

217 Pommer, Abbauförderung, S. 295; vgl. auch Burghardt, Anfänge, S. 408.

218 Vgl. Burkhardt, Mechanisierung, S. 387.

ist das ein sehr kleiner Anteil. Es verwundert daher nicht, dass selbst Pommer als entschiedener Befürworter der Schüttelrutschen zu einer deutlich nüchterneren Einschätzung als Tenfelde gelangte und 1913 konstatierte, dass „die Gruben sich vielfach noch im Versuchs- oder Übergangsstadium befinden“[219]. Während des Krieges kam es u.a. aufgrund von Verschleiß, Schmiermittelmangel und Problemen mit der Druckluftversorgung zu einem Rückgang des erreichten Mechanisierungsgrades, ein Trend, der sich erst Anfang der 20er Jahre wieder umkehren ließ.[220] Die anfangs erprobten sehr langen Streblängen erwiesen sich zudem als nicht zweckmäßig und mussten auf 80-90 m reduziert werden,[221] die Möglichkeiten der Betriebskonzentration waren dadurch eingeschränkt. Karin Hartewigs Feststellung, Tenfelde beschreibe „eine Entwicklung, die weit eher für die 20er Jahre als für die Jahrhundertwende zutrifft“[222], ist deshalb zuzustimmen.

Hamborn und die Zeche Deutscher Kaiser zeigten verglichen mit dem allgemeinen Fortschritt bei der Mechanisierung der Abbauförderung wenig Auffälligkeiten. Der Anteil der mechanisierten Förderung lag im Bergrevier Duisburg zwar mit 13% im September 1912 leicht über dem Durchschnitt.[223] Ein Großteil davon dürfte allerdings auf die Zeche Neumühl entfallen sein, die zu diesem Zeitpunkt bezüglich der durch Schüttelrutschen geförderten Kohlenmenge zu den fünf leistungsstärksten im gesamten Ruhrgebiet gehörte.[224] Obwohl Deutscher Kaiser als eine der ersten Zechen mit Schüttelrutschen experimentierte, verlief die Etablierung dieses Strebfördermittels in größerem Umfang hier offenbar nur langsam.[225] Allerdings konnte auf den Zechen des Thyssenkonzerns mit Hilfe der eigenen Maschinenbausparte der bei anderen Bergwerken zu beobachtende, kriegsbedingte Demechanisierungsprozess ver-

---

219 Pommer, Abbauförderung, S. 295. Brüggemeier hat darauf aufmerksam gemacht, dass die zeitgenössische Technikliteratur die Leistungsfähigkeit und die Verbreitung technischer Innovationen tendenziell eher über- als unterbewertete (vgl. Brüggemeier, Leben, S. 76f.).

220 Vgl. Burkhardt, Mechanisierung, S. 200-208.

221 Vgl. Arthur Gerke, Die neuesten Fortschritte der maschinellen Abbauförderung, S. 144. In: Zeitschrift für das Berg-, Hütten- und Salinenwesen im Preußischen Staate, Bd. 63 (1915), H. 2, S. 137-194.

222 Hartewig, Jahrzehnt, S. 364; vgl. auch Brüggemeier, Leben, S. 111f.; Hickey, Bergmannsarbeit; Hickey, Workers, S. 114; Leighton S. James, The politics of identity and civil society in Britain and Germany. Miners in the Ruhr and South Wales 1890-1926, Manchester / New York 2008, S. 124; Trischler, Steiger, S. 54.

223 Vgl. Pommer, Abbauförderung, S. 256; Tenfelde, Arbeitsplatz, S. 316.

224 Vgl. Pommer, Abbauförderung, S. 289.

225 Vgl. Burghardt, Mechanisierung, S. 116, S. 383.

hindert und das Vorkriegsniveau gehalten werden.[226] Insgesamt können wir deshalb davon ausgehen, dass es 1918/1919 auf Deutscher Kaiser durchaus Schüttelrutschen gab, ihre Zahl aber gleichwohl gering war und nur ein relativ kleiner Anteil der Bergleute in den teilmechanisierten Abbaubetrieben tätig war. Bestätigt wird diese Einschätzung durch Zahlen, die Wilhelm Bentrop für das Ende des Jahres 1922 für diese Zeche nannte. Aus seinen Angaben ergibt sich, dass selbst zu diesem etwas späteren Zeitpunkt nur 23,1% der direkt vor Kohle arbeitenden Bergleute in Schüttlrutschenbetrieben beschäftigt waren.[227] Der Bericht Alexander Stenbock-Fermors, der von 1922 bis 1923 auf dieser Zeche arbeitete, weist in die gleiche Richtung. Stenbock-Fermor beschrieb zwar auch die Schüttelrutschenbetriebe,[228] die Regel waren nach seiner Darstellung aber noch Abbaupunkte mit dreiköpfigen Ortskameradschaften, die im Gruppengedinge entlohnt wurden.[229] Die nach wie vor wichtige Rolle der alten Kameradschaften wird ebenso in einem anderen Kontext deutlich: Die Zeche führte 1922 eine stärker geregelte Ausbildung ein, die auf

---

226 Vgl. Burghardt, Mechanisierung, S. 216, S. 229.

227 Vgl. Bentrop, Entwickelung, S. 21. Auch im Jahr 1922 liegt der Schüttelrutschenanteil in Neumühl erheblich höher als bei der Thyssenzeche (vgl. Bentrop, Entwickelung, S. 35).

228 Vgl. Stenbock-Fermor, Erlebnisse, S. 43, S. 46-56.

229 Vgl. Stenbock-Fermor, Erlebnisse, S. 44f., S. 159, S. 191, S. 195f. Stenbock-Fermors erklärtes Ziel war es, „das Verstehen für die in schwerer Arbeit und dumpfer Not lebenden Bergarbeiter zu heben“ (Stenbock-Fermor, Erlebnisse., S. 5). Tendenziell ist bei ihm daher eher eine Überbetonung besonders belastender Aspekte als ihre Vernachlässigung zu erwarten. Zu den schwersten Tätigkeiten zählte nach seiner Beschreibung aber – auch im Vergleich mit der Situation an anderen Gewinnungspunkten – die Hauerarbeit an der Schüttelrutsche. Stenbock-Fermors Darstellung der Ortskameradschaften als übliche Organisationsform ist daher ein ausgesprochen starkes Indiz für die relativ geringe Zahl der Schüttelrutschenbetriebe auf Deutscher Kaiser. Eine ähnliche Einschätzung findet sich auch bei Leighton S. James: „Alexander Stenbock-Fenmor [sic], a student, worked briefly in the Ruhr mines. His description of mining in the early 1920s clearly illustrates the continued existence of the Kameradschaft style of working.“ (James, politics, S. 124). Klaus Tenfelde, der sich recht abfällig über die „neuerdings hochgeschätzte Arbeitermemoiren-Lit.“ (Tenfelde, Arbeitsplatz, S. 284) äußert, hat Berichte wie den von Stenbock-Fermor „wegen der mangelnden Repräsentativität von Einzelaussagen“ (Tenfelde, Arbeitsplatz, S. 284) bei seiner Untersuchung des bergmännischen Arbeitsplatzes nicht mit einbezogen. Damit wird aber ein wichtiger Quellentyp von ihm schlichtweg ignoriert. Auf die Verzerrungen, die sich dadurch ergeben, dass Tenfelde sich fast ausschließlich auf die zeitgenössische Technikliteratur stützt, ohne die ihr inhärenten Besonderheiten – wie z.B. die starke Konzentration auf technische Innovationen – angemessen zu berücksichtigen, hat Brüggemeier zu Recht hingewiesen (vgl. Brüggemeier, Leben, S. 76f., S. 320).

der Form der Ortskameradschaft basierte. Als unabdingbare Voraussetzung der Ernennung zum Hauer sah die Ausbildungsordnung u.a. die einjährige Tätigkeit im Gedinge einer Kameradschaft vor.[230]

Für die bereits in den umstrukturierten Bereichen beschäftigten Bergleute war die Situation gänzlich anders als für ihre Kollegen in den Ortskameradschaften. Uwe Burghardt schreibt den neuen Abbaumethoden erstaunlicherweise eine organisierungsfördernde Wirkung zu:

> „An die Stelle eines traditionellen Solidarverbandes, der Kameradschaft des Kleinbetriebes, traten größere Einheiten mit positiven Auswirkungen auf die innerbetriebliche Willensbildung der Arbeiter, ihre Handlungsfähigkeit und ihren *Organisationsgrad.*“[231]

Burghardts Behauptung stützt sich letztlich ausschließlich auf die relative Konzentration einer größeren Zahl von Arbeitern. Sein Urteil lässt sich nur dadurch erklären, dass er die konkrete Ausgestaltung der Arbeitssituation an dieser Stelle gänzlich ignoriert. Wird dieser Aspekt mit einbezogen, ergibt sich ein deutlich anderes Bild. Mit der Auflösung der Kameradschaften entfielen in den teilmechanisierten Streben wesentliche Erfahrungen von Kollektivität und eigenständigem Handeln. Die enge Kooperation im Arbeitsteam wurde durch die isolierte Tätigkeit der einzelnen Bergleute ersetzt, Gespräche waren durch den Lärm der Rutschen[232] unmöglich und auch Auseinandersetzungen wurden anders bewältigt. Zwar gab es nach wie vor regelmäßige Konflikte mit den Steigern, doch dass diese kollektiv ausgetragen wurden, war unter den veränderten Bedingungen weit weniger selbstverständlich.[233] Elemente wie Eigenständigkeit in der Planung und Autonomie im Arbeitsprozess wurden ebenfalls weitgehend beseitigt: Die Vorgesetzten waren in den Schüttelrutschenbetrieben fast permanent anwesend, Ab- und Ausbau wurden deutlich stärker vorgegeben und kontrolliert.[234] Bei Burghardt selbst findet sich an anderer Stelle der Hinweis, dass die Schüttelrutsche, „dem Unternehmer die *Verfügung über Arbeitsrhythmus und Arbeitstempo* in die Hand“[235] gab. Positiv auf die Fähigkeit zur gemeinsamen Interessenvertretung wirkte sich demgegenüber allenfalls die hohe Störanfälligkeit der Strebfördermittel, die tendenziell zu einer Zunahme der Pausen führte,[236] aus. Konträr zu Burghardts Einschät-

---

230 Vgl. Hartewig, Jahrzehnt, S. 99f.

231 Burghardt, Anfänge, S. 415.

232 Vgl. Burghardt, Mechanisierung, S. 124f.; Hartewig, Jahrzehnt, S. 96; Tenfelde, Arbeitsplatz, S. 322.

233 Vgl. Tenfelde, Arbeitsplatz, S. 331.

234 Vgl. Tenfelde, Arbeitsplatz, S. 329ff.

235 Burghardt, Anfänge, S. 417.

236 Vgl. Tenfelde, Arbeitsplatz, S. 322.

zung ist daher bei langfristig in den teilmechanisierten Streben beschäftigten Bergleuten ein durchaus deutlicher Verlust der kollektiven Handlungsfähigkeit zu erwarten. Diese Position wird auch von Michael Zimmermann (bezogen auf einen späteren Zeitpunkt) sehr deutlich vertreten:

> „Insgesamt löste die Mechanisierung die bisherige Kooperation und Autonomie der Gedingekameradschaften auf. […] Mit dieser Veränderung waren aber die sozialen Voraussetzungen nicht mehr gegeben, die die […] Bergarbeiterstreiks zwischen 1889 und 1919 ermöglicht hatten.“[237]

Dass sich eine mechanisierungsbedingte Lähmung bei der Untertagebelegschaft von Deutscher Kaiser im Untersuchungszeitraum noch keineswegs beobachten ließ, ergab sich wesentlich aus der geringen Zahl der Schüttelrutschen, also der eben erst in den Anfängen steckenden Mechanisierung. Weitere Aspekte kamen aber verstärkend hinzu. Beispielsweise führten u.a. die in dieser Phase häufigen technischen Störungen der mechanisierten Fördermittel zu einer Konzentration der Steiger auf die Schüttelrutschenbetriebe. In anderen Bereichen musste die Überwachung dadurch weiter reduziert werden.[238] Angesichts der ohnehin geringen Kontrolldichte sollte dieser Faktor allerdings nicht überbewertet werden. Wesentlich wichtiger erscheint die hohe Zahl von Zwangsarbeitern verschiedener Kategorien, die bis kurz vor Ausbruch der Streiks unter Tage tätig waren und für die aus Sicht der Zechenleitungen eine deutlich rigidere Aufsicht erforderlich war. Diese Arbeiter wurden daher bevorzugt in den Schüttelrutschenbetrieben beschäftigt, da nur dort die gewünschte Bewachung umsetzbar war.[239] Die Kombination aus wenigen Rutschen und vielen Zwangsarbeitern hatte zur Folge, dass von den Bergleuten, die im Zeitraum der Streikbewegung auf Deutscher Kaiser angelegt waren, erst unmittelbar vor dem offenen Ausbruch des Konflikts eine nennenswerte Zahl in die teilmechanisierten Bereiche verlegt werden konnte. Die damit verbundene Dequalifizierung der eigenen Tätigkeit[240] und der häufigere Kontakt mit dem Steiger mag bei den betroffenen Bergleuten die vorhandene Unzufriedenheit noch verstärkt haben. In jedem Fall können wir aber davon ausgehen, dass die in den alten Kameradschaften entstandenen Sozialbeziehungen und Gruppenbindungen aufgrund des geringen zeitlichen Abstands auch bei diesen Bergarbeitern noch wirksam waren.[241]

---

237 Michael Zimmermann, Die Rationalisierung des Ruhrbergbaus in den zwanziger Jahren. Das Beispiel der Harpener Bergbau AG, S. 436. In: Tenfelde (Hrsg.), Sozialgeschichte des Bergbaus, S. 432-444.

238 Vgl. Burghardt, Mechanisierung, S. 125; Trischler, Steiger, S. 122f.

239 Vgl. Hartewig, Jahrzehnt, S. 52, S. 86, S. 95; Rawe, Kriegsgefangene, S. 47.

240 Vgl. Tenfelde, Arbeitsplatz, S. 328f.

241 Vgl. Tenfelde, Arbeitsplatz, S. 303.

## 4.4. Andere Arbeitergruppen

Obwohl die Gewinnungsarbeit das Kernelement des Bergbaus bildete, war der Grubenbetrieb ohne andere Arbeitergruppen nicht denkbar. Bevor die Kohlenhauer überhaupt ihre Arbeit aufnehmen konnten, mussten ein Streckennetz, Bremsberge usw. aufgefahren werden. Das Grubengebäude unterlag permanenter Erweiterung und Veränderung. Für den Vortrieb der Strecken und die Nachführung der Zimmerung waren Kameradschaften von Gesteinshauern (und Schleppern) zuständig. Die mit dieser anspruchsvollen Aufgabe betrauten Arbeiter bilden nach Brüggemeiers Darstellung eine „Elite unter den Bergleuten"[242] mit oft ausgeprägtem Selbstbewusstsein. Ihre kollektive Bezahlung richtete sich nach dem in Metern gemessenen Arbeitsfortschritt. In Hinblick auf die Arbeitserfahrung in der Gruppe, das Entlohnungssystem, die Aushandlung des Gedinges und die Autonomie im Arbeitsprozess wiesen die Gesteinshauer sehr große Parallelen zu den Ortskameradschaften auf.[243] Ebenso verhielt es sich mit den Reparatur- und Zimmerhauern, die ebenfalls in Kameradschaften organisiert waren. Diese größtenteils aus älteren Bergleuten, die die schwere Gewinnungsarbeit nicht mehr leisten konnten, bestehenden Gruppen besorgten die dauerhafte Absicherung der Strecken sowie die Reparatur der durch den Gebirgsdruck deformierten Abschnitte. Sie wurden in der Regel im Gruppengedinge bezahlt, wobei in diesem Fall z.B. die Zahl der gesetzten Stempel oder ausgetauschten Türstöcke das Maß bildete.[244]

Deutlich anders gestaltete sich die Situation im Bereich der Förderung, den wir weiter oben schon mehrfach angerissen haben. Zwar gab es auch in diesem Segment Formen von Teamarbeit, wie sich am Beispiel der bereits erwähnten Schachtarbeiter nachweisen lässt, die mit rund einem Dutzend Personen in einer Gruppe arbeiteten. Lärm, Schichtlohn und fehlende körperliche Nähe hatten insgesamt jedoch eine wesentlich geringere Intensität der Gruppenbindungen zur Folge.[245] Dass hier überhaupt in der Gruppe gearbeitet wurde, war für den Förderbereich durchaus ungewöhnlich, während die geringen Möglichkeiten tragfähige Kontakte während der Arbeit zu knüpfen und die Zahlung von Schichtlöhnen typische Elemente darstellten. Die Aufgabe der Förderarbeiter war es, die Wagen unter Tage zu transportieren. In einigen Abschnitten geschah dies durch bloße Muskelkraft in anderen Teilen der Grube mit Hilfe von Haspeln, Grubenpferden oder Lokomotiven.

---

242 Brüggemeier, Leben, S. 132.

243 Vgl. Brüggemeier, Leben, S. 131f.; Tenfelde, Arbeitsplatz, S. 319.

244 Vgl. Brüggemeier, Leben, S. 103f., S. 129; Stenbock-Fermor, Erlebnisse, S. 23-33, S. 153; Tenfelde, Arbeitsplatz, S. 321.

245 Vgl. Stenbock-Fermor, Erlebnisse, S. 153ff.

Schlepper, die nicht einem Gedinge zugeteilt waren, Pferdejungen, Führer von Grubenlokomotiven, Bremser usw. waren Arbeitergruppen die wir hier vorfinden. Sie verrichteten ihre Tätigkeit in der Regel relativ isoliert und konnten nur selten in einen stärkeren Austausch mit anderen treten.[246] Von ihrer Arbeitssituation her waren sie daher deutlich weniger dafür prädestiniert, eine stabile Basis für längerfristige Arbeitskämpfe zu schaffen, als dies bei den Arbeitern aus den Kameradschaften der Fall war. Allerdings konnte ihnen eine wichtige Rolle dabei zukommen, Informationen innerhalb des Bergwerks weiterzutragen. Stenbock-Fermor berichtete von einem Maschinenführer, der mit seiner Lokomotive viel in der Grube herumkam: „[E]r wußte alles, kannte die genauen Verhältnisse jedes einzelnen Bergmannes, erzählte von sämtlichen Stänkereien und Streitigkeiten, die geschahen“[247].

## 4.5. Soziale Beziehungen in der Grube

Mit dieser Weitergabe von Informationen über größere Distanzen unter Tage treffen wir auf ein für die Organisierung zentrales Problem, dass wir bisher kaum thematisiert haben, nämlich die Frage von Kommunikationsprozessen und Kontakten, die über den Kameradschaftsverbund hinauswiesen. Bislang konnte lediglich gezeigt werden, wie innerhalb der Arbeitsgruppen enge Sozialbeziehungen entstanden, die handlungsfähige Kleingruppen erzeugen. Ein Aspekt der nicht unberücksichtigt bleiben darf, ist die Tatsache, dass die Kameradschaften zwar häufig während langer Perioden zusammenblieben, dass wir hier aber dennoch eher von Monaten als von Jahren ausgehen müssen. Es kam also immer wieder auch zur Zu- und Abordnung von Kameradschaftsmitgliedern oder sogar zur kompletten Neuzusammensetzung der Arbeitsgruppen.[248] Die zwischen den Mitgliedern eines Arbeitsteams entstandenen Bindungen gingen durch solche Umgruppierungen allerdings nicht abrupt verloren, sondern wirkten selbst dann längere Zeit nach, wenn sie nicht durch andere Faktoren – wie z.B. Kontakte im Wohnbereich – stabilisiert wurden. Das Bergwerk war daher von einem Netz sozialer Beziehungen durchzogen, die auch über die einzelnen Kameradschaften deutlich hinausreichten.[249] Diese Tatsache war für kollektive Aktionen von ganz unmittelbarer Bedeutung, stärkte aber indirekt zudem das zu Anfang des Kapitels konstatierte Gruppenbewusstsein, das sich in diesem Fall nicht auf die Arbeitsgruppe, sondern auf die gesamte Untertagebelegschaft bezog. Mit Blick auf dieses Bewusstsein müssen wir ein weiteres Kennzeichen

---

246 Vgl. Brüggemeier, Leben, S. 96-99, S. 129f.; Hickey, Bergmannsarbeit, S. 68; Stenbock-Fermor, Erlebnisse, S. 44, S.158-161, S. 196.

247 Stenbock-Fermor, Erlebnisse, S. 75.

248 Vgl. Stenbock-Fermor, Erlebnisse, S. 151-161; Tenfelde, Arbeitsplatz, S. 302.

249 Vgl. Tenfelde, Arbeitsplatz, S. 303.

der Bergarbeiterschaft benennen, dass bislang höchstens angedeutet wurde, nämlich ihre ausgeprägte Homogenität. Bis jetzt wissen wir nur, dass es sich um eine exklusiv männliche Gruppe handelte. Zusätzlich existierte im Bergbau jedoch im Gegensatz zu anderen Industriebetrieben keine Spaltung von ungelernten Arbeitern und Facharbeiterschaft. Die bergbautypische Grenze verlief zwischen der Arbeiterschaft und den Bergbeamten, also Steigern usw., deren Ausbildung u.a. den mehrjährigen Besuch der Bergschule umfasste. Die verschiedenen in diesem Kapitel aufgeführten Arbeitergruppen befanden sich demgegenüber im Wesentlichen in unterschiedlichen Phasen einer lediglich lebenszyklischen Ausdifferenzierung.[250] Neu angelegte, zumeist jugendliche Bergleute begannen ihre Tätigkeit unter Tage als Schlepper, Bremser, Pferdejungen usw. Zwischen diesen Arbeitergruppen gab es keine klare Abgrenzung, sondern einen relativ häufigen Austausch und Verlegung an andere Arbeitsplätze je nach Bedarf der Zeche.[251] Nach einiger Zeit in der Grube wurden die noch wenig erfahrenen Bergleute vor die Kohle verlegt und arbeiteten als Lehrhauer. Nach einem recht kurzen Zeitraum von lediglich zwei bis vier Jahren waren sie bereits Hauer, der Aufstieg erfolgte dabei ohne Prüfung „quasi automatisch“[252]. Die harte Arbeit laugte die Bergmänner aus, schädigte ihre Gesundheit frühzeitig und schränkte schon vor dem Erreichen eines hohen Alters ihre Leistungsfähigkeit ein. Wenn sie den hohen Anforderungen bei der Kohlengewinnung nicht mehr genügen konnten, mussten sie wieder in schlechter bezahlte Jobs im Bergwerk wechseln. Sie wurden nun in der Regel aber nicht mehr in der Förderung, sondern dank ihrer großen Erfahrung als Reparatur- oder Zimmerhauer eingesetzt. Die einzelnen Arbeitergruppen trennten daher keine festen Schranken, sondern bloß einige Jahre Lebens- und Berufserfahrung. Eine solche Konstellation schloss Generationenkonflikte nicht aus, war aber für die Entstehung von Solidarität – gerade im Vergleich zu anderen Branchen – sehr günstig.[253]

---

250 Vgl. Brüggemeier, Leben, S. 104f., S. 234; Brüggemeier, Vagabundage, S. 272f., S. 277; Crew, Bochum, S. 199; Crew, Lage, S. 84; Hartewig, Jahrzehnt, S. 100; Hickey, Bergmannsarbeit, S. 65f.; Hickey, Workers, S. 115f., S. 162.

251 Vgl. Brüggemeier, Leben, S. 96-99; Hickey, Bergmannsarbeit, S. 65f.; Stenbock-Fermor, Erlebnisse, S. 151-161; Weber, Arbeitsplatz, S. 112. Damit hängt eng zusammen, dass der Begriff „Schlepper“ eine doppelte Verwendung fand. Einerseits wurden so Bergleute bezeichnet, deren konkrete Tätigkeit im Wesentlichen darin bestand die Wagen durch eigene Kraft zu transportieren, andererseits wurde teilweise auch allgemeiner die gesamte unterste Lohngruppe der Untertagearbeiter so benannt.

252 Brüggemeier, Vagabundage, S. 273; vgl. auch S. 277f.; Brüggemeier, Leben, S. 99-102; Hickey, Bergmannsarbeit, S. 66.

253 Vgl. Brüggemeier, Leben, S. 103-105, S. 234; Brüggemeier, Vagabundage, S. 273; Hickey, Bergmannsarbeit, S. 66.

Trotz der bisherigen Ausführungen ist in Hinblick darauf, wie es dazu kommen konnte, dass ganze Schachtbelegschaften gemeinsam in Aktion traten, vieles noch offen. Um hierzu Antworten zu finden, müssen wir uns stärker als bislang von der eigentlichen Arbeitsverrichtung lösen und den gesamten Zeitraum der Anwesenheit im Betrieb bzw. den ganzen Arbeitstag in den Blick nehmen. Insbesondere bei der Analyse des Berichts von Alexander Stenbock-Fermor stößt man mit dieser Perspektivverschiebung auf eine Fülle von Kommunikationssituationen. Schon vor der Ankunft auf dem Zechengelände trafen viele Bergleute aus verschiedenen Arbeitsgruppen aufeinander. Die zum Betrieb zurückzulegenden Distanzen waren für die meisten von ihnen aufgrund der in den Nähe angesiedelten Kolonien zwar verhältnismäßig kurz, dennoch kamen gerade durch das konzentrierte Wohnen der Belegschaften an einem Punkt viele Kollegen schon auf dem Weg zur Arbeit in Kontakt. Auf dem Zechengelände wurde sich dann in der Waschkaue gemeinsam umgezogen und spätestens bei der Einfahrt entstand der erste Stau. Lange Schlangen von wartenden Bergarbeitern bildeten sich am Schacht.[254] „Endlos lange schien das Verladen zu dauern“[255], beschrieb Stenbock-Fermor seine Wahrnehmung des Schichtbeginns. Während die gerade angekommenen Bergleute warteten, fuhr gleichzeitig die andere Schicht aus.[256] Die Wartenden konnten sich daher nicht nur untereinander unterhalten, sondern hatten auch die Möglichkeit zum Austausch mit den Kollegen aus der anderen Schicht. Unter Tage setzte sich diese Situation unter umgekehrten Vorzeichen fort, dort trafen die gerade Eingefahrenen auf Bergleute aus der vorherigen Schicht, die ihrerseits auf die Ausfahrt warteten.[257] Mit der Ankunft unter Tage waren die meisten Bergleute noch lange nicht an ihrem Arbeitsort angelangt. Die immense Ausdehnung der Grubengebäude und das Fehlen von Transportmitteln, die auf die Beförderung von Menschen ausgelegt waren, führten dazu, dass die Bergarbeiter auch unter Tage oft noch sehr weite Strecken zu Fuß zurücklegen mussten. Diese regelmäßig mehrere Kilometer umfassenden Distanzen wurden von Bergleuten aus verschiedenen Strecken und Arbeitsorten zusammen bewältigt. Die gemeinsamen Wege boten Kommunikationsmöglichkeiten, die kaum hoch genug eingeschätzt werden können, zumal sich die gleiche

---

254 Vgl. Brüggemeier, Leben, S. 136; Crew, Lage, 76f.; Hickey, Workers, S. 132; Stenbock-Fermor, Erlebnisse, S. 17ff.

255 Stenbock-Fermor, Erlebnisse, S. 19.

256 Stenbock-Fermor, Erlebnisse, S. 35.

257 Vgl. Brüggemeier, Leben, S.136; Brüggemeier, Vagabundage, S. 278, S. 287; Crew, Lage, S. 77; Hickey, Workers, S. 162; Stenbock-Fermor, Erlebnisse, S. 69f., S.80f.

Situation bei Schichtende wiederholte.[258] Stenbock-Fermor hat die lebhaften Gespräche, die sich in dieser Konstellation ergaben, anschaulich beschrieben. Auch in die Gesprächsthemen erhalten wir einen Einblick, der bezüglich der behandelten Fragestellung hochinteressant ist: „Lohnverhältnisse, Politik, Weibergeschichten“[259]. Die entstandenen Debatten wurden bei der Rückankunft am Schacht, die wiederum durch langes Warten geprägt war, im größeren Kreis fortgesetzt, wobei vor allem Politik ein heißes Thema war. Hunderte Bergleute trafen an diesem Punkt aufeinander.[260] Ohne dass sie gezielt herbeigeführt werden musste, ergab sich hier aus der Form der Betriebsorganisation jeden Tag eine Zusammenkunft, die man durchaus als Form einer informellen Betriebsversammlung interpretieren kann:

> „Gruppen von Arbeitern standen zusammen und diskutierten, d.h. zwei Mann stritten sich gewöhnlich über irgendeine politische Frage, während die übrigen im Kreise herumstanden und durch Zurufe Beifall oder Ablehnung zum Ausdruck brachten. Diese Diskussionen erfreuten sich allgemeiner Beliebtheit“[261].

Schon rein optisch drängte sich zudem der Eindruck einer großen Einheitlichkeit auf. Diejenigen, die ihre Schicht bereits hinter sich hatten, waren durch den Kohlenstaub kaum noch unterscheidbar: „Wohin man sah: kohlrabenschwarze Menschen!“[262] Die Sprengkraft dieser Situation ist offenbar auch von den Bergleuten selbst erkannt worden, politisch organisierte Kollegen versuchten gezielt zu agitieren. Die „gute Gelegenheit zur Propaganda“[263] ließen sich nach Stenbock-Fermors Bericht insbesondere die Kommunisten nicht entgehen. Seine Darstellung deckt sich mit der Einschätzung Brüggemeiers, der die Bedeutung der Kommunikation in der Grube für die kollektive Interessenvertretung wiederholt herausstellt: „Die Bergleute haben Öffentlichkeit nicht in einer Wirtschaft oder auf einem Versammlungsplatz hergestellt; diese hat vielmehr unter Tage selbst bestanden“[264].

Auch nach Rückkehr an die Erdoberfläche blieben die Bergarbeiter zunächst noch in großen Gruppen zusammen, die hallenartige Konstruktion

---

258 Vgl. Crew, Lage, S. 76; Hickey, Bergmannsarbeit, S. 52f.; Hickey, Workers, S. 132; Stenbock-Fermor, Erlebnisse, S. 20-24, S. 69-72; Tenfelde, Arbeitsplatz, S. 298; Weber, Arbeitsplatz, S. 108, S. 112.

259 Stenbock-Fermor, Erlebnisse, S. 69, vgl. auch S. 80.

260 Vgl. Brüggemeier, Leben, S. 136; Brüggemeier, Vagabundage, S. 278, S. 287; Stenbock-Fermor, Erlebnisse, S. 34, S. 69, S. 202.

261 Stenbock-Fermor, Erlebnisse, S. 69; vgl. auch Brüggemeier, Leben, S. 136.

262 Stenbock-Fermor, Erlebnisse, S. 34.

263 Stenbock-Fermor, Erlebnisse, S. 69; vgl. auch Brüggemeier, Leben, S. 140f.

264 Brüggemeier, Leben, S. 141.

der Waschkauen bot der Intimsphäre der Bergleute keinen Schutz: „Tausende von nackten Männerkörpern füllten den großen Raum.“[265] Körperliche Nähe war in den Waschräumen fast unvermeidlich. Ein Gemisch aus Kohlenstaub und Schweiß bedeckte die Arbeiter nahezu vollständig. Die Bergleute waren sich gegenseitig bei der Entfernung der Schmutzkruste behilflich: „Wer den Rücken gewaschen haben wollte, stellte sich breitbeinig gebückt vor jemanden hin und rief ‚buckeln‘. Der Angerufene scheuerte dann gründlich den Rücken und ließ sich dann ebenfalls ‚buckeln‘.“[266] Ähnlich wie bei der gemeinsamen Anstrengung in der Enge des Abbauraums können wir in diesem Kontext eine Reduzierung von Schranken zwischen den Bergleuten und damit positive Auswirkungen auf ihre Solidarität und kollektive Handlungsfähigkeit erwarten: „[E]s mag mehr als nur Zufall gewesen sein, daß Arbeitsniederlegungen häufig von den Waschkauen ausgingen – den Orten, wo unmittelbare körperliche Gemeinsamkeit am deutlichsten greifbar und erfahrbar wurde.“[267]

## 4.6. Zwischenfazit

Wir haben dieses Kapitel mit der Unterscheidung von Über- und Untertagebelegschaft begonnen. Dabei ließ sich feststellen, dass diese betriebsorganisatorische Unterteilung der Arbeiter*innen eine hierarchische Komponente beinhaltete, die die Übertagebelegschaft in eine untergeordnete Position brachte. Deshalb und aufgrund der in Hinblick auf kollektive Aktionen ohnehin ungünstigen Konstellation über Tage war es sehr unwahrscheinlich, dass die Tagesarbeiter*innen im Rahmen von Streiks, die die Gesamtbelegschaft betrafen, eine tragende Rolle einnahmen. Trotz der Trennung der Belegschaftsteile im Betrieb, die wir in diesem Kapitel betont haben, sollte nicht vergessen werden, dass Arbeiter*innen aus beiden Bereichen durch Verwandtschaftsbeziehungen und die gemeinsame Wohnsituation vielfach verbunden waren. Bezüglich der Untertagebelegschaft sind wir zu dem Ergebnis gekommen, dass diese durch ihre besondere Arbeitsumgebung, die Gefährlichkeit ihrer Tätigkeit und eine nur lebenszyklische Ausdifferenzierung geprägt war. Als Konsequenz entstand ein Gruppenbewusstsein, das sich primär auf die Untertagearbeiter, die eigentlichen Bergleute bezog. Die Herausbildung einer in sich geschlossenen Gruppe, die gleichzeitig nur wenige Bezüge zu Arbeiter*innen anderer Berufszweige aufwies – eine Tendenz, die sich bereits im Wohnbereich beobachten ließ –, wurde auch durch die Arbeitssituation gefördert.

---

265 Stenbock-Fermor, Erlebnisse, S. 35, vgl. auch S. 17f.; Brüggemeier, Leben, S. 138ff.

266 Stenbock-Fermor, Erlebnisse, S. 35; vgl. auch Brüggemeier, Leben, S. 139f.

267 Brüggemeier, Leben, S. 140.

Wie wir nachweisen konnten, waren technische Neuerungen im Streb erst in relativ geringem Umfang eingeführt worden, so dass sie noch nicht zu einem grundlegenden Wandel der Arbeitsorganisation geführt hatten. Den Kern der Untertagebelegschaft bildeten daher nach wie vor die Kameradschaften. Sie waren gleichzeitig zentral für den Organisierungsprozess. Die Arbeit in den Kameradschaften umfasste intensive gemeinsame Erfahrungen, körperliche Nähe, vielfältige Kommunikationsmöglichkeiten und gegenseitige Abhängigkeit. Gemeinsame Interessen in Hinblick auf den Lohn und die Reduzierung von Unfallgefahren schweißten die Arbeitsteams zusammen. Die eigenständige Gestaltung des Arbeitsprozesses verlieh den Bergleuten nicht nur erhebliches Selbstbewusstsein, sondern insbesondere die Kompetenz zum selbstständigen Handeln. Die sich durch die spezifische Form der Gruppenarbeit entwickelnden Fähigkeiten in Bezug auf Selbstorganisationsprozesse wurden durch das Gedingesystem noch zusätzlich befördert. Die regelmäßige Konfrontation mit dem Steiger brachte ausgeprägte Erfahrungen bezüglich gruppeninterner Entscheidungsfindung und kollektiver Konfliktführung hervor. Zudem wurde dadurch das Sprechen für eine Gruppe für die Ortsältesten zur gewohnten Praxis. Obwohl die Kameradschaften während des Arbeitsprozesses von den anderen Bergleuten getrennt waren, existierten sie im Betrieb nicht als isolierte Einheiten. Soziale Beziehungen aus früher bestehenden Arbeitszusammenhängen verbanden die Bergmänner aus verschiedenen Arbeitsteams ebenso miteinander wie Bekanntschaften, die ihren Ursprung im Wohnbereich hatten. Gemeinsame Wege und Wartezeiten brachten Bergleute aus unterschiedlichen Kameradschaften jeden Tag miteinander in Kontakt. Bei der Ein- und Ausfahrt sowie in den Waschkauen kamen ganze Schachtbelegschaften zusammen. Es entstanden so elementare Assoziationen, die die Bergleute nicht erst mühsam gezielt herstellen mussten, sondern die sich nahezu selbstverständlich aus der Form der Betriebsorganisation ergaben.

# 5. Gewerkschaften und Arbeiterparteien

Bereits in der Einleitung haben wir festgestellt, dass viele Darstellungen, die sich mit der Sozialisierungsbewegung befassen, sich stark auf die Politik der Bergarbeiterverbände und Arbeiterparteien fokussieren. Wir haben diese Perspektive als der Bewegung inadäquat zurückgewiesen, da sie die eigentlichen Träger*innen der Streiks in den Hintergrund drängt. Dennoch wollen wir nun einen kurzen Blick auf eben diese Organisation werfen. Einerseits, weil die Verbände trotz allem ein wesentliches Element in dem Kräftefeld darstellten, in dem die Bergleute agierten. Andererseits, weil so verständlicher wird, warum insbesondere die etablierten Bergarbeitergewerkschaften in Bezug auf die Entwicklung der Bewegung nicht als fördernder, sondern als hemmender Faktor wirksam wurden.

Im Steinkohlenbergbau des Ruhrgebiets entwickelte sich weder eine einheitliche Gewerkschaft, noch die klare Dominanz einer Organisation. Stattdessen bestanden neben dem sozialdemokratisch geprägten „Alten Verband" ein ebenfalls bedeutsamer „Gewerkverein christlicher Arbeiter", eine „Polnische Berufsvereinigung" sowie der „Gewerkverein-Hirsch-Duncker", dessen Einfluss allerdings marginal blieb. Diese vier Verbände konkurrierten untereinander um Mitglieder, sie sahen sich allerdings gleichzeitig mit einem übermächtigen Gegner konfrontiert, der sie zwang, trotz der Differenzen teilweise gemeinsam zu agieren: Anders als den Arbeitern gelang es den Unternehmern mit dem Ausstandssicherungsverband, dessen Tätigkeit ab 1908 vom Zechenverband fortgeführt wurde, schon frühzeitig eine einheitliche Arbeitskampforganisation ins Leben zu rufen, dem fast alle Zechen angehörten. Die im Verband zusammengeschlossenen Zechen verpflichteten sich, bestreikten Unternehmen Unterstützung zu gewähren, wenn diese den Forderungen der Streikenden nicht nachgaben und wenn insgesamt nicht mehr als 30% der Verbandszechen vom Arbeitskampf betroffen waren. Auf diese Weise wurde es nahezu unmöglich, einzelne Unternehmen erfolgreich anzugehen. Gleichzeitig stellten umfangreiche Streikbewegungen die Arbeiterorganisationen vor (finanzielle) Herausforderungen, die für diese existenzbedrohend werden konnten.[268] Angesichts dieser Konstellation ist es nur wenig überraschend, dass die Bergarbeitergewerkschaften in besonders

268 Vgl. Brüggemeier, Leben, S. 191-202; Gladen, Streiks, S. 131-141.

ausgeprägter Weise als „Streikvermeidungsvereine“[269] agierten. Schwere Niederlagen, die das Ergebnis zweier vom Alten Verband Anfang der 1890er Jahre initiierter Streikversuche waren, trugen zusätzlich zu dieser Entwicklung bei.[270] Auch umfangreiche Streikbewegungen wie 1905, als sich schließlich 200 000 Bergleute am Ausstand beteiligten, entsprangen daher einzelnen Zechen und breiteten sich von dort aus, ohne dass die Gewerkschaften zunächst daran beteiligt waren. Erst als die Ausbreitung offensichtlich nicht mehr zu stoppen war, versuchten die Gewerkschaftsführungen „sich zum Sprecher der Bewegung zu machen und sie zugleich auf diese Weise unter Kontrolle zu bringen.“[271] Wie wir sehen werden, war das hier etablierte Muster auch für den Umgang der Gewerkschaften mit der Streikbewegung 1918/19 prägend. Gleichzeitig können wir festhalten, dass die Bergleute des Ruhrgebiets schon vor dem hier untersuchten Zeitraum wichtige Erfahrungen mit der dezentralen Organisierung von Streiks sammelten. Auch Hamborner Bergleute beteiligten sich 1905 aktiv an den Auseinandersetzungen und traten zudem relativ früh in den Konflikt ein.[272]

Die zurückhaltende Politik der Gewerkschaftsführungen rief zumindest bei Teilen der Basis Unmut hervor. Insbesondere die Führung des Alten Verbandes sah sich von dieser Seite unter zunehmendem Legitimationsdruck. Berichte aus Hamborn betonen die „Kampfstimmung“, die unter den Bergleuten herrschte. Zusammen mit anderen Faktoren führte dies dazu, dass die Gewerkschaften 1912 wieder selbst die Initiative ergriffen. Alter Verband, die Polnische Berufsvereinigung und die Hirsch-Dunckerschen zettelten den „Dreibund-Streik“ an und riefen die Bergarbeiter des Ruhrgebiets zur Arbeitsniederlegung auf. Der christliche Gewerkverein verweigerte hingegen die Teilnahme und betrieb massive Gegenpropaganda. Die dadurch verursachte Spaltung der Arbeiter*innenschaft führte zusammen mit harten staatlichen Repressionsmaßnahmen zu einer desaströsen Niederlage. Massive Mitgliederverluste nicht nur beim Dreibund, sondern ebenso beim christlichen Gewerkverein, waren die Folge. Das bittere Ende des Dreibundstreiks markierte die endgültige Abkehr der etablierten Bergarbeiterverbände von einer aktiven

269 Tenfelde / Volkmann, Geschichte, S. 21; siehe auch Mallmann, Erfahrungsräume, S. 596; Klaus Tenfelde, Radikal, militant? Forschungen über Bergarbeiterstreiks im 20. Jahrhundert, S. 388. In: Angelika Westermann / Ekkehard Westermann (Hrsg.), Streik im Revier. Unruhe, Protest und Ausstand vom 8. bis 20. Jahrhundert, St. Katharinen 2007, S. 381-404.

270 Vgl. Brüggemeier, Leben, S. 196f.

271 Gladen, Streiks, S. 136.

272 Vgl. Lucas, Formen, S. 126f.

Arbeitskampfpolitik.[273] Statt auf Massenmobilisierungen setzten die Gewerkschaften noch stärker als zuvor auf staatliche Anerkennung und institutionelle Einbindung. Ihr aktives Handeln nach außen beschränkte sich im Wesentlichen auf das Verfassen von Petitionen. Besonders deutlich zeigte sich diese Ausrichtung ab 1914, als sich die freigewerkschaftlichen Verbände insgesamt darauf verständigten, für die Dauer des Krieges auf Streiks zu verzichten, keine Streikunterstützung mehr zu zahlen und die Regierung zu stützen. Die Führer des Alten Verbandes traten (zusammen mit einigen anderen) bei der Propagierung einer derartigen Politik besonders hervor. Sie „entwickelten sich – gefördert durch die faktische Anerkennung der Gewerkschaften durch die Regierung nach Kriegsausbruch – zu den eifrigsten Vertretern der Burgfriedenspolitik und Befürwortern der Kriegskredite“[274]. Dennoch kam es auch während des Krieges auf den Zechen des Ruhrgebiets immer wieder zu Streiks, die regelmäßig nicht auf ein Unternehmen beschränkt blieben. Die Hamborner Belegschaften beteiligten sich zu verschiedenen Zeitpunkten an den Ausständen. Im Januar 1917 lösten Bergleute der GDK eine Streikwelle aus, als sie aus Protest gegen die Herabsetzung der Kartoffelration die Arbeit niederlegten.[275]

Die von Reulecke angesprochene faktische Anerkennung und die Unterstützung der Regierung bei einzelnen Anliegen war allerdings ohne Gegenleistung nicht zu haben. Die Gewerkschaften mussten sich bewähren, indem sie sich eindeutig auch als Disziplinierungsinstrument gegenüber den aufbegehrenden Teilen der Arbeiter*innenschaft positionierten. Die Politik der Gewerkschaften gegenüber den Bergleuten zielte daher klar auf die Befriedung von Unruhe ab. Diese strategische Richtungsentscheidung prägte das Agieren der Gewerkschaften über das Ende des Krieges hinaus. Als Garanten für Ruhe und Ordnung versuchten sie, sich dem Zechenverband als Tarifpartner zu empfehlen. Dieser ging darauf jedoch erst ein, als die militärische Niederlage bereits deutlich absehbar war und führte mit den vier Bergarbeitergewerkschaften am 18. Oktober 1918 die ersten offiziellen Gespräche.[276] Das Treffen führte zwar nur zu marginalen materiellen Veränderungen, für die Gewerkschaftsführungen stand jedoch die offizielle Anerkennung klar im Vordergrund, die von ihnen als großer Erfolg gefeiert wurde. In der Folge

273 Vgl. Brüggemeier, Leben, S. 227-240; Gladen, Streiks, S. 141-148; Tampke, Ruhr, S. 27ff.

274 Reulecke, Weltkrieg, S. 215.

275 Vgl. Lucas, Formen, S. 148; Hans Spethmann, Zwölf Jahre Ruhrbergbau. Band I: Aufstand und Ausstand bis zum zweiten Generalstreik April 1919, Berlin 1928, S. 17-79, zu Hamborn insbesondere S. 25-28 und S. 40-43.

276 Vgl. Lucas, Ursachen, S. 26-31; Mommsen, Bergarbeiterbewegung, S. 278-289.

warnten sie besonders eindringlich vor revolutionären Bestrebungen und versprachen stattdessen zukünftige Verbesserungen für die Bergleute auf dem Weg zentraler Verhandlungen mit den Zechenunternehmern. Noch am 9. November wurden im offiziellen Organ des Alten Verbandes Flugblätter, die zum Umsturz aufriefen, scharf angegriffen. Kurze Zeit später wurde das Ende des alten Regimes zwar von der gleichen Gewerkschaft offiziell begrüßt (der christliche Gewerkverein hingegen hielt die Revolution nach wie vor für überflüssig), ansonsten führten die Bergarbeiterverbände ihre Politik aber konsequent fort, auch wenn sie aus den veränderten politischen Umständen Kapital zu schlagen suchten. Am 14. November wurde eine Vereinbarung zwischen Zechenverband und Gewerkschaften geschlossen, die u.a. eine Verkürzung der Arbeitszeit auf acht Stunden inklusive Ein- und Ausfahrt und Zuschläge für Überstunden festschrieb. Obwohl dieses zweite Abkommen im Gegensatz zum ersten durchaus substantielle Verbesserungen beinhaltete, erscheinen diese vor dem Hintergrund der Revolution doch als recht gering. Gleichzeitig bekundeten beide Seiten die Absicht, künftige Konflikte auf dem Wege von Verhandlungen zu lösen.[277] Die Gewerkschaften positionierten sich also auch öffentlich gegen die Durchführung von Streiks. Dieser Aspekt stellte keineswegs ein bloßes Lippenbekenntnis dar, vielmehr wurde die Streikvermeidung von beiden Seiten als Kernpunkt des Abkommens angesehen:

> „Der Zechenverband betrachtete das Übereinkommen mit den Bergarbeiterverbänden in erster Linie als Instrument zur Sicherung des Arbeitsfriedens im streikbedrohten Ruhrbergbau. Auch für die Bergarbeiterverbände, insbesondere für den Alten Verband, stand dieses Motiv im Vordergrund."[278]

Aus der Entwicklung und strategischen Ausrichtung der Gewerkschaften wird nachvollziehbar, warum diese auch die Streikbewegung von 1918/19 nicht unterstützten, sondern nach Möglichkeiten einzudämmen versuchten. Eigenständige Initiativen von Arbeiter*innen, die auf die Verbesserung ihrer Lage durch Streiks und offene Konfliktaustragung drängten, mussten den Gewerkschaftsführungen als ernsthafte Bedrohungen ihrer Verhandlungspolitik erscheinen. Dass die von Seiten der Verbände unternommene Befriedungspolitik jedoch weitgehend erfolglos blieb, hing nicht nur mit der in Folge der Burgfriedenspolitik eingetretenen Entfremdung zwischen Gewerkschaftsführungen und Teilen der Zechenbelegschaften zusammen.[279] Den Gewerkschaften gelang es vor dem Krieg nie, die Mehrheit der Bergleute zu organisieren, nach der Niederlage im Dreibundstreik umfasste der Mitglie-

277 Vgl. Lucas, Ursachen, S. 30ff.; Mommsen, Bergarbeiterbewegung, S. 283ff.

278 Mommsen, Bergarbeiterbewegung, S. 285; siehe auch Lucas, Ursachen, S. 32f.

279 Vgl. Lucas, Ursachen, S. 28ff.

derbestand der vier Verbände im Jahr 1913 zusammen nur noch ein knappes Drittel der Bergarbeiter im Ruhrgebiet. Ihr Einfluss auf die Belegschaften war damit insgesamt begrenzt.[280] In besonderem Maße galt dies aufgrund der besonderen Entwicklungsgeschichte der Stadt für Hamborn. Als der Alte Verband gegründet wurde, begann Thyssen in Hamborn gerade erst mit dem systematischen Aufbau der Zeche, der Ort selbst war noch winzig. Viel weniger als in anderen Städten konnte sich daher eine traditionelle Bindung an die Gewerkschaften entwickeln. Gleichzeitig stellte der immense Einfluss des Großkapitals in Hamborn die Verbände vor spezifische Organisierungshindernisse: Räume für öffentliche Zusammenkünfte waren kaum zu bekommen, eine Organisierungsstrategie, in der derartige Versammlungen ein wichtiges Element darstellten, konnte daher nur wenig erfolgreich sein.[281] Die Gewerkschaften waren daher in Hamborn außergewöhnlich schwach vertreten. In Hinblick auf die Streiks von 1918/19 erwies sich dieser Umstand indes als ein Faktor, der die Entwicklung der Bewegung deutlich begünstigte: Die Gewerkschaften fielen hier als Disziplinierungselement weitgehend aus.[282]

Die für die Gewerkschaften in Hamborn beschriebenen Schwierigkeiten galten in ähnlicher Weise auch für die SPD. Diese befand sich schon vor 1914 in Hamborn in einer schwachen Position, während des Krieges kam das sozialdemokratische Parteileben dann gänzlich zum Erliegen.[283] Dementsprechend ist es nicht verwunderlich, dass sich auch für die USP, die zusätzlich mit dem Problem konfrontiert war, dass sie im Hamborner Raum über keine eigenen Publikationsorgane verfügte, keine nennenswerten Aktivitäten nachweisen lassen. Die Mitgliedszahlen waren gering. Anfang Januar 1919 trat fast der gesamte Ortsverband zur neugegründeten KPD über.[284] Trotz anderslautender Propaganda ihrer Gegner*innen war jedoch auch der Spartakusbund bzw. die KPD für die Entstehung der Bewegung so gut wie irrelevant.[285] Während der Zeit des Krieges blieb diese Gruppierung im rheinisch-westfälischen Industriegebiet ohne Bedeutung: „Im gesamten Ruhrgebiet, in Köln, am Niederrhein und selbst in Solingen und Remscheid läßt sich

280 Vgl. Mallmann, Erfahrungsräume, S. 595.

281 Vgl. Ulrich Klan / Dieter Nelles, „Es lebt noch eine Flamme". Rheinische Anarcho-Syndikalist/-innen in der Weimarer Republik und im Faschismus, Grafenau-Döffingen 1986, S. 61ff., S. 349; Lucas, Formen, S. 128ff.

282 Vgl. Lucas, Formen, passim.

283 Vgl. Lucas, Formen, S. 128-136, S. 149ff.

284 Vgl. Lucas, Formen, S. 151, S. 183; Lucas / Del Tedesco, Bergarbeiterbewegung, S. 153f.; Tampke, Ruhr, S. 53ff.

285 Vgl. Lucas, Formen, S. 233f.; Mommsen, Bergarbeiterbewegung, S. 291-294.

keine nennenswerte Aktivität von Spartakusanhängern feststellen."[286] Auch nach Kriegsende hatte die Gruppe offenbar zunächst keinen Einfluss auf das Agieren der Bergleute. In Bezug auf Hamborn wies ein im Dezember 1918 entstandener Bericht darauf hin, dass die KPD-Mitglieder sich vornehmlich auf den Aufbau ihrer Partei konzentrierten und teilweise nur unzureichend über die Entwicklung der Streiks informiert waren. Ein Zusammenhang zwischen dem Handeln der Spartakist*innen und den Streiks wurde explizit verneint.[287] Eine solche Beschreibung der Hamborner KPD dürfte indes nur für eine bestimmte Phase zutreffend sein. Zu späteren Zeitpunkten traten einzelne Mitglieder der von den Bergleuten gebildeten Zentralstreikkommission zugleich als Funktionäre der KPD auf,[288] ein Informationsdefizit können wir dann sicherlich nicht mehr annehmen. Dennoch kann die Tatsache, dass Bergleute, die im Rahmen der Bewegung eine gewisse Prominenz erlangten, in der Folge auch auf vorderen Plätzen der Wahllisten dieser Partei auftauchten, nicht darüber hinwegtäuschen, dass die KPD in Hamborn keine Strukturen besaß, die für die Streiks relevant wurden. Die zunehmende Unterstützung der kommunistischen Partei war eine Folge der turbulenten Ereignisse, nicht ihre Ursache.[289]

Die in der Forschung weitverbreitete Fixierung auf formale Organisationen hat dazu geführt, dass selbst linksradikale Kleinstgruppen, die über kaum mehr als eine Handvoll Mitglieder und einen Namen verfügten, in wissenschaftlichen Publikationen ihren Niederschlag gefunden haben. Dennoch kann diesen nur schwerlich die Verantwortung für die Streik- und Sozialisierungsbewegung zugeschoben werden. In Bezug auf Hamborn finden sich in der Literatur immer wieder Hinweise auf die syndikalistische „Freie Vereinigung deutscher Gewerkschaften" (FVdG). Dies hat insofern durchaus seine Berechtigung, als dass die FVdG im Zuge der Streiks in Hamborn tatsächlich zur Massenorganisation wurde. Dennoch gilt es hier Ursache und Wirkung nicht zu verwechseln. Vor Beginn der Bewegung hatte die Freie Vereinigung auch in Hamborn „ein bedeutungsloses Schattendasein geführt"[290]. Sie umfasste dort lediglich fünf bis sechs Mitglieder.[291] Damit verfügte sie offensichtlich nicht über die Mittel, um größere Arbeitskämpfe zu organisieren, sie

286 Reulecke, Weltkrieg, S. 231.

287 Vgl. Lucas, Formen, S. 213f., S. 234.; Tampke, Ruhr, S. 111f.

288 Vgl. Freiheit 27.3.1919; Neunerkommission, Sozialisierung, S. 5.

289 Vgl. Tampke, Ruhr, S. 112.

290 Lucas, Formen, S. 163.

291 Vgl. Jürgen Jenko, Die Bergarbeiterschaft und der Aufstieg des Anarcho-Syndikalismus im Ruhrgebiet bis 1919, S. 14. In: Mitteilungsblatt des Instituts für soziale Bewegungen, H. 38 (2007), S. 7-26; Klan / Nelles, Flamme, S. 62.

konnte „in der technischen Vorbereitung und Leitung des Massenstreiks"[292] keine relevante Rolle spielen. Damit war allerdings noch nicht ausgeschlossen, dass die FVdG Einfluss auf die Bewegung gewann. Sie hatte durchaus auch als zahlenmäßig kleine Gruppe die Möglichkeit, zu einem wichtigen Teil der „*politischen Führung*"[293] zu werden. Bei der Untersuchung des Ablaufs der Streiks werden wir mit berücksichtigen, inwiefern die Freie Vereinigung in dieser Weise wirksam wurde. Festhalten sollten wir nach diesem Überblick über die verschiedenen Organisationen, dass die Zahl der Arbeiter*innen, die deren politische Schulung durchlaufen hatten, in Hamborn insgesamt sehr gering gewesen sein dürfte.[294]

---

292 Rosa Luxemburg, Massenstreik, Partei und Gewerkschaften, S. 146. In: Rosa Luxemburg, Gesammelte Werke. Bd. 2: 1906 bis Juni 1911, hrsg. vom Institut für Marxismus-Leninismus beim ZK der SED, Berlin [4]1986, S. 92-170.

293 Luxemburg, Massenstreik, S. 146.

294 Vgl. Lucas, Formen, S. 128ff., S. 232f.; Mommsen, Konflikte, S. 80ff.; Petra Weber, Gescheiterte Sozialpartnerschaft – Gefährdete Republik? Industrielle Beziehungen, Arbeitskämpfe und der Sozialstaat. Deutschland und Frankreich im Vergleich (1918-1933/39), München 2010, S. 210.

# Oertliches.

§ **Neue Ausschreitungen streikender Bergleute.** Gestern zog ein Trupp von mehreren 100 Mann zur *Zeche Westende* in *Meiderich*, erzwang sich den Eingang mit Gewalt und besetzte die Anlagen und das Telephon. Die Anlagen wurden still gelegt und die arbeitswilligen Leute nach Hause geschickt. Nur mit großem Widerwillen fügten diese sich der Minderheit, die zum größten Teil aus polnischen Bergleuten besteht. Die Gewerkschaften haben auf diese zu „wilden" Streiks und Ausschreitungen drängenden Elemente keinen Einfluß mehr. In den Forderungen herrscht ein wüstes Durcheinander. Weihnachtsgelder von 600 M und *fünfstündige Arbeitszeit* werden verlangt. Ueber die wirtschaftlichen Folgen aller dieser Vorgänge und ihrer Forderungen überhaupt machen sich ihre Urheber natürlich keine Sorgen. Eine geringe Minderheit ist es wieder, die in dieser kritischsten Zeit die Produktion der Zechen lahmlegt, in einer Zeit, wo alle Industrien unter *Kohlennot* zu leiden haben. Eine geringe Minderheit — und das ganze Volk muß schließlich in Jahren harter Arbeit und schwerster Entbehrungen die Milliarden deutschen Volksvermögens bezahlen, die durch diese wilden Streiks sinnlos vertan werden. Und was die Forderungen der Streikenden betrifft? Hören wir, was der *Sozialist* Noske am Mittwochabend in einer Parteiversammlung in Berlin darüber sagte: „*Unter den heutigen Löhnen sei Deutschland auf dem Weltmarkte nicht konkurrenzfähig.* In Kiel koste der Bau eines Handelsschiffes jetzt fünfmal mehr wie vor dem Kriege." Soweit sind wir schon! Und in anderen Industrien ist es nicht besser. Wie kann da Deutschland konkurrenzfähig sein? Womit soll aber das ungeheure Heer deutscher Industriearbeiter beschäftigt werden, wenn die Ausfuhr in Wegfall kommt? Ein düsteres Bild deutscher Zukunft tut sich auf, wenn nicht bald, sehr bald, die Vernunft wieder in ihre Rechte tritt.

# 6. Die Streik- und Sozialisierungsbewegung

Der Beginn der Novemberrevolution vollzog sich in Hamborn wie im Ruhrgebiet allgemein als gänzlich unspektakulärer politischer Übergang. Am Abend des 8. November fand in einer Wirtschaft eine Arbeiterversammlung unter der Leitung eines Bergmanns statt, zu deren Teilnehmern auch ca. 20 Soldaten gehörten. Die Versammlung beschloss, einen Arbeiter- und Soldatenrat zu bilden, der am 10. November in die Öffentlichkeit treten und die Kontrolle über die Stadt übernehmen sollte. Für den 11. oder 12. November wurde der Beginn eines kurzen, nur wenige Tage umfassenden Streiks angesetzt. Die anwesenden Soldaten berichteten, dass von den in der Nähe stationierten Militäreinheiten keine Gefahr drohe, da diese mit der Revolution sympathisierten. Schon am nächsten Tag wurden die Pläne allerdings hinfällig, da am Vormittag des 9. Novembers von auswärts kommende, revolutionäre Soldaten und Matrosen den Umsturz herbeiführten, indem sie zentrale Gebäude in Hamborn besetzten. Die Bergleute wurden von den Soldaten zur Arbeitsniederlegung aufgefordert. Auf drei der vier Schachtanlagen von Deutscher Kaiser wurde die Arbeit daraufhin eingestellt. Da diese Arbeitsniederlegung von außen herbeigeführt wurde und zudem nur von sehr kurzer Dauer war, soll an dieser Stelle nicht näher auf sie eingegangen werden. Am frühen Abend konstituierte sich ein mehrheitlich von der SPD getragener Arbeiter- und Soldatenrat, dessen anderer Teil allerdings aus einer nur unwesentlich kleineren USP-Fraktion bestand.[295] Interessant ist die Zusammensetzung des Rates insbesondere in Hinblick auf die vertretenen Berufsgruppen. Mindestens zehn der siebzehn Mitglieder des Arbeiterrates waren Bergleute – und zwar allesamt Hauer –, während aufgrund der angegebenen Berufsbezeichnungen höchstens eine Person als Vertreter der in der Stadt ebenso zahlreichen Metallarbeiter*innen in Frage kommt.[296] Wir können dies als weiteres Indiz dafür werten, dass die Bergleute im Vergleich zu den Metallarbeiter*innen über deutlich günstigere Bedingungen verfügten, um sich zu organisieren. Gleichzeitig scheint hier die politische Führungsrolle der Hauer innerhalb der Bergarbeiter*innenschaft auf.

---

295 Vgl. Lucas, Ursachen, S. 33f.; Lucas / Del Tedesco, Bergarbeiterbewegung, S. 149-152; von Oertzen, Betriebsräte, S. 110f.; Tampke, Sozialisierungsbewegung, S. 228; Verfassungsgebende Preußische Landesversammlung, Bericht, S. 120.

296 Vgl. Lucas / Del Tedesco, Bergarbeiterbewegung, S. 150.

Nahezu unmittelbar nach seiner Konstituierung stellte der Rat Forderungen auf, die u.a. die Einführung des Acht-Stunden-Tages und die „Ergreifung von Maßnahmen zwecks Verstaatlichung der Produktionsmittel“[297] beinhalteten. Mit der Übernahme der Kontrolle in der Stadt beanspruchte der Rat auch ein Weisungsrecht gegenüber der Arbeiter*innenschaft, das die Entscheidung über Streiks mit einschließen sollte: „Die Arbeiter verpflichten sich, Ruhe und Ordnung aufrechtzuerhalten und die Arbeit nur auf Anweisung des Arbeiterrats aufzunehmen oder niederzulegen.“[298] Wie wir sehen werden, zeigten die Bergleute in den folgenden Monaten keine Anstalten, diesem Wunsch zu entsprechen.

## 6.1. Eigenmächtige Schichtzeitverkürzungen durch die Bergleute der GDK

Der Tag nach der Einsetzung des Arbeiter- und Soldatenrates war ein Sonntag, daher wurde erst der 11. November als Feiertag für die Revolution ausgerufen. An einer an diesem Tag stattfindenden Kundgebung nahmen mehr als 30000 Menschen teil. Am darauffolgenden Tag wurde die Arbeit wieder aufgenommen.[299] Das bedeutete allerdings nicht, dass die Bergarbeiter*innenschaft einfach zum Alltag zurückkehrte. Bereits am 13. November fanden mehrere Versammlungen von Bergleuten der GDK statt, die die Siebeneinhalb-Stunden-Schicht forderten und auf den Schächten 1/6 und 4 durchsetzten.[300] Es ist nicht im Detail überliefert, wie diese Versammlungen zu Stande kamen. Offensichtlich basierten sie nicht auf einer Initiative der Arbeiterparteien, da die aufgestellte Forderung von der vom Arbeiter- und Soldatenrat zu diesem Zeitpunkt postulierten Arbeitszeit abwich.[301] Auch die Tatsache, dass nur Bergleute von Deutscher Kaiser, nicht jedoch von Neumühl beteiligt waren,

297 StdA Dui 51/75 (Kundgebung des Arbeiter- und Soldatenrats von Hamborn vom 9. November 1918). Siehe auch Tampke, Sozialisierungsbewegung, S. 228.

298 StdA Dui 51/75 (Kundgebung des Arbeiter- und Soldatenrats von Hamborn vom 9. November 1918).

299 Vgl. Lucas, Ursachen, S. 34; Verfassungsgebende Preußische Landesversammlung, Bericht, S. 129.

300 Vgl. Tampke, Ruhr, S. 103; Tampke, Sozialisierungsbewegung, S. 228; Verfassungsgebende Preußische Landesversammlung, Bericht, S. 130.

301 Die abweichenden Positionen der genanten Versammlungen und des Arbeiter- und Soldatenrates lassen sich als solche natürlich nicht eindeutig interpretieren. Prinzipiell ließe sich in einer solchen Konstellation nicht ausschließen, dass eine Minderheitsfraktion im Rat mittels Drucks von außen versuchte, eine in diesem Gremium nicht mehrheitsfähige Forderung durchzusetzen. Im vorliegenden Fall finden wir allerdings weder Hinweise auf ein derartiges Vorgehen, noch überhaupt auf einen entsprechenden Konflikt im Rat zu diesem Zeitpunkt.

verweist darauf, dass es sich nicht um eine von übergreifenden Institutionen initiierte Aktion, sondern um eine direkte Organisierung im Arbeits- und Wohnkontext handelte. Nach Tampkes Darstellung ging der Beschluss zur Arbeitszeitverkürzung auf den führenden Aktivisten der Freien Vereinigung, den Bergmann Heinrich Heiling, zurück. Es ist durchaus nicht unwahrscheinlich, dass der Anstoß tatsächlich von dieser Seite kam. Tampke stützt sich hier allerdings lediglich auf den Bericht des Untersuchungsausschusses der Preußischen Landesversammlung, der in dieser Hinsicht eine Quelle von nur zweifelhaftem Wert ist. Karl-Heinz Treude hat in diesem Kontext darauf hingewiesen, dass hinter dem Bericht „das erkennbare taktische Ziel stand, die Massenbewegung als das Produkt einer kleinen radikalen Minderheit abzutun“[302]. Rufen wir uns die Schwäche der FVdG zu diesem Zeitpunkt in Erinnerung, so wird deutlich, dass sich ihre Rolle in jedem Fall auf die des Ideengebers beschränken musste. Mit ihrer Handvoll Mitglieder war sie nicht in der Lage einen Kommunikations- und Entscheidungsfindungsprozess unter mehreren tausend, auf verschiedene Schachtanlagen und Schichten verteilten Bergleuten zu organisieren. Die zumindest in Teilen koordinierten Versammlungen und die Aufstellung gemeinsamer Forderungen waren daher nur möglich, weil hier die informellen Kommunikationsstrukturen der Bergarbeiter*innenschaft zum Tragen kamen. Auffällig ist, dass das vom Arbeiter- und Soldatenrat bereits auf die Agenda gesetzte Thema Verstaatlichung von den Bergleuten nicht aufgegriffen wurde. Eine so formulierte Sozialisierungsvorstellung weckte bei ihnen offenbar keine Hoffnungen auf eine Verbesserung ihrer Situation. Berücksichtigen sollten wir die Brisanz, die sich daraus ergab, dass die Bergleute ihre Ansprüche nicht einfach nur artikulierten, sondern sofort zur Umsetzung schritten. Ihr Vorgehen stellte eine fundamentale Attacke auf den Herr-im-Hause-Standpunkt der Zechenbesitzer und grundsätzlich einen Angriff auf die unternehmerische Kontrolle des Betriebs dar: „Die eigenmächtige Verkürzung der Schichtzeit durch mehrere Belegschaften war [...] ein Eingriff in die Verfügungsgewalt der Zechenunternehmer und stellte die betrieblichen Herrschaftsstrukturen in Frage.“[303]

---

302 Karl-Heinz Treude, Hamborn 1918/19. Drei Fragen an eine gescheiterte Revolution, S. 239. In: Duisburger Forschungen, Bd. 33 (1985), S. 233-240.

303 Jochen Henze, Sechsstundenschicht im Ruhrbergbau 1918-1920. Ursachen und Verlauf eines Arbeitszeitkonflikts, Freiburg 1988, S. 63. Ähnlich äußert sich Karin Hartewig, wenn auch mit Bezug auf eine spätere Phase: „Im sozialen und gesellschaftspolitischen Verteilungskonflikt war den Aktionen der Bergarbeiter zur ‚willkürlichen' Verkürzung der Schichtzeit [...] ein weitgehender politischer, wirtschaftlicher und kultureller Stellenwert zuzumessen. Es waren Anstrengungen, die Verfügungsmacht über die Festlegung der Arbeitszeit nachhaltig aus dem Entscheidungsbereich der

Nur einen Tag nachdem die Hamborner Bergleute den Wunsch nach Arbeitszeitverkürzungen durch ihre Aktionen verdeutlicht hatten, gaben die Gewerkschaften ihr bereits oben erwähntes Abkommen mit dem Zechenverband bekannt. Diese Vereinbarung sah neben Überstundenzuschlägen und der Einführung eines Mindestlohns u.a. eine achtstündige Schichtzeit inklusive Ein- und Ausfahrt vor. Das Abkommen war allerdings in Bezug auf den letztgenannten Punkt nicht eindeutig formuliert. Die Tarifpartner hatten bei ihrer Vereinbarung die Arbeitszeit des einzelnen Bergmanns im Sinn, zwischen seiner jeweiligen Ein- und Ausfahrt sollten acht Stunden liegen. Der Vertrag ließ indes auch eine für die Bergleute günstigere Interpretation zu: Legte man die vereinbarte Schichtzeit als den Zeitraum zwischen dem Beginn der Einfahrt und dem Ende der Ausfahrt der gesamten Schichtbelegschaft aus, so reduzierte sich die tatsächliche Arbeitszeit um etwa eine halbe Stunde. In dieser Weise deuteten nicht nur einige Zechenverwaltungen im Essener und Gelsenkirchener Revier die Bestimmungen, sondern auch der Hamborner Arbeiter- und Soldatenrat, der dementsprechend die Schichtzeiten für die Hamborner Zechen neu festsetzte. Bereits einen Tag zuvor hatte allerdings die Belegschaft einer weiteren Schachtanlage der GDK die kürzere Schichtzeit erzwungen, so dass auf Deutscher Kaiser ohnehin nur noch die Arbeiter von 2/5 längere Schichten verfuhren. Nachfragen bei den Gewerkschaften ergaben, dass diese die für die Bergleute ungünstigere Variante gemeint hatten und auch an dieser Regelung festhalten wollten. Die Zechenverwaltungen verkündeten daraufhin, die Schichtzeiten wieder zu verlängern. Nicht nur in Hamborn, sondern auch in zahlreichen anderen Orten, riefen die neue Regelung und das Verhalten der Gewerkschaften Empörung hervor. Es kam auf vielen Zechen zu Arbeitsniederlegungen, so auch auf Deutscher Kaiser und Neumühl.[304] Die Gewerkschaften reagierten schnell und versuchten mittels Belegschaftsversammlungen im gesamten Ruhrrevier die Wiederaufnahme der Arbeit zu erreichen. Obwohl die Gewerkschaftsvertreter auf vielen dieser Versammlungen keinen leichten Stand hatten, waren sie letztendlich doch flächendeckend erfolgreich und konnten ein Ende der Streiks sowie ihre Version der Acht-Stunden-Schicht durchsetzen. Die einzige Ausnahme bildete die GDK. Die Belegschaften aller Schächte von Deutscher Kaiser weigerten sich, die Neuregelung anzuerkennen und verfuhren einfach weiterhin die kürzeren Schichten. Auf Neumühl hingegen etablierte

---

Zechenunternehmer in den der Bergarbeiter zu verlagern." (Hartewig, Jahrzehnt, S. 252).

304 Vgl. Lucas, Formen, S. 159f.; Lucas, Ursachen, S. 34f.; Spethmann, Jahre, S. 96; Tampke, Ruhr, S. 101ff.; Tampke, Sozialisierungsbewegung, S. 228; Verfassungsgebende Preußische Landesversammlung, Bericht, S. 130.

sich wie auf den anderen Zechen die längere Schichtzeit.[305] Das Beharren auf der kürzeren Schichtdauer war also zu diesem Zeitpunkt offensichtlich eine eigenständige Aktion der Belegschaft von Deutscher Kaiser, keine Initiative die sich auf ganz Hamborn bezog. Gleichzeitig fällt auf, dass sich alle Schächte der GDK beteiligten, es sich also um ein koordiniertes Vorgehen räumlich voneinander getrennter Betriebsbereiche handelte. Wie wir weiter oben festgestellt haben, dürfte eine solche Koordination vor allem durch die gemeinsamen Wohnviertel ermöglicht worden sein. Die Bergleute der GDK beschränkten sich allerdings nicht darauf, die kürzere Schichtzeit in ihrer Zeche durchzusetzen. Mindestens an einer benachbarten Zeche tauchte kurze Zeit später ein Anschlagszettel auf, der die dortigen Kollegen über das erfolgreiche Hamborner Vorgehen informierte und sie aufforderte, ebenso zu verfahren. Aus dem Anschlag geht hervor, dass die Hamborner Bergleute sich durchaus bewusst waren, dass sie es auf Arbeitgeberseite mit einem gut organisierten Gegner zu tun hatten, und dass sie sich deshalb ebenfalls um ein einheitliches Agieren bemühen mussten: „Kameraden Fallt uns nicht in den Rücken. Geht selber an den Anschlag. Wir tatens Auch. Andern Tag genehmigt. Setzt sofort Versammlung an."[306]

## 6.2. Neue Forderungen und der offene Bruch mit den Gewerkschafte

Während die Bergleute auf diese Weise versuchten, für eine Ausweitung der Aktionen zu sorgen, bemühten sie sich auch in Hamborn selbst um eine Stärkung ihrer Position. Am 20. November wählten sie für die einzelnen Schächte jeweils Belegschaftskommissionen, die ein koordiniertes Vorgehen gewährleisten sollten.[307] Tampke verweist hier erneut darauf, dass die Initiative von Heinrich Heiling ausgegangen sei. Dafür spricht, dass Heiling gewählt wurde und innerhalb der Kommissionen offenbar eine leitende Funktion einnahm. Abgesehen davon wissen wir über die Zusammensetzung der Belegschaftskommissionen leider nur wenig. Die Äußerungen, die in Verhandlungsprotokollen über die Streikforderungen dokumentiert sind, deuten darauf hin, dass in diesen Gremien sowohl Arbeiter mit Organisationserfah-

305 Vgl. Lucas, Formen, S. 159f.; Lucas, Ursachen, S. 35f.; Spethmann, Jahre, S. 94.

306 Anschlagszettel auf der Zeche Diergardt. Zitiert nach Spethmann, Jahre, S. 94. Siehe auch Lucas, Formen, S. 160; Lucas, Ursachen, S. 36. (Die zahlreichen Fehler finden sich so im Original. Im Interesse der Lesbarkeit habe ich in diesem Fall darauf verzichtet, diese im Einzelnen kenntlich zu machen.)

307 Vgl. Lucas, Formen, S. 161; Lucas, Ursachen, S. 38; Spethmann, Jahre, S. 94; Tampke, Ruhr, S. 103; Tampke, Sozialisierungsbewegung, S. 228f.

rung als auch politisch ungeschulte Kollegen vertreten waren.[308] Hervorzuheben ist, dass mit den Belegschaftskommissionen der einzelne Schacht als grundlegende Ebene der politischen Entscheidungsfindung festgeschrieben wurde. Die Bergleute wählten damit eine Form der Interessenvertretung, die der Betriebsorganisation adäquat war. Da die jeweiligen Schachtbelegschaften beim Schichtwechsel ohnehin zusammentrafen und sich austauschen konnten, war eine effektive Kommunikation möglich, ohne erst gesonderte Versammlungen einberufen zu müssen. Die Kommissionen einigten sich in den folgenden Tagen auf einen Forderungskatalog. Sie verlangten Mindestlöhne für die Gedingearbeiter, die 20 Mark bei den Hauern bzw. 19 Mark bei den Zimmerhauern betragen sollten, erhebliche Lohnerhöhungen für die Schichtlöhner, eine Einmalzahlung von 500 bis 600 Mark pro Bergmann plus 100 Mark für jedes Kind unter 14 Jahren, eine Verkürzung der Schichtzeit auf sieben Stunden, die Beseitigung des Fahrsteigersystems und kürzere Rhythmen bei den Lohnzahlungen.[309] Die geforderten Lohnsteigerungen fielen für die Gedingearbeiter deutlich höher aus als für die Schichtlöhner, es wurde faktisch also keine Nivellierung, sondern eine Ausweitung der bereits bestehenden Lohndifferenz verlangt.[310] Diese Tatsache deutet darauf hin, dass die Gedingearbeiter die Protestbewegung dominierten. Aufgrund ihrer im Vergleich zu den Schichtarbeiter*innen deutlich besseren Organisierungsmöglichkeiten, die wir bei der Untersuchung der Arbeitssituation herausgearbeitet haben, ist dies nicht weiter verwunderlich. Beachtenswert ist, dass die Bergleute u.a. auch einen erheblichen Eingriff in die innerbetrieblichen Herrschaftsverhältnisse verlangten. Mit der Beseitigung des Fahrsteigersystems forderten sie die Abschaffung der höchsten Hierarchieebene, mit der sie persönlich im Arbeitsalltag konfrontiert waren, und die „ihnen deshalb als Verkörperung von Herrschaft erschien.“[311]

Fast zur gleichen Zeit als die Beschäftigten der GDK ihre Forderungen aufstellten, berieten sich auch Gewerkschaften und Zechenverband erneut. Das Verhalten der Hamborner Bergleute schuf einen Unruheherd, der auf andere Zechen überzugreifen drohte. Die Tarifpartner einigten sich daher am 23. November auf ein neues Abkommen, das mit weiteren materiellen Zu-

---

308 Vgl. Freiheit 20.12.1918; Lucas, Formen, S. 162; StdA Dui 51/75 (Stenogramm der Verhandlung mit der Streikkommission; Niederschrift über die Verhandlungen in Mülheim am 28.12.1918; Schreiben des Beigeordneten vom 13.4.1919).

309 Vgl. Lucas, Formen, S. 161; Lucas, Ursachen, S. 38; Spethmann, Jahre, S. 123; Tampke, Ruhr, S. 103; Tampke, Sozialisierungsbewegung, S. 228f.

310 Eigene Berechnungen. Vgl. Plakat der GDK „Grubenarbeiter gesucht“. Dokumentiert in Hartewig, Jahrzehnt, S. 67.

311 Trischler, Steiger, S. 63.

geständnissen für eine Befriedung sorgen sollte. Die wichtigste Regelung war eine durchschnittliche Erhöhung der Gedingelöhne um 50 Pfennig sowie der Schichtlöhne über und unter Tage um eine Mark. Als Gegenleistung wurde allerdings die Einhaltung der von den Gewerkschaften in den anderen Zechen bereits durchgesetzten Version der Acht-Stunden-Schicht verlangt.[312] Vergleicht man die von den Tarifpartnern getroffenen Vereinbarungen mit den Forderungen der GDK-Belegschaft, so fällt die erhebliche Diskrepanz auf: Selbst ohne Berücksichtigung der geforderten Einmalzahlungen wichen die Vorstellungen in Bezug auf die Löhne der einzelnen Arbeiter*innengruppen erheblich voneinander ab, bei den Hauern betrug die Differenz z.B. mehr als sieben Mark pro Schicht. Es ist daher nicht überraschend, dass das Abkommen keineswegs für die von den Tarifpartnern erhoffte Ruhe sorgte.[313]

Ende November verkündeten die Bergleute von Deutscher Kaiser der Zechendirektion ihre Forderungen. Die Direktion war zu keinen Zugeständnissen bereit und verwies auf die zentralen Verhandlungen der Tarifpartner. Im Rahmen der Unterredung sprachen die Vertreter der Bergarbeiter auch eine Entschädigung für Löhne, die nach dem Streik von 1912 von der Arbeitgeberseite einbehalten worden waren, an.[314] Sie erhoben damit eine Forderung, die sich auf ein mehr als sechs Jahre zurückliegendes Ereignis bezog. Auf die wichtige Rolle der Hauer haben wir bereits zuvor aufmerksam gemacht, wir finden hier jedoch ein weiteres Indiz für die Bedeutung älterer Bergleute für die Bewegung.[315] Gleichzeitig bestätigt die Nachzahlungsforderung die relative Sesshaftigkeit eines relevanten Teils der Belegschaft, die wir in den Kapiteln zu den Migrationsbewegungen und zum Wohnbereich herausgearbeitet haben.

Nach dem Scheitern der Verhandlungen mit der Direktion wandten sich die Bergleute an den Hamborner Arbeiterrat und übertrugen diesem die Vertretung ihrer Forderungen. Der Arbeiterrat scheint diese Aufgabe nur zögerlich übernommen zu haben. Erst nachdem in mehreren Belegschaftsversammlungen „immer wieder der Beschluß erneut gefast [sic] wurde, d i e V e r b a n d s v o r s t ä n d e n i c h t m e h r a n z u e r k e n n e n , s o n d e r n d e n A r b . - R a t m i t d e r I n t r e s s e n v e r t r e t u n g z u b e a u f t r a g e n, entschloß

312 Vgl. Freiheit 4.12.1918. Lucas, Formen, S. 160f.; Lucas, Ursachen, S. 37f.; Tampke, Ruhr, S. 103; Tampke, Sozialisierungsbewegung, S. 229.

313 Vgl. Eigene Berechnungen. Vgl. Plakat „Grubenarbeiter gesucht" [wie Anm. 310]. Siehe auch Lucas, Ursachen, S. 38.

314 Vgl. Freiheit 4.12.1918; Lucas, Ursachen, S. 38f.; Tampke, Ruhr, S. 103; Tampke, Sozialisierungsbewegung, S. 229.

315 Vgl. Hartewig, Jahrzehnt, S. 248, S. 273f.

sich der Arbeiterrat die Sache in die Hand zu nehmen."[316] Klar benannt wird hier, dass die Bergleute den Rat deshalb bedrängten, weil sie eine Alternative zu den diskreditierten Gewerkschaften suchten. Statt sich jedoch mit ihrem Anliegen etwa an die Freie Vereinigung zu wenden, nötigten sie die Aufgabe der Interessenvertretung dem eher unwilligen Arbeiterrat auf. Das spricht deutlich dafür, dass sie der FVdG zu diesem Zeitpunkt keine Bedeutung zumaßen. Es ist daher unwahrscheinlich, dass die Freie Vereinigung als Organisation bei den vorangegangenen Aktionen eine nennenswerte Rolle spielte. Falls ein gewisser syndikalistischer Einfluss auf die Bewegung existierte, was wir z.B. aufgrund der Position Heilings als einem der hervorstechendsten Repräsentanten der Bergleute durchaus vermuten können, so bestand dieser „nicht etwa als direkter Einfluß einer formellen Organisation, sondern über einzelne Personen"[317], die selbst Teil der durch die Beschäftigung in der Zeche geprägten sozialen und Kommunikationsbeziehungen waren.

Der Arbeiterrat organisierte eine am 4. Dezember stattfindende Konferenz, an der Vorstandsmitglieder der beiden Hamborner Zechen, Abgesandte der Gewerkschaftsführungen sowie kommunale Vertreter für Hamborn und die benachbarten Orte Dinslaken und Walsum teilnahmen. Das Treffen verlief ohne Einigung, da Arbeitgebervertreter und Gewerkschaften nicht von ihrer bereits zuvor eingenommenen Position abwichen und darauf beharrten, dass zum einen die aufgestellten Forderungen wirtschaftlich untragbar und zum anderen nur die Ergebnisse zentraler Verhandlungen zwischen den Tarifparteien verbindlich seien. Für den 8. Dezember beriefen die Gewerkschaften eine Versammlung auf dem Hamborner Altmarkt ein, um ihre Politik gegenüber den Arbeiter*innen zu vertreten.[318] Bereits am 7. Dezember fuhr allerdings mehr als die Hälfte der Morgen- und Mittagsschicht auf Schacht 3/7 unter Verweis auf Lohnforderungen nicht an.[319] Es handelte sich offenbar um eine Aktion ohne nennenswerte Vorbereitung, die direkt am Schacht beschlossen und unmittelbar umgesetzt wurde. Die nur teilweise Beteiligung zeigt, dass die Bergleute sich zu diesem Zeitpunkt über das weitere Vorgehen nicht einig waren. Möglicherweise wollten einige erst die für den nächsten Tag angesetzte Gewerkschaftsveranstaltung abwarten.

Sollte jedoch ein Teil der Bergleute noch Hoffnungen auf einen Richtungswechsel der Gewerkschaften gehegt haben, so dürften diese durch die Versammlung endgültig zerschlagen worden sein. Die Verteidigung der

316 Freiheit 13.12.1918.

317 Lucas, Formen, S. 182. Siehe auch Treude, Hamborn, S. 239.

318 Vgl. Lucas, Formen, S. 161f.; Lucas, Ursachen, S. 39; Spethmann, Jahre, S. 123; Tampke, Sozialisierungsbewegung, S. 229; Tampke, Ruhr, S. 103f.

319 Vgl. Lucas, Ursachen, S. 40.

Gewerkschaftslinie durch den Vorsitzenden des Alten Verbandes, Hermann Sachse, löste bei den versammelten Arbeiter*innen so große Empörung aus, dass ihm schließlich durch Abstimmung mit großer Mehrheit das Wort entzogen wurde. Nach ihm sprachen andere Redner, u.a. auch Heinrich Heiling als Mitglied der Belegschaftskommission von Schacht 1/6, und riefen dazu auf, zu streiken, bis sämtliche aufgestellten Forderungen erfüllt seien. Eine entsprechende Resolution wurde von der Versammlung einstimmig angenommen. Darüber hinaus positionierten sich die Teilnehmer*innen auch klar zur Gewerkschaftspolitik: Es wurde beschlossen, „die Verbandsbeiträge solange zu sperren, bis der Verbandsvorstand wieder das Vertrauen der Arbeiterschaft besitze."[320] Die in Hamborn ohnehin schwachen Gewerkschaften hatten damit noch einmal erheblich an Einfluss verloren. Eine von der Gewerkschaftsführung selbst einberufene Versammlung stellte sich frontal gegen ihre Politik. Spätestens jetzt zeigte sich, dass die Gewerkschaften in Hamborn als Ordnungsfaktor keine Wirkung erzielen konnten.[321]

## 6.3. Hamborn als Ausgangspunkt einer ersten Streikwelle

Schon am Tag nach der Versammlung traten alle Schächte von Deutscher Kaiser in den Streik. Auf Schacht 2/5 fuhr am Morgen zwar noch ein Teil der Bergleute an, zur Mittagsschicht wurde die Arbeit aber auch hier komplett eingestellt. Angesichts dieser Situation verhandelten Arbeiterrat und Zechendirektion erneut über die Forderungen der Bergleute, konnten aber keine Einigung erreichen, da die Direktion nach wie vor auf zentralen Verhandlungen der Tarifparteien bestand. Am Nachmittag fanden stark besuchte Belegschaftsversammlungen statt, in denen die Wut über die Haltung der Direktion deutlich artikuliert wurde und die allgemein durch eine aufgeheizte Stimmung geprägt waren. Es kam der Vorschlag auf, die Zechenanlagen zu besetzen und den Generaldirektor kurzerhand festzunehmen, vereinzelt soll auch von „aufhängen" die Rede gewesen sein. Offiziell wurde allerdings lediglich

---

320 Freiheit 13.12.1918. Siehe auch Lucas, Formen, S. 161f.; Lucas, Ursachen; S. 40f.; Tampke, Ruhr, S. 103f.; Tampke, Sozialisierungsbewegung, S. 229; Verfassungsgebende Preußische Landesversammlung, Bericht, S. 131.

321 Die Freiheit liefert uns auch interessante Einblicke in das Verhältnis der USP zur Streikbewegung. Am gleichen Tag, an dem die Bergleute geschlossen entschieden, in den Streik zu treten, fand eine Versammlung der Hamborner Ortsgruppe der Partei statt. Bereits die zuvor angekündigte Tagesordnung ließ jeden Bezug zu den Arbeitskämpfen vermissen: „1. Vortrag des Redakteurs August Schoch, 2. Presse, 3. Verschiedenes" (Freiheit 7.12.1918). Offenbar hielt man sich daran. In dem am nächsten Tag veröffentlichten Bericht über das Treffen wurden die Streiks mit keinem Wort erwähnt (vgl. Freiheit 9.12.1918).

beschlossen, am Vormittag des nächsten Tages vor der Wohnung des Direktors zu demonstrieren und den Streik fortzusetzen. Als unmittelbare Folge dieser Belegschaftsversammlungen wurden drei Mitglieder des Arbeiterrates, nämlich Pütz (SPD), Sackritz (USP) und Völker (USP), noch am gleichen Abend erneut bei der Bergwerksdirektion vorstellig. Sie erklärten, dass die Beschwichtigungsversuche der Gewerkschaften erfolglos geblieben seien, und dass mit Gewaltausbrüchen gerechnet werden müsse, wenn die Zeche den Forderungen nicht nachgebe. Von Seiten der Direktion wurde nachgefragt, ob der Arbeiterrat nicht mittels der ihm unterstellten Volkswehr den Schutz der Zechenanlagen und die Sicherheit der Zechenleitung gewährleisten könne. Sie erhielt eine abschlägige Antwort: Angesichts der großen Zahl der erwarteten Demonstrant*innen sei die Volkswehr dazu nicht in der Lage. Der Generaldirektor Jacob kontaktierte daraufhin das Generalkommando in Münster, um die Entsendung von Truppen zu erwirken. Auch dieser Versuch, sich Unterstützung durch bewaffnete Kräfte zu organisieren, scheiterte. Es standen zu diesem Zeitpunkt keine Truppen zur Verfügung, die nach Hamborn entsandt werden konnten.[322]

Die Bergleute von Deutscher Kaiser blieben indes auch vor der geplanten Demonstration nicht untätig. Stattdessen nutzten sie die Nähe zu anderen Zechen, um eine Ausweitung des Streiks zu organisieren. Zu Beginn der Morgenschicht überzeugten sie die Beschäftigten des Schachts 3 von Neumühl sowie von „Wehofen" in Walsum ebenfalls in den Ausstand zu treten.[323] Da es sich als aussichtslos erwiesen hatte, weitere Aktionen der Streikenden gewaltsam zu unterbinden, entschied die Direktion der GDK währenddessen, ihre unnachgiebige Position in weiten Teilen aufzugeben. Um 9 Uhr gab der Generaldirektor eine Erklärung ab, dass er die Forderungen unter Protest annehme, da die Belegschaft ein gewalttätiges Vorgehen angedroht habe. Die von der Direktion konkret zugestandenen Verbesserungen wichen in wichtigen Punkten vom ursprünglichen Forderungskatalog der Bergleute ab. Nur für die Schichtlöhner wurde die Lohnerhöhung tatsächlich im geforderten Umfang zugebilligt, den Gedingelöhnern wurde statt des Mindestlohns nur ein Durchschnittslohn von 19,50 Mark für Hauer und 17 Mark für Zimmerhauer zugestanden. Auch die verlangte Einmalzahlung entfiel. Dennoch bedeutete das Erreichte auch für die Gedingearbeiter einen erheblichen Lohngewinn, der absolut gesehen, nicht geringer ausfiel als für die Schichtlöhner. Als die Zugeständnisse der Direktion bei der Kundgebung bekanntgegeben wurden, brach daher tosender Beifall unter den 15000 Teilnehmer*innen aus. Die Arbeiter*innen feierten das Er-

---

322 Vgl. Freiheit 13.12.1918; Lucas, Formen, S. 164f.; Lucas, Ursachen, S. 44f.; Spethmann, Jahre, S. 124f.; Tampke, Ruhr, S. 104; Tampke, Sozialisierungsbewegung, S. 229;Verfassungsgebende Preußische Landesversammlung, Bericht, S. 130ff.

323 Vgl. Lucas, Ursachen, S. 46.

gebnis ihres Kampfes als großen Erfolg. Sie verabschiedeten eine Resolution in der sie Pütz, Sackritz und Völker für ihr Vorgehen dankten und tadelten den Rest des Rates, weil er sich nicht ebenso verhalten hatte. Die Bergleute distanzierten sich daher nicht nur erneut von der Gewerkschaftsführung, sondern beschlossen darüber hinaus, auch dem Arbeiterrat das Vertrauen zu entziehen. Die Vertretung ihrer Interessen sollten fortan die Belegschaftskommissionen übernehmen. Völker als Hauptredner rief die Bergleute auf, nun den Streik zu beenden und an die Arbeit zurückzukehren. Heiling, der nach ihm sprach, hob nochmals das Versagen des Alten Verbandes hervor und betonte, dass die FVdG wesentlich zum Sieg der Bergleute beigetragen habe.[324]

Bereits zur Mittagsschicht wurde auf allen Schächten von Deutscher Kaiser die Arbeit wieder aufgenommen. Auf anderen Zechen führte die Nachricht vom erfolgreichen Arbeitskampf der GDK-Belegschaft hingegen zu neuen Aktionen. Noch am selben Tag demonstrierten die Arbeiter*innen von Neumühl vor der Zeche und der Wohnung des Direktors, um die gleichen Lohnerhöhungen auch für sich durchzusetzen. Nachdem eine Delegation des Arbeiterrats auch hier auf die große Wut der Arbeiter*innen verwiesen hatte, knickte die Direktion von Neumühl ebenfalls ein, erklärte allerdings zugleich, dass die endgültige Entscheidung vom Grubenvorstand getroffen werden müsse. Auch auf anderen in der Nähe gelegenen Zechen kam es jetzt zu Streikaktionen. Dabei wurde oft explizit auf die Hamborner Erfolge Bezug genommen. In den meisten Fällen konnten diese Initiativen allerdings zunächst nur geringfügige Veränderungen erreichen.[325]

---

324 Vgl. Brüggemeier, Leben, S. 245; Freiheit 13.12.1918; Lucas, Formen, S. 165f.; Lucas, Ursachen, S. 46f.; Spethmann, Jahre, S. 125f.; Tampke, Ruhr, S. 104; Tampke, Sozialisierungsbewegung, S. 229f. Lucas schreibt, die Bergleute hätten auf der Versammlung beschlossen, „dem Arbeiterrat weiterhin die Vertretung ihrer Interessen anzuvertrauen“ (Lucas, Ursachen, S. 47). Ich vermute hier eine Fehlinterpretation aufgrund einer missverständlichen bzw. unklaren Formulierung. Die auch von Lucas als Quelle angeführte Freiheit vermeldete am 11. Dezember, die Bergleute hätten entschieden „die Vertretung ihrer Interessen den Arbeiterräten zu übertragen“. Mit den an dieser Stelle im Plural angeführten „Arbeiterräten“ dürften die Belegschaftskommissionen gemeint sein, für die sich noch keine feste Bezeichnung etabliert hatte. Andere Dokumente belegen, dass der Begriff „Arbeiterrat“ auch im betrieblichen Kontext Verwendung fand (vgl. StdA Dui 51/75 (Stenogramm der Verhandlung mit der Streikkommission). In Bezug auf den städtischen Arbeiterrat taucht in der Freiheit ansonsten ausschließlich der Singular auf. Es ist insbesondere deshalb unwahrscheinlich, dass der städtische Arbeiterrat an dieser Stelle gemeint war, weil unstrittig ist, dass die Versammlung diesem (mit Ausnahme von Völker, Sackritz und Pütz) „ein Mißtrauens-Votum aus gestellt“ (Freiheit 13.12.1918) hat.

325 Vgl. Brüggemeier, Leben, S. 245; Lucas, Formen, S. 166f.; Lucas, Ursachen, S. 47-53; Spethmann, Jahre, S. 126; Tampke, Sozialisierungsbewegung, S. 230.

Wenn wir die Ereignisse, die zur Durchsetzung der Forderungen auf der GDK führten, analysieren, so fällt nicht nur das zielstrebige Handeln der Bergleute, sondern insbesondere auch die Schwäche der Gegenseite als eine wesentliche Bedingung des Erfolgs auf. Im Unterschied zu den Vorjahren fehlten der Zechendirektion die Möglichkeiten, den Streik gewaltsam einzudämmen. Damit ergab sich für sie eine sehr ungünstige Machtkonstellation, zu der auch das Verhalten des Arbeiterrats einen wichtigen Beitrag leistete. Dieser war zwar als Ganzer wenig motiviert, die Interessenvertretung der Bergleute zu übernehmen, zeigte aber auch keine Bereitschaft, die Volkswehr im Sinne der Zeche einzusetzen. Stattdessen drängten einzelne Mitglieder die Direktion zur Annahme der Forderungen. Entscheidend war jedoch nicht das Auftreten dieser Ratsmitglieder, sondern die von den Arbeiter*innen der GDK ergriffene Initiative. Sie traten nicht nur geschlossen in den Streik, sondern kümmerten sich auch um eine Ausweitung der Arbeitsniederlegungen auf andere Zechen, um ihre eigene Position zu verbessern. Zwar hatten sie dem Arbeiterrat die offizielle Vertretung ihrer Forderungen übertragen, bewahrten diesem gegenüber aber dennoch ihre Eigenständigkeit. Als sie die Erfahrung machten, dass sie auch von dieser Seite kaum Unterstützung erwarten konnten, beschlossen sie, keine Stellvertretung mehr zu akzeptieren, sondern ihre Interessen nur noch selbst zu vertreten.

Neben dieser Emanzipation von allen Institutionen der Stellvertretung ist an den Geschehnissen vor allem auffällig, dass der Streik sehr schnell auf andere Zechen übersprang, nachdem die Bergleute der GDK sich durchgesetzt hatten. Wir sehen hier, dass Erfolge, die in einem Betrieb errungen wurden, eine große Ausstrahlungskraft besitzen und neue Aktivitäten auf zuvor ruhigen Zechen entfachen konnten. Die Erklärung der Direktion der GDK wurde in allen wichtigen Zeitungen des Ruhrgebiets abgedruckt, so dass sich die Nachricht von der erfolgreichen Praxis der Hamborner Bergleute – wenn auch in der Regel stark verzerrt – im gesamten Revier schnell verbreitete.[326] Obwohl das Ergebnis also allgemein bekannt war, ereigneten sich die Folgestreiks fast ausschließlich im Umkreis Hamborns, wie ein Lauffeuer sprangen sie jeweils von benachbarten Zechen über. Wir können daher davon ausgehen, dass in der Regel nicht die Zeitungsmeldung der Auslöser war. Stattdessen deutet die geographische Verteilung stark darauf hin, dass direktere Formen der Kommunikation entscheidend waren. Es ist anzunehmen, dass die informellen Kontakte der Bergleute, die durch das Zechenlaufen entstanden waren, in dieser Situation ihre Wirkung entfalteten.

326 Vgl. Lucas, Ursachen, S. 46.

## 6.4. Der beschränkte Einfluss der vermeintlichen Führer

Am 13. Dezember wurden bereits über zehntausend Streikende gezählt, die Bewegung hatte sich bis nach Gelsenkirchen ausgeweitet. An diesem Tag fand in Essen eine weitere Konferenz von Gewerkschaften und Zechenverband statt, die auf die Eindämmung der Arbeitsniederlegungen abzielte. Die Arbeitgeberseite gestand eine 15% Erhöhung des Durchschnittslohns zum 1. Januar 1919 zu. Im Gegenzug jedoch verpflichteten sich die Gewerkschaften, zusammen mit dem Zechenverband beim preußischen Handelsministerium eine Erhöhung der Kohlenpreise durchzusetzen. Dieser faule Kompromiss führte nur in Gelsenkirchen und Essen zum gewünschten Ergebnis, in anderen Gegenden wurden die Streiks durch diese Vereinbarung eher gefördert.[327] In Hamborn wurde am 14. Dezember auf allen Schächten der GDK eine Bekanntmachung angeschlagen, in der alle zuvor vom Generaldirektor verkündeten Zugeständnisse zurückgenommen wurden, da diese auf einer „durch eine[n] Gewaltstreich am 9. Dezember 1918 erpreßten, nur unter Protest abgegebenen Erklärung“[328] basierten und damit nichtig seien. Das neue Abkommen zwischen den Tarifparteien wurde als einzig gültige Vereinbarung bezeichnet. Die dort vereinbarte Lohnerhöhung solle allerdings nur angewendet werden, wenn die Belegschaft die reguläre Acht-Stunden-Schicht verfahre.[329] Die Erklärung der Direktion kam zu spät, um noch am 14. mit einer Arbeitsniederlegung zu reagieren. Der folgende Tag war jedoch ein Sonntag. Nur die Bergleute von Schacht 1/6 trafen sich daher schon am 15. Dezember unter der Leitung von Heiling zu einer Belegschaftsversammlung. Sie entschieden sich einstimmig dafür, erneut in den Streik zu treten. Bereits am gleichen Abend kam es allerdings zu einem Treffen zwischen der Belegschaftskommissionen und der Direktion, an dem auch der Arbeiterrat sowie Otto Hue als Vertreter des Alten Verbandes teilnahmen. Mit Ausnahme der Delegierten von Schacht 1/6, die sich bereits auf ein eindeutiges Votum stützen konnten, waren die Belegschaftskommissionen gegen eine erneute Arbeitsniederlegung. Die Konferenz einigte sich darauf, dass die verkürzte Schichtzeit zunächst beibehalten, dafür aber auf Streiks verzichtet werden solle. Noch vor Weihnachten sollte ein Beschluss der Belegschaft herbei-

---

327 Vgl. Brüggemeier, Leben, S. 245; Lucas, Formen, S. 166-169; Lucas, Ursachen, S. 52-57; Tampke, Ruhr, S. 104ff.; Tampke, Sozialisierungsbewegung, S. 230.

328 Plakatanschlag des Grubenvorstandes der Gewerkschaften Deutscher Kaiser, Lohberg und Rhein I vom 14.12.1918. Dokumentiert in Lucas, Ursachen, o.P.

329 Vgl. Brüggemeier, Leben, S. 245; Lucas, Formen, S. 169; Lucas, Ursachen, S.57f.; Plakatanschlag des Grubenvorstandes [wie Anm. 328]; Tampke, Ruhr, S. 104; Tampke, Sozialisierungsbewegung, S. 230.

geführt werden, ob das zentrale Abkommen akzeptiert werde. Bereits am nächsten Morgen war die Vereinbarung jedoch hinfällig. Die Belegschaft von Schacht 4 weigerte sich anzufahren, auch die Bergleute von Schacht 1/6 hatten Streikposten aufgestellt. Heiling verkündete das Ergebnis der Konferenz vom Vorabend und plädierte für die Aufnahme der Arbeit, da die Mehrheit so entschieden habe. Er konnte die Streikenden allerdings nicht überzeugen. Auch der Arbeiterrat veröffentlichte eine Erklärung, in der er sich gegen weitere Streiks positionierte und sich für die Anerkennung des zentralen Abkommens aussprach. Dieser Standpunkt stieß bei den Bergleuten jedoch auf Ablehnung. Die Mittagsschicht von Schacht 2/5 entschied sich einstimmig, in den Ausstand zu treten. Am Abend schloss sich schließlich mit 3/7 auch der letzte Schacht der Hamborner Thyssenzeche dem Streik an.[330] Am 17. Dezember kam ein Treffen der Belegschaftskommissionen, das sich von nun an häufig als „Zentralstreikkommission" bezeichnete, zu dem Ergebnis, dass die Konferenz vom 15. eindeutig nicht den Willen der Belegschaft widergespiegelt habe. Zudem wurde der Arbeiterrat für seine Positionierung gegen die Arbeitskämpfe gerügt und aufgefordert, zukünftig nicht mehr im Widerspruch zur Basis zu handeln.[331]

Die erneuten Streiks gingen unzweifelhaft direkt von den einzelnen Schachtbelegschaften aus. Sowohl die Belegschaftskommissionen als auch der Arbeiterrat hatten sich gegen die Arbeitsniederlegungen ausgesprochen. Ebenso scheidet die FVdG als Initiatorin aus, da sich Heiling als ihr prominentester Vertreter mit Hinweis auf ein einheitliches Vorgehen ebenfalls gegen den Ausstand positionierte. Wir finden hier einen weiteren Beleg dafür, dass die Bergleute auch ohne formale Organisationen sehr gut in der Lage waren, sich innerhalb kurzer Zeit auf ein gemeinsames Handeln zu einigen und geschlossen in Aktion zu treten. Zugleich scheint auf, wie begrenzt auch der Einfluss vermeintlicher Führer auf die Arbeiter*innen war. Obwohl Heiling sowie der Arbeiterrat übereinstimmend auf die Bergleute einwirkten und die Kommissionen am Vortag die Arbeitsniederlegung ebenfalls abgelehnt hatten, ließen sich die Bergleute in ihrer Entscheidung nicht beirren. Die Belegschaftskommissionen erkannten schnell an, dass sie die Stimmung bei ihren Kolleg*innen falsch eingeschätzt hatten und übernahmen deren Position, so dass sie von den Bergleuten weiterhin als legitimes Gremium akzeptiert wurden. Die Umbenennung in Zentralstreikkommission demonstrierte den Anspruch auf eine eigenständige Interessenvertretung durch die Bergleute und das wachsende Selbstvertrauen der Streikenden. Die Kommission bemühte

330 Vgl. Lucas, Formen, S. 169f.; Lucas, Ursachen, S. 60-63; Tampke, Ruhr, S. 104f.; Tampke, Sozialisierungsbewegung, S. 230.

331 Vgl. Freiheit 20.12.1918; Lucas, Formen, S. 170f.; Lucas, Ursachen, S. 64.

sich u.a. um eine weitere Koordinierung mit anderen Belegschaften. Die Sitzung am 17. Dezember wurde zusammen mit Vertretern der außerhalb Hamborns gelegenen Thyssenzechen „Rhein I" und „Lohberg" durchgeführt.[332]

## 6.5. Systematische Ausweitung der Bewegung und Sozialisierung als Perspektive

Am 18. Dezember fand in Hamborn eine mehrere tausend Personen umfassende Streikversammlung statt. Bereits im Rahmen vorheriger Aktionen war das Bewusstsein der Hamborner Bergleute erkennbar, dass ein isoliertes Vorgehen wenig erfolgversprechend sein würde. Auf der Streikversammlung wurde es nun unzweideutig artikuliert. Die Versammlung beschloss, die Bewegung systematisch auszuweiten. Außerdem wurden zwei Vertreter der Zentralstreikkommission nach Berlin entsandt, um sich Unterstützung durch die provisorische Reichsregierung zu sichern. Ein Teil der Versammelten setzte den Beschluss zur Verbreitung der Streiks unmittelbar um und zog nach Neumühl um die Zeche stillzulegen. In den nächsten Tagen fanden ähnliche, mitunter sehr große Demonstrationszüge zu einer Reihe von Zechen in den Nachbarorten statt. Mit diesen Märschen erreichten die Hamborner Arbeiter*innen Arbeitsniederlegungen auf vielen Schächten in der Umgebung, die allerdings oft nicht lange andauerten.[333] Lucas hat darauf hingewiesen, dass die Demonstrationen zunehmend eine ritualisierte Form annahmen: Vorneweg lief nun regelmäßig eine Musikkapelle, zudem wurden an der Spitze rote Fahnen getragen.[334] Eine Bestätigung dafür finden wir in mehreren Artikeln der Rhein- und Ruhrzeitung. Diese berichtete, dass „mehrere tausend Mann, aus den Belegschaften der Zechen der Gewerkschaft ‚Deutscher Kaiser' bestehend, mit Musik und roter Fahne zur Zeche ‚Sterkrade'"[335] zogen. Die gleiche Zeitung mokierte sich darüber, dass im Kontext der Demonstrationszüge inzwischen Forderungen nach einer „fünfstündige[n] Arbeitszeit"[336] aufkamen. Offenbar waren die Bergleute mit der bislang durchgesetzten Verkürzung noch lange nicht zufrieden.

Am 22. Dezember berichteten die nach Berlin entsandten Delegierten, die dort bei den Volksbeauftragten Hugo Haase und Emil Barth vorstellig gewor-

332 Vgl. Freiheit 20.12.1918.

333 Vgl. Lucas, Formen, S. 170f.; Lucas, Ursachen, S. 65ff., S. 74; Tampke, Sozialisierungsbewegung, S. 230; Tampke, Ruhr, S. 105; Verfassungsgebende Preußische Landesversammlung, Bericht, S. 133f.

334 Vgl. Lucas, Formen, S. 170f.

335 StdA Dui 51/11 (Rhein- und Ruhrzeitung 25.12.1918; siehe auch Rhein- und Ruhrzeitung 28.12.1918).

336 StdA Dui 51/11 (Rhein- und Ruhrzeitung 21.12.1918).

den waren, den Beschäftigten von Deutscher Kaiser von ihrer Reise. Dem Bericht zu Folge hatten Haase und Barth die geforderte Einmalzahlung für zu hoch eingeschätzt und eine deutliche Reduzierung vorgeschlagen. Bezüglich einer reduzierten Zahlung sicherten sie den Bergleuten ihre Unterstützung zu. Gleichzeitig soll Barth betont haben, sich persönlich für die sofortige Sozialisierung des Bergbaus einzusetzen. Die Versammelten erklärten sich mit der Reduzierung der Einmalzahlung einverstanden und nahmen die Sozialisierung als weiteren Punkt in ihren Forderungskatalog auf. Sie versuchten telegraphisch eine Zusage der Regierung für das Barthsche Versprechen zu erlangen und beschlossen, den Streik fortzusetzen.[337]

Bereits am Vortag war der Vorsitzende des Arbeiterrates, Arnold, aktiv geworden und hatte erwirkt, dass die Belegschaft von Neumühl am 23. Dezember wieder anfuhr. Die empörten Bergleute von Deutscher Kaiser versammelten sich daraufhin, größtenteils mit Knüppeln bewaffnet, vor dem Rathaus und forderten sowohl seinen Rücktritt als auch den eines anderen Mitglieds des Rates, das sich ebenfalls streikfeindlich verhalten hatte. Beide legten am nächsten Tag ihr Amt nieder. Zusätzlich verlangten die Demonstrant*innen die Entwaffnung der Polizei und der Volkswehr.[338] Diese Forderung war vor allem vor dem Hintergrund naheliegend, dass in anderen Orten bereits bewaffnete Kräfte, u.a. Volkswehreinheiten, gegen Streikende eingesetzt worden waren und es neben Verletzten schon ein erstes Todesopfer gegeben hatte.[339] Mit der Polizei hatten die Hamborner Arbeiter*innen zudem insbesondere beim Streik 1912 bittere Erfahrungen gemacht. Auch in Hamborn war 1918 ein bewaffnetes Vorgehen gegen die Streikenden gerade angesichts der zunehmenden Konflikte mit dem Arbeiterrat nicht auszuschließen. Tatsächlich wäre es in der unmittelbaren Folge fast zu einem Blutvergießen gekommen: Nachdem die Demonstrant*innen einige Zeit vor dem Rathaus verharrt hatten, zogen sie nach Neumühl, um eine erneute Arbeitseinstellung zu erreichen. Bei ihrer Ankunft trafen sie jedoch auf Einheiten der Polizei und Volkswehr, die auf der Zeche postiert waren und sogar ein Maschinengewehr aufgestellt hatten. Für den Fall, dass die Menge versuchen sollte, auf das Zechengelände einzudringen, hatte der Kommandant der Polizeitruppe bereits zuvor den Schießbefehl erteilt. Teile der Volkswehr solidarisierten sich allerdings mit den Streikenden, so dass die Polizei schnell entwaffnet werden konnte. Bei den fortgesetzten Zügen zu anderen Zechen wurden in

337 Vgl. Lucas, Ursachen, S. 75f.; StdA Dui 51/75 ( Stenogramm der Verhandlung mit der Streikkommission).

338 Vgl. Lucas, Ursachen, S. 74-78.

339 Vgl. Brüggemeier, Leben, S. 246; Lucas, Ursachen, S. 67-71; Tampke, Sozialisierungsbewegung, S. 232f.

der Folge von einigen der Beteiligten die erbeuteten Waffen mitgeführt, viele andere waren mit Knüppeln ausgerüstet.[340] Dass die Volkswehr sich weigerte gegen die Streikende vorzugehen und stattdessen zusammen mit diesen die Polizei entwaffnete, wird erklärlich, wenn wir uns ihre Zusammensetzung betrachten. Sie bestand vollständig aus Arbeitern, wobei die Bergleute ein großes Kontingent stellten. Etwa vierzig ihrer Mitglieder waren zuvor auf verschiedenen Schächten der GDK beschäftigt.[341]

Am nächsten Tag, dem 24. Dezember, wurde der für die Besetzung von Neumühl verantwortliche Polizeiinspektor von Demonstrant*innen aus dem Rathaus geholt und verprügelt. Nachdem am Morgen mehrere Zechen im Umland stillgelegt und weitere Waffen erbeutet worden waren, versammelte sich eine riesige Menge auf dem Altmarkt und verdeutlichte ihre Bereitschaft, den Kampf siegreich zu Ende zu führen. Als sich die Kundgebung zerstreute, zog ein Teil zum Rathaus, in dem eine weitere von der Streikkommission angesetzte Konferenz zur Beilegung des Konflikts stattfinden sollte.

Die eingeladenen Zechendirektionen waren jedoch nicht erschienen.[342] Der Oberbürgermeister Schrecker erklärte, dass er selbst machtlos sei, verwies aber darauf, dass der Minister Ströbel (USP) in einigen Tagen im Ruhrgebiet eintreffen werde und der richtige Ansprechpartner für die Forderungen der Bergleute sei.[343] Das Protokoll der Sitzung verschafft uns interessante Einblicke, insbesondere in Hinblick auf das Verhältnis zwischen der kleinen Gruppe politisch geschulter Arbeiter und dem Rest der Belegschaft. Ein Vertreter der Streikkommission, der als Delegierter nach Berlin gereist war, berichtete, wie sie sich nach dem Gespräch mit den Volksbeauftragen für eine Wiederaufnahme der Arbeit ausgesprochen hatten und damit gescheitert waren:

> „Es ist uns zugesagt worden, dass die Sozialisierung der Bergwerke sofort vorgenommen würde, dass sie sich persönlich dafür einsetzen würden, dass die einmalige Teuerungszulage zur Auszahlung gelangt. Wir haben das der Belegschaft klar gemacht, aber wir hatten keinen Erfolg.“[344]

---

340 Vgl. Lucas, Formen, S. 171f., Lucas, Ursachen, S. 77f.; StdA Dui 51/75 (Stenogramm der Verhandlung mit der Streikkommission).

341 Vgl. Lucas, Formen, S. 171; StdA Dui 51/105 (Namentliche Liste der bei der Bürgerwehr eingestellten Bergleute; Verzeichnis der bei der Hamborner Bürgerwehr eingestellten Bergleute)

342 Vgl. Lucas, Ursachen, S. 78ff.; Tampke, Ruhr, S. 105; Tampke, Sozialisierungsbewegung, S. 230f.; Verfassungsgebende Preußische Landesversammlung, Bericht, S. 134.

343 Vgl. Lucas, Ursachen, S. 80; StdA Dui 51/75 (Stenogramm der Verhandlung mit der Streikkommission); Tampke, Ruhr, S. 105; Tampke, Sozialisierungsbewegung, S. 231.

344 StdA Dui 51/75 (Stenogramm der Verhandlung mit der Streikkommission).

Auch in Hinblick auf den Ausbruch der jüngsten Streiks äußerte er sich und liefert uns ein eindrückliches Bild, wie gerade die große Mehrheit der politisch ungeschulten Bergleute trotz aller Beruhigungsversuche zur Aktion drängte: „Die Massen sind aber nicht zu halten gewesen.“[345] Die mangelnden Einflussmöglichkeiten der vermeintlichen Führer kamen während des Treffens noch verschiedentlich zur Sprache. Sie wurden auch in einem internen Schreiben, dass einige Monate später vom Beigeordneten Schweitzer an den Reichskommissar Severing verschickt wurde und sich u.a. auf den Dezember 1918 bezog, bestätigt: „[D]ie Führer konnten offenbar die Massen nicht mehr halten“[346]. Im Rahmen der Konferenz wurde allerdings nicht nur von den bisherigen Entwicklungen berichtet, sondern darüber hinaus recht deutlich artikuliert, dass die Streikenden Thyssen die Kontrolle über die Zeche entziehen wollten, auch wenn sie sich über den Weg noch nicht ganz einig waren. Einer der Vorschläge lautete, dass die Stadt das Bergwerk beschlagnahmen und die von den beiden Volksbeauftragten befürworteten Teuerungszuschläge auszahlen solle. Andere traten hingegen vehement für die Übernahme der Zechen durch die Bergleute selbst ein: „Wir beschlagnahmen die Zechen, setzen einen Arbeiterrat hin und die Kohlenförderung wird von uns selbst geregelt.“[347] Immer wieder kam die große Ungeduld der Arbeiter*innen und der Wille, schnelle Veränderungen durch eigenes Handeln zu erzwingen, zum Ausdruck: „Es wird vom Herrn Oberbürgermeister der Vorschlag gemacht, dass wir warten, bis Ströbel da ist: das [sic] dauert zu lange. Ich möchte bitten, dass die Arbeiterschaft sich mit aller Macht die Wege selbst zu den Schächten bahnt.“[348] Unzweifelhaft blieb in jedem Fall, dass ein Ende der Streiks nur durch konkrete Zugeständnisse zu erreichen war: „Wir können die Massen nicht mehr in die Grube bringen, wenn wir nicht sagen können, Ihr bekommt das und das.“[349] Die Konferenz musste schließlich ergebnislos abgebrochen werden. Zu einem Zeitpunkt als die Verhandlungen sich bereits als fruchtlos erwiesen hatten, stürmte die aufgebrachte Menge das Rathaus.[350] Am Abend kam es durch eine kleinere Gruppe von nicht mehr als hundert Personen zu Plünderungen von Geschäften, aus dem Rathaus wurden Waffen und Munition entwendet.[351]

---

345 StdA Dui 51/75 (Stenogramm der Verhandlung mit der Streikkommission).

346 StdA Dui 51/75 (Schreiben des Beigeordneten vom 13.4.1919).

347 StdA Dui 51/75 (Stenogramm der Verhandlung mit der Streikkommission).

348 StdA Dui 51/75 (Stenogramm der Verhandlung mit der Streikkommission).

349 StdA Dui 51/75 (Stenogramm der Verhandlung mit der Streikkommission).

350 Vgl. StdA Dui 51/75 (Stenogramm der Verhandlung mit der Streikkommission), Tampke, Sozialisierungsbewegung, S. 231.

351 Vgl. Lucas, Formen, S. 175f.; Lucas, Ursachen, S. 80; Tampke, Ruhr, S. 105; Tampke, Sozialisierungsbewegung, S. 231.

Lucas hat hervorgehoben, dass die von Barth inspirierte Sozialisierungsforderung in Hamborn keine nennenswerte Rolle spielte.[352] Offenbar hatte auch Barth die Sozialisierung der Bergwerke primär als Verstaatlichung präsentiert,[353] der direkte Nutzen für die Bergleute blieb damit unklar. Daher ist es nicht verwunderlich, dass Barths Zusage nicht zu der auch von ihm befürworteten Wiederaufnahme der Arbeit[354] führte. Kennzeichnend für die Hamborner Bewegung war die „Zielgerichtetheit auf Unmittelbares“[355], also die Durchsetzung greifbarer materieller Verbesserungen. In der Verhandlung mit dem Bürgermeister wurde deutlich, dass die Hamborner Arbeiter*innen eigene Vorstellungen entwickelten, in denen die Veränderung der Besitzverhältnisse zum Mittel wurde, um ihre sehr konkreten Wünsche zu verwirklichen.[356] Die Überführung in kommunales Eigentum bzw. die unmittelbare Übernahme der Zechen durch die Bergleute sollte nicht nur die bisherige Form der betrieblichen Herrschaft beseitigen, sondern zugleich die finanziellen Forderungen befriedigen: „Meine Meinung ist, wir [...] üben den Gewaltakt aus, die Zechen sind unser, die Teuerungszulagen bezahlen wir von dem Erlös der verkauften Kohlen.“[357] Solche Ideen wichen deutlich von den Sozialisierungskonzeptionen ab, die von den linken Parteien vertreten wurden.[358] Auffällig ist das in verschiedenen Äußerungen zum Ausdruck kommende Selbstvertrauen, den Betrieb der Zeche eigenständig regeln zu können. Es ist zurückzuführen auf die große Eigenständigkeit, die den alltäglichen Arbeitsprozess der Bergleute ohnehin kennzeichnete.

---

352 Vgl. Lucas, Ursachen, S. 76.

353 Vgl. StdA Dui 51/11 (Rhein- und Ruhrzeitung 28.12.1918); StdA Dui 51/75 (Stenogramm der Verhandlung mit der Streikkommission).

354 Vgl. Lucas, Ursachen, S. 81.

355 Lucas, Formen, S. 281.

356 Nicht negiert werden soll hier, dass äußere Einflüsse eine Rolle spielten. Zu nennen ist in diesem Zusammenhang neben dem Barthschen Versprechen auch der vom in Berlin tagenden Rätekongress gefasste Beschluss, dass mit der Sozialisierung des Bergbaus unmittelbar begonnen werden solle (vgl. von Oertzen, Betriebsräte, S. 112). Diese grundlegende Infragestellung der Eigentumsverhältnisse begünstigte sicherlich die Entstehung der angeführten Ideen bei den Hamborner Arbeiter*innen.

357 StdA Dui 51/75 (Stenogramm der Verhandlung mit der Streikkommission).

358 In der von der Neunerkommission herausgegebenen Broschüre wurde sich von solchen Vorstellungen sehr klar abgegrenzt: „Leider aber herrschte noch Verwirrung, wie denn eigentlich die Sozialisierung zu verstehen sei, und das führte hier und da zu tollen Sprüngen. So, wenn auf einmal die Kumpels erklärten: ‚Der Pütt gehört uns‘, und sich die Sache so einfach vorstellten, daß sie nun die geförderte Kohle verkloppen oder noch besser gegen Lebensmittel eintauschen würden.“ (Neunerkommission, Sozialisierung, S. 3). Als die Broschüre veröffentlicht wurde, setzte sich die Kommission nur aus Vertretern der USP und der KPD zusammen.

## 6.6. Das vorläufige Ende der Streiks in Hamborn

Am 26. Dezember, nur zwei Tage nachdem die Bergwerksleitungen sie durch ihre Abwesenheit bei der Konferenz brüskiert hatten, versuchten die Hamborner Arbeiter*innen den Druck zu erhöhen und Verhandlungen zu erzwingen, indem sie die Direktion der GDK verhafteten. Kurz darauf wurde der Direktor von Neumühl ebenfalls unter Hausarrest gestellt. Thyssen selbst befand sich außerhalb der Reichweite der Hamborner*innen, stimmte aber Verhandlungen auf „neutralem Boden“ zu, jedoch nur, wenn der Minister Ströbel ebenfalls anwesend sei. Die SPD-Mitglieder des Arbeiterrates legten angesichts dieses entschlossenen Vorgehens der Bergleute und der Ereignisse der vorangegangenen Tage ihre Mandate nieder und schieden am 27. aus dem Arbeiterrat aus.[359] Am gleichen Tag zog ein weiterer Demonstrationszug zu den Zechen im Umland. Nachdem sich bereits die Belegschaften mehrerer anderer Schachtanlagen angeschlossen hatten, gelangten die Demonstrant*innen zu einer Zeche in Oberhausen. Hier hatte sich das auf Betreiben des Landrats von Recklinghausen in die Gegend verlegte Freikorps Heuck in Erwartung der Hamborner Bergleute verschanzt. Als die Demonstration sich näherte, eröffnete das Freikorps mit mehreren Maschinengewehren das Feuer in die Menge. Es kam zu drei Toten und mehreren Schwerverletzten. Die Hamborner Volkswehr, die seit der Solidarisierung auf Neumühl klar auf Seiten der Streikenden stand, wurde sofort informiert und schickte zwei Lastwagen mit Bewaffneten zur Unterstützung der Bergleute. Es entwickelte sich ein Scharmützel, bei dem beide Seiten zwei Opfer zu beklagen hatten und das das Freikorps schließlich gewann. Vierzehn Hamborner wurden gefangen genommen.[360]

Nur einen Tag nach diesem blutigen Angriff auf die Streikenden traf endlich der seit längerem erwartete Minister Ströbel im Ruhrgebiet ein. Unter seiner Beteiligung fand in Mülheim eine größere Konferenz statt. Neben den Delegierten der Zentralstreikkommission der GDK waren Arbeitervertreter weiterer streikender Zechen, die jeweiligen Zechenleitungen, die Oberbürgermeister der Städte Hamborn, Duisburg, Oberhausen und Mülheim, Abgesandte der Gewerkschaften und des Oberbergamtes, Vertreter der Hamborner Arbeiterrates und des Generalsoldatenrates in Münster sowie mehrere hohe Beamte anwesend. Bereits zu Beginn des Treffens gab Heiling für die Zentralstreikkommission eine verglichen mit den bisherigen Forderungen erstaunlich defensive Erklärung ab. Er legte dar, dass die Bergleute

359 Vgl. Lucas, Ursachen, S. 81; Lucas / Del Tedesco, Bergarbeiterbewegung, S. 165f.; Verfassungsgebende Preußische Landesversammlung, Bericht, S. 134.

360 Vgl. Freiheit 1.1.1919, 3.1.1919; Lucas, Ursachen, S. 85f.; Tampke, Ruhr, S. 108; Tampke, Sozialisierungsbewegung, S. 232f.

bereit seien, sofort an die Arbeit zurückzukehren, wenn ihnen die verlangte – und nach dem Gespräch mit den Volksbeauftragten bereits reduzierte – Einmalzahlung gewährt werde.[361] Nach längeren Verhandlungen erklärte sich die Leitung der GDK bereit, „die entstandenen Streikschichten zu ersetzen, und zwar in der Form, daß jeder Verheiratete 200 M, jeder Unverheiratete 100 M, jedes Kind unter 14 Jahren 25 M, im ganzen aber nicht mehr als wie 125 M (Kindergeld), erhält."[362] Im Gegenzug stimmten die Delegierten der Bergleute zu, die Arbeit sofort wieder aufzunehmen und ab dem 1. Februar die längere Acht-Stunden-Schicht zu verfahren. Die Einmalzahlung wurde explizit als Ausgleich der durch den Streik verursachten Notlage der Arbeiter*innen deklariert. Die Sätze für die anderen vertretenen Zechen fielen daher aufgrund kürzerer Streikdauer niedriger aus als auf Deutscher Kaiser. Das Abkommen wäre schließlich noch fast daran gescheitert, dass Sachse als Vertreter des Alten Verbandes ebenfalls unterschreiben wollte. Erst als er darauf verzichtete, war die Zentralstreikkommission zur Unterschrift bereit.[363] Als das Ergebnis der Konferenz am nächsten Tag bei einer Versammlung auf dem Hamborner Altmarkt verkündet wurde, regte sich bei den Bergleuten durchaus Unzufriedenheit und Widerspruch. Dennoch stimmte eine große Mehrheit für die Annahme der Vereinbarung und die Wiederaufnahme der Arbeit. Damit waren die Streiks in Hamborn zunächst beendet, obwohl ein Teil der Belegschaft bereits ankündigte, auch nach dem 1. Februar die kürzere Schichtzeit beizubehalten.[364] Tatsächlich verfuhren die Bergleute der GDK auch im Februar keine längeren Schichten als vorher. Da sie die Streikentschädigung bereits erhalten hatten, sahen sie offensichtlich keinen Grund, sich an das Abkommen zu halten.[365] Neben dem Abbruch des Streiks fasste die Versammlung noch einen weiteren wichtigen Beschluss: Die Neubesetzung des Arbeiterrats. Als Ersatz für die zurückgetretenen Mehrheitssozialisten

361 Vgl. Lucas, Ursachen, S. 90f.; StdA Dui 51/75 (Niederschrift über die am 28. Dezember im Rathause zu Mülheim (Ruhr) stattgefundene Verhandlung); Tampke, Ruhr, S. 106.

362 StdA Dui 51/75 (Niederschrift über die am 28. Dezember im Rathause zu Mülheim (Ruhr) stattgefundene Verhandlung).

363 Vgl. Lucas, Ursachen, S. 93f.; StdA Dui 51/75 (Niederschrift über die am 28. Dezember im Rathause zu Mülheim (Ruhr) stattgefundene Verhandlung); Tampke, Ruhr, S. 106.

364 Vgl. Lucas, Ursachen, S. 96; Tampke, Ruhr, S. 106.

365 Vgl. Hartewig, Jahrzehnt, S. 251; Henze, Sechsstundenschicht, S. 57, S. 61; Lucas, Ursachen, S. 155; Spethmann, Jahre, S. 250; StdA Dui 51/11 (Rhein- und Ruhrzeitung 23.4.1919).

wählten die Bergleute ausschließlich Linksradikale. Auch Heiling zog nun in den Rat ein und wurde zuständig für Sicherheitsangelegenheiten.[366]

Mit der Verhaftung der Direktoren setzten die Bergleute erstmals die durch sie ausgeübte faktische Kontrolle des Hamborner Stadtgebietes systematisch für die Erreichung ihrer Ziele ein. Ob es tatsächlich dieses Vorgehen war, das Thyssens Bereitschaft zu Verhandlungen erwirkte, kann hier nicht geklärt werden. In jedem Fall konnte dieses Agieren den Bergleuten aber durchaus erfolgreich erscheinen, kam es doch in der Folge zu der Mülheimer Konferenz. Die Mehrheitssozialisten, die zu diesem Zeitpunkt auch jeglichen Einfluss auf die Volkswehr verloren hatten, erkannten die Machtverhältnisse in der Stadt implizit an, indem sie sich aus dem Arbeiterrat zurückzogen. Mit der durch die Aktionen der Bergleute erwirkten Neubesetzung des Rates wurde dieser, wie zuvor bereits die Volkswehr, zu einem Instrument der Streikenden. Man kann sich fragen, ob die Arbeiter*innen ihre lokale Macht nicht auch darüber hinaus zur Verbesserung ihrer Lage hätten nutzen können, insbesondere, da sie den Streik letztlich vor allem aufgrund ihres materiellen Elends abbrechen mussten. Im unmittelbar neben Hamborn gelegenen Sterkrade führten streikende Bergleute bereits Ende Dezember 1918 eigenständig Hausdurchsuchungen nach Lebensmitteln durch.[367] Derartige Aneignungsaktionen lassen sich für Hamborn nicht nachweisen, allenfalls die Plünderungen am Weihnachtsabend weisen eine entfernte Ähnlichkeit auf. Hierzu ist allerdings anzumerken, dass der Hamborner Arbeiterrat von Beginn an konsequent gegen die Hortung von Lebensmitteln vorging und regelmäßig Beschlagnahmungen und Durchsuchungen durchführte (u.a. bei der GDK).[368] Es ist daher eher unwahrscheinlich, dass in Hamborn bedeutende Lebensmittelbestände in privater Hand existierten, auf die die Bergleute hätten zugreifen können. In größerem Umfang durchgeführte Konfiszierungen in Geschäften hätten zwar möglicherweise kurzfristig Abhilfe geschaffen, zugleich aber die mittel- und langfristige Versorgung existenziell bedroht. Es ist nicht ersichtlich, wie die Bergleute auf lokaler Ebene eine Lösung ihrer Notlage hätten erzielen können, solange Thyssen nicht einknickte. Damit sind wir aber bei der Frage des Drucks angelangt, den die Streikenden aufbauen konnten. Wir haben gesehen wie sich die Bergleute zielstrebig und mit einigem Erfolg um eine Ausweitung der Bewegung auf andere Zechen bemühten. Gleichzeitig blieb das riesige Thyssensche Hüttenwerk, das räumlich unmittelbar mit

---

366 Vgl. Lucas, Bergarbeiterbewegung, S. 96; Lucas, Radikalismus, S. 184; Tampke, Sozialisierungsbewegung, S: 233.

367 Vgl. Hartewig, Jahrzehnt, S. 116.

368 Vor allem in der Freiheit finden sich dazu zahlreiche Meldungen. Vgl. u.a. Freiheit 5.12.1918, 11.12.1918, 17.12.1918, 7.1.1919, 8.1.1919, 10.1.1919 usw.

den GDK-Schächten verbunden war, – mit Ausnahme zweier Schichten, in denen wegen Kohlenmangels die Arbeit ruhte – von den Streiks offenbar gänzlich unbeeinflusst.[369] Hier treten die Grenzen einer Bewegung zu Tage, die auf informellen Kontakten basierte und in ihrer Ausdehnung damit auf die Reichweite dieser Beziehungen beschränkt blieb. Die nur wenig ausgeprägten Verknüpfungen der Bergleute mit anderen Arbeiter*innengruppen verhinderten, dass diese in die Streiks mit hineingezogen wurden.

## 6.7. Zweifelhafte Bilder: Die Streikenden, ein jugendlicher „Mob"?

Es lohnt sich zum Ende dieses Abschnitts noch einmal kurz auf das Bild einzugehen, welches in der Literatur teilweise von den Hamborner Arbeiter*innen gezeichnet wird. Karl-Heinz Roth ordnet sie, wie eingangs angemerkt, als Speerspitze der „anderen" Arbeiterbewegung ein. Diese beschreibt er wie folgt: „Sie ist barbarisch-unzivilisiert […] Sie ist ‚Mob', unberechenbar, aggressiv, zu Gewalttaten neigend und ‚unpolitisch'."[370] Dem nicht unähnlich schreibt Karl-Heinz Treude: „die offene oder verdeckte Bereitschaft zu Aggressivität, zu reflexhafter und spontaner Aktion und Reaktion, kennzeichnete den Verlauf der Revolution in Hamborn besonders nachhaltig."[371] Die Geschehnisse des 24. Dezembers mögen eine solche Darstellung auf den ersten Blick stützen, nimmt man sie allerdings genauer unter die Lupe und ordnet sie in den Kontext ein, so bezeugen gerade diese Vorgänge, wie unzureichend eine solche Analyse ist. Die Plünderungen am Weihnachtsabend verliefen tatsächlich alles andere als geordnet oder geplant und die Bezeichnung „Mob" erscheint nicht gänzlich unangemessen. Aggressivität oder Gewalttätigkeit können wir dennoch nicht ohne Weiteres zu Grunde legen. Zudem blieben diese Plünderungen in ihrem Umfang sehr beschränkt (außer dem Rathaus waren nur zwei Geschäfte betroffen), es handelte sich um ein einmaliges Ereignis[372] und anders als bei den übrigen

369 Vgl. Freiheit 20.1.1919.

370 Roth, Arbeiterbewegung, S. 37.

371 Treude, Hamborn, S. 235.

372 Genau genommen gab es noch eine weitere Plünderung in Hamborn, die am 28. Dezember stattfand, allerdings noch weniger spektakulär ausfiel: Es wurde lediglich ein einzelnes Geschäft ausgeräumt. Auch diese kleine Aktion widerspricht dem Bild ziel- und zügelloser Aggressivität. Die Plünderer*innen hatten es zunächst auf ein anderes Kaufhaus abgesehen und schickten sich bereits an, zur Tat zu schreiten. Als sie jedoch erfuhren, dass der Besitzer sich mit einem kleinen Betrag an einer Spendensammlung lokaler Geschäftsleute zu Gunsten der Streikenden beteiligt hatte, verzichteten sie auf ihr ursprüngliches Vorhaben und zerstreuten sich zunächst wieder. Erst später

Aktionen, die jeweils von mehreren tausend Arbeiter*innen durchgeführt wurden, waren hier nur knapp hundert Menschen beteiligt. Führt man sich die materielle Notlage vor Augen, in der sich die Bergleute befanden, „so ist erstaunlich, daß es so lange dauerte bis es zu Plünderungen kam."[373] Dies gilt insbesondere vor dem Hintergrund, dass die Arbeiter*innen zu diesem Zeitpunkt faktisch die Kontrolle über die Stadt besaßen, dass sie also durchaus die Möglichkeit hatten, anders zu agieren. Trotz dieser Situation verzichteten sie sogar darauf, die Zechenanlagen zu beschädigen, was ein durchaus denkbares Mittel gewesen wäre, um die eigene Verhandlungsposition zu verbessern. Auch die Misshandlung des Polizeiinspektors, der für die Belegung von Neumühl mit Maschinengewehren verantwortlich war, kann kaum als Nachweis besonderer Aggressivität herhalten. Angesichts der Tatsache, dass die Polizeiführung die Demonstrant*innen niederschießen lassen wollte, erscheinen die Prügel, die er bezog und die keine schwerwiegenden Verletzungen zur Folge hatten,[374] als verhältnismäßig milde Reaktion. Betrachten wir schließlich die Art und Weise, in der die Hamborner*innen ihre Züge zu anderen Zechen gestalteten – feierlich angeführt von einer Musikkapelle – so finden wir geradezu ein mustergültiges Gegenbild zum „Mob" vor. Die angeblich „barbarisch-unzivilisierten" Bergleute, die – auch das sollten wir hier nicht vergessen – zuvor bereits sehr geordnet Kommissionen gewählt und einen Forderungskatalog aufgestellt hatten, gingen durchaus planvoll und koordiniert vor: Einerseits bemühten sie sich durch die Delegation nach Berlin um externe Unterstützung. Andererseits verbreiterten sie ihre lokale Machtbasis, indem sie die Bewegung zwischen den Zechen, die ursprünglich in Form des Zechenlaufens der Verbesserung der individuellen Arbeitssituation gedient hatte, zu einem kollektiven Kampfmittel weiterentwickelten. Dass die Bergleute dabei zunehmend Knüppel und schließlich auch erbeutete Schusswaffen mitführten, demonstrierte ihre Bereitschaft sich durchzusetzen. Diese Bewaffnung lässt sich aber ebenso als eine Form des Selbstschutzes interpretieren, der angesichts des Vorgehens der Gegenseite immer notwendiger erscheinen musste.

Ebenso wie die zitierten Charakterisierungen der Bewegung müssen wir auch die damit eng zusammenhängenden Verweise auf die Jugendlichkeit der Streikenden[375] bzw. die Interpretation der Streiks „als Folge eines

---

wurde dann das tatsächlich geplünderte Warenhaus als Ziel auserkoren. (Vgl. Lucas, Ursachen, S. 90f.).

373 Lucas, Formen, S. 176.

374 Vgl. Lucas, Ursachen, S. 80.

375 Vgl. Lennart Lüpke / Nadine Kruppa, Von der politischen Revolution zur sozialen Protestbewegung: Die Revolution im Ruhrgebiet 1918-1920, S. 110. In: Ulla

Generationskonflikt[s]“[376] zurückweisen. Bereits angemerkt haben wir, dass die Forderungen auf einen starken Einfluss der älteren Arbeitergruppen hinweisen, dass sich die Arbeitskämpfe also nicht einfach als Bewegung „der jugendlichen ‚Ungelernten‘, die noch nicht zum Hauergrad aufgestiegen waren“[377], einordnen lassen. Untermauert wird dieser Eindruck durch einige Altersangaben, welche wir den Meldungen zur Knappschaftsversicherung entnehmen können. Dadurch können wir zumindest das Alter der Bergmänner, die während der Streiks namentlich in Erscheinung getreten sind, benennen: Heinrich Heiling, den die Bergleute als einen ihrer Repräsentanten in die Zentralstreikkommission wählten, war Ende 1918 bereits 44 Jahre alt. August Sackritz und Anton Pütz, die von den Streikenden für ihr Verhalten gegenüber der Direktion gelobt wurden, waren mit 34 und 37 Jahren sicherlich ebenfalls keine Jugendlichen mehr.[378] Ähnlich verhält es sich mit der Volkswehr, welche sich mit den Streikenden solidarisierte und auch in den folgenden Monaten noch in ihrem Sinne wirksam wurde. Ein Eintritt in diese Einheit war erst ab 25 Jahren vorgesehen.[379] Tatsächlich waren die meisten der dort engagierten Bergleute sogar älter als 30 Jahre.[380] Von Jugendlichkeit oder Generationenkonflikten kann also keine Rede sein. Die angeführten Punkte weisen in Verbindung mit der hohen Streikbeteiligung vielmehr darauf hin, dass es sich um eine von der gesamten Belegschaft getragene Bewegung handelte, die allerdings stärker von den älteren Gedingearbeitern, den Hauern und Zimmerhauern, geprägt wurde, als von den besonders jugendlichen Arbeitskräften.

---

Plener (Hrsg.), Die Novemberrevolution 1918/19 in Deutschland. Für bürgerliche und sozialistische Demokratie - Allgemeine, regionale und biographische Aspekte, Berlin 2009, S. 104-130 (http://www.rosalux.de/fileadmin/rls_uploads/pdfs/Manuskripte_85.pdf Stand: 19.9.2012); Klaus Tenfelde, Linksradikale Strömungen in der Ruhrbergarbeiterschaft 1905 bis 1919, S. 220f. In: Mommsen / Borsdorf (Hrsg.), Glück auf, Kameraden!, S. 199-223; Treude, Hamborn, S. 234ff. Teilweise treiben die Bemühungen, eine Erklärung für die Streiks zu finden, skurrile Blüten. Treude hält für die Hamborner Bewegung neben der Jugendlichkeit auch die Auswirkungen von „ungebundenen sexuellen Energien, einer permanenten Frustration und den daraus folgenden Konsequenzen für die Persönlichkeitsentwicklung“ (Treude, Hamborn, S. 235) für bedeutsam. Doch manche Rätsel bleiben ungelöst: Wie führt sexuelle Frustration zur Wahl einer Belegschaftskommission?

376 Tenfelde, Strömungen, S. 220.

377 Tenfelde, Strömungen, S. 221.

378 Vgl. StdA Dui 51/105 (Mitglieder des Arbeiterrats Hamborn zur Anmeldung der Knappschafts-Versicherung).

379 Vgl. StdA Dui 51/75 (Aufruf zur Bildung einer Volkswehr).

380 Vgl. StdA Dui 51/105 (Namentliche Liste der bei der Bürgerwehr eingestellten Bergleute).

## 6.8. Das Essener Sozialisierungsmodell

Zwar hatten die Hamborner Bergleute die Arbeit wieder aufgenommen, dennoch gab es schon Anfang Januar Anzeichen dafür, dass sie das Mülheimer Abkommen nicht als das Ende ihrer Bewegung, sondern eher als Waffenstillstandsregelung in einem fortzuführenden Kampf auffassten: Die Belegschaftskommissionen trafen sich weiterhin, um über die Lage zu beraten. Am 8. Januar entschieden sie, für den geschlossenen Austritt aus den etablierten Gewerkschaften und für den Übertritt in die Freie Vereinigung zu werben.[381] Der Bruch mit den diskreditierten Verbänden sollte nun also dauerhaft vollzogen werden. Die FVdG dürfte den Bergleuten, die sich auf der Suche nach einer Alternative befanden, als sinnvolle Option erschienen sein, da sie die in Hamborn praktizierten Aktionsformen grundsätzlich befürwortete und ihre Mitglieder in den Streiks präsent gewesen waren.

Während die Mülheimer Vereinbarung die Situation in Hamborn vorerst beruhigte, brachte sie in anderen Gebieten neue Streiks hervor. Bei den Bergleuten anderer Zechen weckte die Nachricht von der Hamborner Einmalzahlung den Wunsch, ebenfalls eine solche zu erhalten. Nach und nach traten immer mehr Belegschaften mit explizitem Verweis auf die Hamborner Zahlungen in den Streik.[382] Wir sehen hier erneut, welche enorme Wirkung an einem Ort errungene „Erfolge" haben konnten. Tatsächlich wurde das in Hamborn erzielte Ergebnis von vielen Bergleuten als solcher wahrgenommen. Zwar fiel das ausgehandelte Resultat angesichts der zuvor aufgestellten Forderungen eher dürftig aus. Dennoch hatten die Hamborner*innen dem scheinbar übermächtigen Zechenkapital ein Zugeständnis abgetrotzt. Der Essener Sozialdemokrat Limbertz schilderte den dadurch ausgelösten Effekt in seiner Aussage vor dem Untersuchungsausschuss der preußischen Landesversammlung sehr plastisch:

> „Nachdem einzelne Zechenverwaltungen im Hamborner Bezirk die Dummheit gemacht hatten, sich eine Beschaffungszulage abzwingen zu lassen, wurde die Sache immer kritischer. Denn waren die Leute einigermaßen beruhigt, dann stand ein Bergmann auf und sagte: Wir wollen auch die Beschaffungszulagen, und dann konnten wir sagen, was wir wollten; die ganze Geschichte war wieder kaputt."[383]

Am 11. Januar befanden sich bereits 60000-80000 Bergleute im Ausstand und ein Ende der Bewegung war nicht abzusehen. In Essen und im westlichen Ruhrgebiet drohte dadurch die Gasversorgung zusammenzubrechen,

381 Vgl. Klan / Nelles, Flamme, S. 63.

382 Vgl. Lucas, Formen, S. 179f.; Lucas, Ursachen, S. 97-101; Tampke, Sozialisierungsbewegung, S. 234.

383 Verfassungsgebende Preußische Landesversammlung, Bericht, S. 75.

nachdem sie vorher bereits erheblich eingeschränkt werden musste. In dieser Situation ergriff der Essener Arbeiterrat, in dem SPD, USP und KPD paritätisch vertreten waren, die Initiative und besetzte die Gebäude des Zechenverbandes und des Kohlensyndikats.[384] Dabei mag auch eine Rolle gespielt haben, dass befürchtet wurde, die Bergleute würden eigenständig versuchen, diese Einrichtungen unter ihre Kontrolle zu bringen.[385] Auf Flugblättern mit der Überschrift „Sieg des Sozialismus!" verkündete der Rat, dass mit der Besetzung „der erste Schritt zu Sozialisierung getan" sei. Damit sei aber auch „jeder Grund zum Streik weggefallen." Dementsprechend wurden die Bergleute abschließend aufgefordert: „Nehmt geschlossen die Arbeit wieder auf!"[386] Für den 13. Januar wurde eine Konferenz aller Arbeiter- und Soldatenräte des rheinisch-westfälischen Industriereviers nach Essen einberufen, an der auch Gewerkschafts- und Regierungsvertreter teilnahmen. Am gleichen Ort versammelten sich tausende Bergleute verschiedener Zechen der Essener Gegend. Noch während die Konferenz tagte, verabschiedeten sie eine Resolution und ließen diese durch eine Delegation überbringen.[387] Die Bergleute dankten „dem Essener Arbeiter- und Soldatenrat, insbesondere den darin mitwirkenden Mitgliedern des Spartakusbundes"[388], von denen vermutlich der Anstoß ausgegangen war,[389] für die Sozialisierungsinitiative. Sie forderten „auf das Entschiedenste die sofortige vollständige Durchführung der Sozialisierung der Zechen", die sie „als die einzige wirkliche Errungenschaft der Bergarbeiter durch den Streik" ansahen. Die Führung des Alten Verbandes wurde ermahnt, daran nach Kräften mitzuwirken, da sie sonst „den letzten Rest von Vertrauen bei ihren Mitgliedern" verlöre.

---

384 Vgl. Dieter Baudis, Zur Geschichte des Kampfes der deutschen Arbeiterklasse um die Kontrolle über die Produktion während der Novemberrevolution und der Massenstreiks im Frühjahr 1919, Diss. Berlin 1960, S. 230f.; Illustrierte Geschichte der Deutschen Revolution, Frankfurt 1970 [Nachdruck der Ausgabe von 1929], S. 316; Lucas, Formen, S. 180f.; Lucas, Ursachen, S. 101; von Oertzen, Betriebsräte, S: 113; Tampke, Sozialisierungsbewegung, S. 234.

385 Vgl. Baudis, Geschichte, S. 230; Weber, Sozialpartnerschaft, S. 212.

386 Arbeiter- und Soldatenrat Essen, „Sieg des Sozialismus!", Flugblatt vom 11. Januar 1919. Dokumentiert in Lucas, Ursachen, o.P. (Ebenfalls abgedruckt in Illustrierte Geschichte, S. 314.) Siehe auch Freiheit 15.1.1919; Tampke, Ruhr, S. 122.

387 Vgl. Illustrierte Geschichte, S. 316f.; Lucas, Ursachen, S. 101f.; Neunerkommission (Hrsg.), Sozialisierung, S. 4; von Oertzen, Betriebsräte, S. 113; Spethmann, Jahre, S. 154f.; Tampke, Ruhr, S. 122f.; Tampke, Sozialisierungsbewegung, S. 235f.

388 Resolution der in Essen versammelten Bergleute vom 13. Januar 1919. Dokumentiert in Spethmann, Jahre, S. 155.

389 Vgl. Tampke, Sozialisierungsbewegung, S. 235.

Die Bergleute verkündeten, im Vertrauen auf die nun angegangene Sozialisierung, die Arbeit am nächsten Tag wieder aufzunehmen. Zugleich erklärten sie

> „aber auf das Bestimmteste, daß, sobald der restlosen Durchführung der Sozialisierung von irgendeiner Seite etwas in den Weg gelegt werden sollte, dieselben einmütig auf allen Zechen wieder in den Ausstand treten werden und alsdann die Arbeit nicht wieder aufnehmen werden, bis die Sozialisierung restlos durchgeführt ist.“[390]

Die Konferenz nahm die Resolution einstimmig an und beschloss die sofortige Sozialisierung des Bergbaus. Angesichts der vorherigen Diskussion in der sich u.a. Vertreter des Alten Verbandes und der SPD gegen eine schnelle Sozialisierung positioniert hatten, kam dieser Beschluss etwas überraschend. Einerseits waren nun jedoch vor dem Gebäude mehrere tausend Arbeiter*innen versammelt, die ihre Ansprüche klar artikuliert hatten. Andererseits blieb der verabschiedete Beschluss, wie Tampke angemerkt hat, relativ vage und unverbindlich. Als konkrete Maßnahme wählten die Anwesenden eine Neunerkommission, die die Sozialisierung vorbereiten sollte. Mit Karl Völker und Heinrich Heiling wurden auch zwei Hamborner für die KPD in die Kommission entsandt. Darüber hinaus wurde die Bildung eines Systems aufeinander aufbauender Räte beschlossen, bei dem das einzelne Steigerrevier die kleinste Einheit bilden sollte. Die Räte sollten u.a. eine Kontroll- und Mitwirkungsfunktion bei der Betriebsführung übernehmen sowie den Sozialisierungsprozess überwachen. Während die Konferenz einerseits eine recht bürokratische Wahlordnung verabschiedete, wurden andererseits die Befugnisse der Räte nicht näher präzisiert.[391] Zwei Tage nach der Konferenz verbreitete der Essener Arbeiter- und Soldatenrat im gesamten Ruhrgebiet ein von Vertretern aller drei Arbeiterparteien unterschriebenes Flugblatt, in dem die Ergebnisse des Treffens öffentlich verkündet wurden. In dieser Flugschrift wurde ein Eindruck der Verhältnisse erweckt, dem die tatsächliche Entwicklung noch lange nicht entsprach: „Die allergrößte und wichtigste Forderung ist erreicht: Die Bergwerke sind Volkseigentum geworden.“ Damit verbunden war ein energischer Aufruf zur Beendigung der Streiks: „Wer heute nach erfolgter

390 Resolution der versammelten Bergleute [wie Anm. 388].

391 Vgl. Ausschreibung der Rätewahlen vom 15. Januar 1919. Dokumentiert in Spethmann, Jahre, o.P. (Abb. 9); Illustrierte Geschichte, S. 317; Neunerkommission (Hrsg.), Sozialisierung, S. 4f.; Rundschreiben des Alten Verbandes vom 14. Januar 1919. Dokumentiert in Spethmann, Jahre, S. 380f.; Schreiben an die Arbeiter- und Soldatenräte des Rhein.-Westf. Industriegebiets zu den Rätewahlen vom 14. Januar 1919. Dokumentiert in Spethmann, Jahre, S. 376f.; Tampke, Ruhr, S. 123-127.

Sozialisierung noch streikt, schädigt sich selber und seine Arbeitskollegen."[392] Die erwünschte Wirkung trat nahezu unmittelbar ein: „Bei den Arbeitern fand das Programm eine sehr günstige Aufnahme. Der Aufforderung, den Streik abzubrechen, wurde überall entsprochen."[393]

Am 16. Januar reiste eine Delegation, die aus dem Essener Oberbürgermeister, Vertretern der Gewerkschaften, der Unternehmer und der Neunerkommission bestand nach Berlin. Die Reichsregierung verweigerte dem Essener Programm jedoch ihre Unterstützung. Weder die Neunerkommission noch das beschlossene Rätesystem wurden anerkannt. Stattdessen ordnete die Regierung die Wahl weitgehend rechtloser Ausschüsse an und ernannte drei „Sozialisierungskommissare": den Gewerkschaftsführer Otto Hue, den Generaldirektor Vögler als Repräsentant der Unternehmen, sowie als Behördenvertreter den Geheimen Bergrat Röhrig. Eine Folgekonferenz in Essen, die am 20. Januar stattfand, reagierte auf die Berliner Position, indem sie die Sozialisierungskommissare akzeptierte, gleichzeitig aber verlangte, dass diese mit der Neunerkommission zusammenarbeiten müssten. Zudem wurde an dem ursprünglichen Rätemodell festgehalten. Als eine weitere Konferenz am 6. Februar zusammentrat, hatte es noch immer keine substantiellen Schritte in Richtung Sozialisierung gegeben.[394] An der Zusammenkunft nahmen auch zwei Delegierte aus dem mitteldeutschen Braunkohlenrevier teil.[395] Trotz nun

392 Arbeiter- und Soldatenrat Essen, „An die Bevölkerung des Ruhrkohlengebietes!", Flugblatt vom 15. Januar 1919. Dokumentiert in Spethmann, Jahre, S. 378f., hier S. 379. Siehe auch Tampke, Sozialisierungsbewegung, S. 236.

393 Müller, Bürgerkrieg, S. 130. Siehe auch Lucas, Formen, S. 181; Lucas, Ursachen, S. 102; Mommsen Bergarbeiterbewegung, S. 292; von Oertzen, Betriebsräte, S. 113f.

394 Vgl. Illustrierte Geschichte, S. 318ff.; von Oertzen, Betriebsräte, S 114; Tampke, Ruhr, S. 123ff.; Tampke, Sozialisierungsbewegung, S. 236ff.

395 Vgl. Illustrierte Geschichte, S. 320; von Oertzen, Betriebsräte, S. 137. In Mitteldeutschland wurden Anfang 1919 ebenfalls vehemente Sozialisierungsforderungen erhoben. Abgesandte aus dieser Region reisten daher nicht nur zu den Beratungen in Essen, sondern verhandelten gemeinsam mit den Delegierten aus dem Ruhrgebiet mit der Regierung. Bei der Wahl von Betriebsräten im mitteldeutschen Industriegebiet wurde zudem die in Essen erarbeitete Wahlordnung übernommen. Wie im Ruhrgebiet kam es auch in Mitteldeutschland im Februar 1919 zu einem Generalstreik, der allerdings erst ausgerufen wurde, als im Ruhrgebiet bereits die Wiederaufnahme der Arbeit beschlossen worden war. Trotz der vorherigen Kontakte auf Funktionärsebene fielen die Streiks in den zwei Regionen zeitlich nicht zusammen und waren nicht miteinander koordiniert. Es gab offenbar keine unmittelbare Verbindung zwischen beiden Ausstandsbewegungen, allenfalls einen indirekten Zusammenhang, der darin bestand, dass die Auseinandersetzungen im Ruhrgebiet auch in anderen Gegenden zu einer gespannten politischen Atmosphäre beitrugen. Von Oertzens Ausführungen, die teilweise eine direktere Verknüpfung nahelegen, sind wenig überzeugend. Sie basieren

deutlicher hervortretender Differenzen zwischen den Teilnehmern verabschiedete die Konferenz einen Beschluss, in dem sie die Regierung nun ultimativ aufforderte, ihr Programm und die Neunerkommission anzuerkennen. Für den Fall der Ablehnung drohte sie an, ab dem 15. Februar den Generalstreik auszurufen. Gleichzeitig protestierte sie gegen die Zusammenziehung von Militär. Die Streikankündigung beeindruckte ihre Adressatin offenbar nur wenig:[396] „Die Regierung lehnte es abermals ab, das Rätesystem und die Neunerkommission anzuerkennen, und traf zugleich alle Vorbereitungen für ein militärisches Eingreifen im Revier."[397]

Die Hamborner Bergleute hatten mit der Durchsetzung der Einmalzahlungen im Ruhrgebiet eine erhebliche Dynamik entfacht. Durch die Essener Sozialisierungsinitiative wurde die sich entwickelnde Streikbewegung allerdings schnell wieder abgefangen. Die Sozialisierungsforderung erwies sich als bei den Bergleuten enorm populär. Das in Form von Flugblättern massenhaft verbreitete Programm erweckte den Eindruck, dass es nicht nur um materielle Verbesserungen ging, sondern dass darüber hinaus eine Form der Arbeiterselbstverwaltung verwirklicht werden sollte. Für die Bergleute, die ihren Arbeitsprozess größtenteils eigenständig gestalteten und die sich im permanenten Konflikt mit ihren Vorgesetzten befanden, musste die Anerkennung

---

an diesem Punkt vor allem auf den erst etwa vierzig Jahre später festgehaltenen Erinnerungen Wilhelm Koenens, der 1919 ein führender mitteldeutscher USP-Funktionär war. Wie an anderen Stellen schätzt von Oertzen auch hier die Bedeutung und die Rolle der Parteien (insbesondere der USP) falsch ein. Petra Weber hat von Oertzens Darstellung der mitteldeutschen Bewegung kritisiert und Schwachpunkte seiner Argumentation aufgezeigt. Sie weist zudem darauf hin, dass sich diese Mängel auch in anderen Publikationen finden lassen, die sich auf von Oertzen beziehen. Die von Dieter Baudis vorgelegte Untersuchung steht ebenfalls in klarem Widerspruch zu von Oertzens Analyse. (Vgl. Baudis, Geschichte, S. 294-364; Manfred Dörnemann, Die Politik des Verbandes der Bergarbeiter Deutschlands von der Novemberrevolution 1918 bis zum Osterputsch 1921 unter besonderer Berücksichtigung der Verhältnisse im rheinisch-westfälischen Industriegebiet. Ein Beitrag zur gewerkschaftlichen Auseinandersetzung mit den linksradikalen Strömungen nach dem Sturz des Kaiserreichs, Diss. Würzburg 1965, S. 89-97; Illustrierte Geschichte, S. 371-377; Müller, Bürgerkrieg, S. 142-148; Neunerkommission (Hrsg.), Sozialisierung, S. 13-18; von Oertzen, Betriebsräte, S. 133-152; von Oertzen, Betriebsräte- und Sozialisierungsbewegung, passim; Weber, Sozialpartnerschaft, S. 219-222; Heinrich August Winkler, Von der Revolution zur Stabilisierung. Arbeiter und Arbeiterbewegung in der Weimarer Republik 1918 bis 1924, Berlin / Bonn [2]1985, S. 175-178).

396 Vgl. Illustrierte Geschichte, S. 320; Neunerkommission (Hrsg.), Sozialisierung, S. 12f., 33f.; von Oertzen, Betriebsräte, S 114f.; Tampke, Ruhr, S. 125ff.; Tampke, Sozialisierungsbewegung, S. 238.

397 Von Oertzen, Betriebsräte, S. 115

ihrer Selbständigkeit und die Ausschaltung der verhassten Betriebshierarchie eine große Anziehungskraft besitzen.[398] Auf einer Reihe von Zechen kam es daher unter direkter Bezugnahme auf das Essener Sozialisierungsmodell zur Absetzung von Vorgesetzten durch die Bergleute.[399] Das war allerdings keineswegs das, was die Parteifunktionäre intendiert hatten. Die Kommission wandte sich entschieden gegen diese revolutionäre Ungeduld. Die Räte sollten zwar gewählt werden, aber erst nach Anerkennung durch die Regierung in Aktion treten:

> „Bis zu deren Bestätigung seitens der Reichsregierung ist von voreiligen Handlungen Abstand zu nehmen und wird vor Übergriffen gewarnt. Insbesondere wird darauf hingewiesen, daß die eigenmächtige Absetzung der Betriebsleitung eine Ueberschreitung dieser Befugnisse ist und als den Interessen der Allgemeinheit zuwiderlaufend von der Neuner-Kommission mißbilligt werden.“[400]

Neben der Unbestimmtheit, die den Bergleuten zunächst viele Interpretationsmöglichkeiten ließ, trug zur Attraktivität des Programms sicherlich auch bei, dass es als gemeinsame Initiative der drei Arbeiterparteien präsentiert wurde. Hier schien sich eine Alternative zum von vielen Arbeiter*innen gefürchteten „Bruderkampf“, der andernorts bereits bewaffnet ausgetragen wurde, zu bieten. Obwohl die Idee wohl ursprünglich von Essener KPD-Mitgliedern ersonnen worden war, um einen grundlegenden gesellschaftlichen Wandel einzuleiten, wurde das Programm offiziell auch von Kräften gestützt, die einen solchen Umbruch in keinem Fall hinnehmen wollten.[401] Sie erkannten in der öffentlichen Befürwortung der Initiative offensichtlich die einzige Möglichkeit die Streiks abzuwürgen, ohne den Bergleuten materielle Zuge-

---

398 Dieser Aspekt ist primär von Franz-Josef Brüggemeier thematisiert worden. Er schreibt, entscheidend für die „Bergleute waren ihre spezifischen Erfahrungen, die Solidarstrukturen im informellen Bereich, die ihnen eingeräumte Selbständigkeit und die daraus erwachsene Unabhängigkeit und Handlungsfähigkeit. Diese gaben den Forderungen der Sozialisierungsbewegung eine unmittelbar umsetzbare Bedeutung; sie sprachen Erfahrungen an, die im Alltag angelegt waren und die im Sozialisierungskonzept eine Umsetzung erfuhren, die wie selbstverständlich an ihren Lebenszusammenhang anknüpfte. [...] Die Sozialisierung war für sie nicht bloße Utopie oder eine abstrakte Konstruktion, sie war auch die Summe ihrer Erfahrungen; sie [...] bedeutete eine Aufnahme von Elementen und Strukturen, die im Alltag angelegt waren, sie war eine Fortsetzung ihres Alltages.“ (Brüggemeier, Leben, S. 251). Siehe auch von Oertzen, Betriebsräte, S. 127ff.

399 Vgl. Tampke, Ruhr, S. 126.

400 Freiheit 23.1.1919.

401 Vgl. Illustrierte Geschichte, S. 316ff.; Müller, Bürgerkrieg, S. 130; Lucas, Ursachen, S. 102f.; Tampke, Ruhr, S. 127.

ständnisse zu machen. Die Reichsregierung zeigte zwar von Anfang an eine stärker ablehnende Haltung, setzte aber trotzdem auf eine Hinhaltetaktik indem sie Maßnahmen – wie z.B. die Ernennung der Sozialisierungskommissare – ergriff, die offiziell ebenfalls zur Sozialisierung führen sollten. Faktisch sorgte das Essener Sozialisierungsmodell zu einem Zeitpunkt für relative Ruhe im Rheinisch-Westfälischen Industriegebiet, zu dem die Regierung mit der gewaltsamen Befriedung anderer Gegenden beschäftigt war. Anfang Februar hatte sie dann genügend Kräfte zusammengezogen, um auch im Ruhrrevier militärisch zu intervenieren.[402] Es war für politisch informierte Personen nicht erst im Nachhinein erkennbar, dass eine wesentliche Schwäche des Programms darin bestand, dass es auf die Zustimmung einer Regierung setzte, bei der keine Bereitschaft zu derartigen Sozialisierungsmaßnahmen zu erwarten war. Ebenso konnten bereits Zeitgenoss*innen durchschauen, dass die Regierungsstrategie im Wesentlichen dem Zeitgewinn und der Vorbereitung für ein militärisches Eingreifen diente. Beide Punkte wurden z.B. in der Freiheit bereits am 17. Januar – und danach in zahlreichen weiteren Artikeln – klar benannt und kritisiert:

> „Damit erhält der Sozialisierungsplan, der in Essen ausgearbeitet worden ist, ein großes Loch. Die Regierung wird ‚durchgreifend' ihn zu Schanden zu machen suchen und die Sozialisierung mit allen ihr zu Gebote stehenden Machtmitteln zu verhindern suchen. In einzelnen Städten des Ruhrreviers sind bereits Truppen der Regierung Ebert-Scheidemann angekommen und was von diesen Truppen zu erwarten ist, hat der Zusammenstoß auf der Zeche ‚Helene' bei Essen, bei dem ein Arbeiter getötet und fünf verwundet wurden, aufs deutlichste bewiesen. [...] Das Entscheidende ist indessen die Feindschaft der Regierung Ebert-Scheidemann gegen die Sozialisierung".[403]

Umso erschreckender ist, wie vehement sich selbst linksradikale Parteifunktionäre gegen weitere Streiks positionierten und vor allem, wie deutlich sie ihre Bereitschaft erklärten, gegenüber Streikenden ggf. als Ordnungsmacht aufzutreten. Die Funktionäre gerierten sich, als befänden sich die Zechen bereits in

402 Vor allem von Lucas und Tampke ist das Modell daher scharf kritisiert worden: „The SPD government and the majority of the local party and union leadership thwarted all attempts over the next weeks to give the model some purpose. On the other hand whilst the discussion about the proposed socialisation of the coal industry was going on, an impression was given to the miners that something was being done. This kept them quiet at a time when further unrest could have greatly embarassed the government, hence justifying Lucas's claim that the Essen model was window dressing (*Verschleierung*)." (Tampke, Ruhr, S. 127). Siehe auch Lucas, Formen, S.184-189; Lucas, Ursachen, S. 102-105.

403 Freiheit, 17.1.1919.

ihrem Besitz. Das fand auch die bürgerliche Presse durchaus erstaunlich. In einer von Wolffs Telegraphischem Büro versandten Agenturmeldung wurde ein Beschluss der ersten Essener Konferenz folgendermaßen wiedergegeben:

> „In der neugeschaffenen Lage richtet sich jeder Streik nicht nur gegen den Kapitalismus, sondern gegen die Arbeiter selbst und bedeutet eine Gefährdung der Sozialisierung. Deshalb fordert sie die Arbeiterschaft auf, überall die Arbeit wieder aufzunehmen. Die A.- und S.-Räte sollen den arbeitswilligen Belegschaften, wenn nötig, Hilfe leisten. Wo gütliche Überredung versagt, soll jedes geeignet erscheinende Mittel angewendet werden, die Arbeiter vor Vergewaltigung zu schützen. Besonders bemerkenswert ist, daß auch dieser Beschluß einstimmig von Vertretern der Spartakusgruppe gefaßt wurde."[404]

Dabei handelte es sich keineswegs um einen einmaligen Ausrutscher, vielmehr behielten USP und KPD diese Linie bis zum Ende bei. Noch am 6. Februar trugen sie einen Konferenzbeschluss mit, in dem sie sich verpflichteten, die Arbeit der Neunerkommission dadurch zu unterstützen, „daß sie jeden [sic] Versuch, die Arbeiter oder Angestellten in den Streik zu treiben, nötigenfalls durch Festsetzung der Rädelsführer, entgegentreten"[405]. Lucas Einschätzung, dass die Essener Koalition „also im wesentlichen eine Negativkoalition [war], zusammengehalten durch den Willen zur Beendigung der Streikbewegung und zur dauernden Beruhigung der Bergarbeiter"[406], kann man daher durchaus zustimmen.

404 Freiheit 15.1.1919.

405 Neunerkommission, Sozialisierung, S. 34.

406 Lucas, Formen, S. 186.

## 6.9. Militärische Intervention, Generalstreik und Besetzung Hamborns

Am 12. Februar ließ der General Oscar von Watter mit Rückendeckung der Regierung den Generalsoldatenrat in Münster, der sich wiederholt gegen die Aufstellung von Freikorps positioniert hatte, durch ebensolche Kräfte verhaften. Die Aktion, die bereits seit dem 6. Februar vorbereitet worden war, beseitigte das letzte Hindernis, das einem militärischen Eingreifen im Ruhrgebiet noch im Wege stand.[407] Unmittelbar nach der Verhaftung des Soldatenrates rückten Freikorps von Norden her ins Ruhrgebiet ein. Zu den ersten Kämpfen kam es in der Bergbausiedlung Hervest-Dorsten. Als die dortigen Arbeiter*innen vom Herannahen des Freikorps Lichtschlag erfuhren, nahmen sie Kontakt mit Hamborn und Mülheim auf, von wo aus etwa 60-100 Bewaffnete als Unterstützung entsandt wurden. Der Artillerie des Freikorps hatten sie dennoch nur wenig entgegen zu setzen. Insgesamt hatten die Arbeiter*innen vierzig Todesopfer zu beklagen, viele von ihnen wurden erst nach der Einnahme des Ortes misshandelt und ermordet.[408]

Angesichts der Ereignisse in Dorsten beschlossen die Hamborner Bergleute am 15. Februar in zwei Belegschaftsversammlungen die Ausrufung des Generalstreiks. Noch am gleichen Tag, aber zeitlich danach, entschied eine eilig einberufene Konferenz in Mülheim, an der vor allem Arbeiter- und Soldatenräte des westlichen Ruhrgebiets teilnahmen und die von linken Kräften dominiert wurde, ebenfalls den Generalstreik zu proklamieren. Als am 18. Februar die nächste reguläre Essener Konferenz zusammentrat, kam es zum offenen Bruch. Die mehrheitssozialdemokratischen Delegierten versuchten eine Verurteilung des Mülheimer Streikbeschlusses zu erreichen. Nach Tumulten verließen sie das Treffen und zogen sich auch aus der Neunerkommission zurück. Zusammen mit den Gewerkschaften positionierte sich die SPD öffentlich gegen den Generalstreik und betrieb massive Gegenpropaganda.[409]

---

407 Vgl. Müller, Bürgerkrieg, S. 135f.; Ulrich Kluge, Der Generalsoldatenrat in Münster und das Problem der bewaffneten Macht im rheinisch-westfälischen Industriegebiet, S. 369-376. In: Reinhard Rürup (Hrsg.), Arbeiter- und Soldatenräte im rheinisch-westfälischen Industriegebiet. Studien zur Geschichte der Revolution 1918/19, Wuppertal 1975, S. 315-392; Ulrich Kluge, Essener Sozialisierungsbewegung und Volkswehrbewegung im rheinisch-westfälischen Industriegebiet 1918/19, S. 62ff. In: IWK, H. 16 (1972), S. 55-65; Spethmann, Jahre, S. 200f.; Tampke, Ruhr, S. 128; Tampke, Sozialisierungsbewegung, S. 238.

408 Vgl. Brüggemeier, Leben, S. 247; Illustrierte Geschichte, S. 321; Spethmann, S. 195-204; Tampke, Ruhr, S. 130; Tampke, Sozialisierungsbewegung, S. 239; Verfassungsgebende Preußische Landesversammlung: Bericht, S. 51-56, S. 127, S.136.

409 Vgl. Arbeiter- und Soldatenrat für die Stadt- und Landkreise Dortmund und Hörde, „Arbeiter! Genossen! Was geht vor?“, Flugblatt vom Februar 1919. Dokumentiert

Ihre Aktivitäten blieben allerdings nicht darauf beschränkt. In zahlreichen Orten setzte sie die Volkswehr gegen Streikende ein und verursachte blutige Zusammenstöße.[410] Dies führte auch in Gegenden, in denen sie vorher über große Unterstützung und Einfluss verfügte, zu einer zunehmenden Entfremdung zwischen der Partei und den Arbeiter*innen:

> „All these incidents resulted in fatalities and because of their severity in crushing the strike the Majority Socialists were becoming unpopular in the central and eastern Ruhr. The rigidity of the leaders' law and order stand and the readiness of the guards to fire on demonstrations disillusioned the miners."[411]

Die durch dieses massive Einschreiten hervorgerufene Empörung bewirkte in vielen Fällen eine zusätzliche Ausweitung der Bewegung. Trotz der beschriebenen Eindämmungsbemühungen erreichten die Streiks ein beträchtliches Ausmaß, dies galt natürlich insbesondere für die Gebiete, in denen SPD und Gewerkschaften ohnehin über keine Autorität verfügten. Am 20. Februar beteiligten sich bereits 180000 Bergleute, das war mehr als die Hälfte der Gesamtbelegschaft des Ruhrgebiets. In Hamborn, wie auch in einigen anderen Orten, blieb die Arbeitsniederlegung nicht auf die Bergleute beschränkt, hier trat die Arbeiter*innenschaft schon am Montag, dem 17. Februar, in Gänze in den Ausstand. Die Volkswehr wurde in Hamborn dafür eingesetzt, darauf zu achten, dass tatsächlich nirgendwo in der Stadt gearbeitet wurde.[412] Dabei scheint es allerdings nur in sehr geringem Umfang notwendig gewesen zu sein, Betriebe tatsächlich gegen den Willen der dort Beschäftigten stillzulegen. Selbst das Ministerium des Innern wusste lediglich von Einzelfällen zu berichten: „Auf einzelnen Betrieben wurde seitens der Spartakisten die Arbeitseinstellung durch Bewaffnete erzwungen."[413]

---

in Spethmann, Jahre, S. 216; Brüggemeier, Leben, S. 247; Die mehrheitssozialistischen Delegierten der Essener Konferenz vom 18. Februar, „Bergleute des Ruhrgebiets! Auf zum Kampf für Ruhe und Ordnung!", Flugblatt vom 18. Februar 1919. Dokumentiert in Spethmann, Jahre, S. 382f.; Freiheit 13.3.1919; Illustrierte Geschichte, S. 321ff.; Mommsen, Bergarbeiterbewegung, S. 293; Müller, Bürgerkrieg, S. 136f.; von Oertzen, Betriebsräte, S. 115f.; Spethmann, Jahre, S. 204-218; Tampke, Ruhr, S. 129ff.; Tampke, Sozialisierungsbewegung, S. 239ff.; Verfassungsgebende Preußische Landesversammlung, Bericht, S. 75-81.

410 Vgl. Brüggemeier, Leben, S. 247f.; Illustrierte Geschichte, S. 323ff.; Tampke, Sozialisierungsbewegung, S. 240ff.

411 Tampke, Ruhr, S. 134.

412 Vgl. Brüggemeier, Leben, S. 247f.; von Oertzen, Betriebsräte, S. 115f.; Spethmann, Jahre, S. 219f., S. 241; Tampke, Ruhr, S. 132-138; Tampke, Sozialisierungsbewegung, S. 240f.; Verfassungsgebende Preußische Landesversammlung, Bericht, S. 127, S. 136.

413 Verfassungsgebende Preußische Landesversammlung, Bericht, S. 127.

Als der Streik sich am 20. Februar auf seinem Höhepunkt befand, kam es in Bottrop zu einem blutigen Gefecht zwischen konterrevolutionären Volkswehreinheiten und einem größeren Kontingent bewaffneter Arbeiter, die vor allem aus Hamborn, Mülheim und Düsseldorf stammten. Unter großen Verlusten gelang es den Streikenden, die Stadt einzunehmen und den Vormarsch der Freikorps am Ufer der Boye zu stoppen. Trotz dieses militärischen Erfolgs war vor allem die Führung der USP angesichts des Blutvergießens entsetzt. USP-Funktionäre aus Essen und Mülheim nahmen daher mit dem Generalkommando Waffenstillstandsverhandlungen auf. Dann kontaktierten sie eine zu diesem Zeitpunkt in Essen tagende Konferenz der Arbeiter- und Soldatenräte und erreichten, allerdings erst nach heftigen Debatten, dass diese das ausgehandelte Abkommen annahm. Insbesondere die Hamborner Delegierten standen der Vereinbarung kritisch gegenüber. Der Vertrag sah vor, dass die Truppen der Streikenden sich in ihre Heimatorte zurückziehen sollten. Ihre Geschütze mussten den Regierungstruppen übergeben werden. Darüber hinaus sollten im gesamten Ruhrgebiet die Arbeiter ihre Waffen abgeben. Zudem wurde der sofortige Abbruch des Generalstreiks vereinbart. Im Gegenzug sagten die Regierungstruppen zu, nicht ins Ruhrgebiet einzumarschieren. Es war zwar eine kurze Besetzung Bottrops vorgesehen, das Generalkommando verpflichtete sich aber, die Truppen bis zum 25. Februar bis zur Lippe zurück zu ziehen.[414]

Nachdem die Besetzung Bottrops durch die Regierungstruppen tatsächlich erfolgt war, zeigte das Generalkommando allerdings keinerlei Anstalten, sich gemäß des Abkommens in die vereinbarten Stellungen an der Lippe zu begeben. Unter dem Vorwand, dass die Gegenseite vertragsbrüchig geworden sei, begannen die Freikorps stattdessen mit dem Einmarsch in das Ruhrgebiet.[415] Als eine kleinere Abteilung Sterkrade besetzte, den linken Arbeiter- und Soldatenrat verhaftete, sowie ein zuvor gefangen genommenes KPD-Mitglied ermordete, rückte die Hamborner Volkswehr aus und nahm Teile des Ortes ein. Auch in diesem Fall intervenierte allerdings die Essener USP-Führung und erwirkte den Rückzug der Hamborner.[416] In der Nacht vom 26. zum

---

414 Vgl. Illustrierte Geschichte, S. 324ff.; Müller, Bürgerkrieg, S. 138ff.; Protokolle der Waffenstillstandsverhandlungen vom 21-27.2.1919. Dokumentiert in Werner Abelshauser / Ralf Himmelmann (Hrsg.), Revolution in Rheinland und Westfalen. Quellen zu Wirtschaft, Gesellschaft und Politik 1918-1923, Essen 1988, S. 61-84; Spethmann, S. 221f., S. 242-245; Tampke, Ruhr, S. 134-37; Tampke, Sozialisierungsbewegung, S. 241ff.; Verfassungsgebende Preußische Landesversammlung, Bericht, S. 56-68, S. 167.

415 Vgl. Illustrierte Geschichte, S. 324-327; Müller, Bürgerkrieg, S. 140; Tampke, Ruhr, S. 137f.; Tampke, Sozialisierungsbewegung, S. 242f.

416 Vgl. Tampke, Ruhr, S. 137; Verfassungsgebende Preußische Landesversammlung, Bericht, S. 127.

27. Februar wurde Hamborn selbst von den Regierungstruppen angegriffen. Unterstützt wurden diese Einheiten von einer „Bürgerwehr", die unter maßgeblicher Mitwirkung zweier Sozialdemokraten, die anfangs Mitglieder im Arbeiterrat gewesen waren, heimlich aufgebaut worden war. Der Hamborner Arbeiterrat hatte schon am Vorabend von der geplanten Militäraktion erfahren und daraufhin beschlossen, keinen Widerstand zu leisten.[417] Ein Mitglied des Rates berichtete später, dass für den Beschluss die Einschätzung entscheidend war, dass ein isoliertes Vorgehen erfolglos bleiben musste. Wenig Zweifel scheinen hingegen in Hinblick auf die Bereitschaft der Hamborner Arbeiter*innen zur bewaffneten Verteidigung bestanden zu haben:

> „Hätten wir das Proletariat alarmiert, so wäre es möglich gewesen, uns eine Nacht zu halten, aber dann hätte die Regierung Verstärkungen herangezogen, und so wäre ein Halten für die Hamborner Arbeiter nicht möglich gewesen. Aussicht auf eine erfolgreiche Verteidigung konnten wir beim besten Willen nicht sehen, da uns ja auch von keiner Seite Hilfe zur Seite stand. Oberhausen war erledigt, Mülheim, Düsseldorf zeigten ein eigenartiges Bild, welches wenig vertrauenerweckend für uns war. Wir sahen ein, daß wir im Augenblick allein auf weiter Flur standen."[418]

Da sie eine gezielte Ermordung durch die Freikorps befürchteten, verließen einige der Ratsmitglieder bereits vor dem Angriff die Stadt. Zumindest ein Teil der Zechenbelegschaften der Hamborner Gegend sowie der Volkswehr war allerdings trotz der schwierigen Lage nicht bereit, den Ort kampflos besetzen zu lassen. Bergleute der Zechen Deutscher Kaiser, Neumühl, Rhein I, Sterkrade und „Hugo" schlossen sich zusammen und leisteten bewaffneten Widerstand gegen den Einmarsch der Freikorps. Dennoch dauerte der Kampf nur kurz und wurde schnell durch die Artillerie der Regierungstruppen entschieden. Zahlreiche Personen wurden als spartakistische Anführer festgenommen, etwa neunzig Inhaftierte schon am ersten Tag nach Münster abtransportiert. Der neue Stadtkommandant verhängte sofort nach der Besetzung den Belagerungszustand über Hamborn, am 1. März wurde dieser noch verschärft. Versammlungen waren damit verboten. An die Stelle des Arbeiterrates trat ein „Vollzugsrat", der sich aus zehn Sozialdemokraten und

---

417 Vgl. Freiheit 13.3.1919; Lucas / Del Tedesco, Bergarbeiterbewegung, S. 154f.; Spethmann, Jahre, S. 248f.; Tampke, Ruhr, S. 138.

418 Freiheit 28.2.1919, 13.3.1919. Offenbar hatte man sich in Hamborn schon recht frühzeitig auf die Verteidigung der Stadt vorbereitet. Darauf weist eine Meldung in der Freiheit vom 7.2.1919 hin: „**Die Alarmierung der Arbeiterschaft** ist folgendermaßen geregelt: drei lange Sirenentöne bedeuten Alarmierung der Bürgerwehr und sechs lange Töne die Alarmierung des gesamten Proletariats."

acht Nichtsozialisten zusammensetzte. Die Bürgerwehr wurde nun in einer Stärke von 600 Mann offiziell anerkannt.[419]

Die Direktion der GDK reagierte auf die veränderten Machtverhältnisse, indem sie versuchte, die im Rahmen der Konferenz vom 28. Dezember vereinbarte, längere Schichtzeit nun tatsächlich durchzusetzen. Bereits einen Tag nach dem Einmarsch ließ sie durch entsprechende Anschläge an den Schächten die neue Arbeitszeit verkünden. Damit hatte sie die Lage allerdings falsch eingeschätzt. Die Belegschaft der GDK trat nahezu vollständig in den Streik. Der Vollzugsrat erreichte bei der Direktion zwar die Rücknahme der Anordnung, damit ließ sich die Situation aber nicht beruhigen. Die Bergleute streikten weiter und forderten u.a. die Freilassung der Gefangenen, Bewegungsfreiheit für die geflohenen Arbeiterführer, den Abzug der Regierungstruppen, die Auflösung der Bürgerwehr und den Rücktritt des Vollzugsrats.[420] Am 7. März kam es zu einem ersten Zwischenfall. Bei einer Auseinandersetzung mit Streikenden griff ein in Bedrängnis geratenes Mitglied der Bürgerwehr zur Waffe und erschoss eine Bergmannsfrau. Zwei Tage später griff die Bürgerwehr eine Demonstration streikender Arbeiter*innen an, setzte Schusswaffen gegen die Menge ein und tötete dabei zwei Kinder, die die Kundgebung beobachtet hatten. Am 10. und 11. März kam es nach zweiwöchigem Streik schließlich zu Verhandlungen, an denen Belegschaftsvertreter beider Hamborner Zechen sowie Delegierte der KPD und der FVdG, Abgesandte der Stadtverwaltung sowie der Vollzugsrat teilnahmen. Die erzielte Vereinbarung beinhaltete erhebliche Zugeständnisse an die Streikenden: Der Vollzugsrat sollte aufgelöst und durch einen neugewählten Arbeiterrat ersetzt werden. Bis zur Neuwahl wurde der Vollzugsrat durch je zwei Vertreter der KPD und der Freien Vereinigung sowie durch einen Delegierten der USP ergänzt. Die Bürgerwehr musste sofort erheblich verkleinert und innerhalb eines kurzen Zeitraums vollständig aufgelöst werden. An ihre Stelle trat eine 150-köpfige Hilfspolizei, die zur einen Hälfte aus SPD und Nichtsozialisten, zur anderen aus Mitgliedern von KPD, USP und FVdG gebildet werden sollte. Das Abkommen sah weiterhin eine sofortige Vernehmung der Gefangenen und ihre Freilassung vor, sofern ihnen keine strafbaren Handlungen nachgewiesen werden konnten. Den geflüchteten

419 Freiheit 28.2.1919, 13.3.1919; Lucas / Del Tedesco, Bergarbeiterbewegung, S. 154f.; Spethmann, Jahre, S. 248f.; Tampke, Ruhr, S. 138f.; Verfassungsgebende Preußische Landesversammlung, Bericht, S. 127, S. 136.

420 Vgl. Freiheit 28.2.1919, 3.3.1919; 5.3.1919; Henze, Sechsstundenschicht, S. 65; Lucas / Del Tedesco, Bergarbeiterbewegung, S. 155f.; Spethmann, Jahre, S. 249; Tampke, Ruhr, S. 139; Verfassungsgebende Preußische Landesversammlung, Bericht, S. 136f.

Arbeiterführern wurde die Möglichkeit eröffnet nach Hamborn zurückzukehren. Nach der Wiederherstellung von Ruhe und Ordnung sollten auch die Truppen die Stadt wieder verlassen. Angesichts dieses Ergebnisses nahmen die Bergleute am nächsten Tag die Arbeit wieder auf. Tatsächlich zogen auch die Truppen am 13. März wieder ab. Die vereinbarte Neuwahl des Arbeiterrats fand am 2. April statt. Eine gemeinsame Liste der linksradikalen Organisationen erreichte eine ungefährdete absolute Mehrheit.[421]

Der Einmarsch der Freikorps ins Ruhrgebiet erzwang auf Seiten der revolutionären Kräfte eine schnelle Reaktion. Die Mülheimer Konferenz ist gerade auch vor diesem Hintergrund zu bewerten. Dennoch ist festzuhalten, dass der Generalstreikbeschluss im Wesentlichen von Parteifunktionären getroffen und die Basis nur wenig einbezogen wurde. Die Hamborner Bergleute waren allerdings bereits zuvor eigenständig in Aktion getreten. Der in anderen Orten ebenfalls rasch einsetzende Streik zeigte, dass auch dort ein Großteil der Bergleute bereit war, die Sozialisierung zu verteidigen und den Rückzug der Freikorps durchzusetzen. Wenn von Oertzen in diesem Kontext vom „Vorprellen der ultraradikalen Kräfte“[422] schreibt und sich bemüht, den Streik kleinzureden, dann ist dies wenig überzeugend. Wir müssen uns vor Augen führen, dass am 20. Februar – trotz der massiven Obstruktionsversuche der SPD – die Zahl der Streikenden bereits dreimal so hoch war wie Anfang Januar, als der Essener Arbeiter- und Soldatenrat die Sozialisierungsinitiative ins Leben gerufen hatte. Gerade angesichts dieser Lage ist das auf Betreiben der USP-Führung zu Stande gekommene Waffenstillstandsabkommen kritisch zu sehen. Auch in dieser Situation entschieden die Delegierten der Arbeiter- und Soldatenräte ohne Rücksprache mit den Belegschaften zu halten. Schwer zu bewerten ist, ob die Arbeiter*innen eine Chance gehabt hätten, sich militärisch gegen die Freikorps durchzusetzen. Ulrich Kluge meldet hier deutliche Zweifel an: „Die Bewaffnung der Freikorps war so gut, daß sie sich mit jedem innerdeutschen Gegner zum Kampf stellen konnten, ohne dabei das geringste Risiko einzugehen.“[423] Bei Richard Müller, der eine Fortführung der bewaffneten Auseinandersetzungen durchaus nicht befürwortete, findet sich eine andere Einschätzung: „Tatsächlich war die militärische Lage der Aufständigen günstig.“[424] Immerhin war es gelungen, den Vormarsch der Freikorps in Bottrop vorerst zu stoppen. Sicher scheint zudem, dass die revolutionären

421 Vgl. Freiheit 12.3.1919, 14.3.1919; Illustrierte Geschichte, S. 328; Henze, Sechsstundenschicht, S. 66; Lucas / Del Tedesco, Bergarbeiterbewegung, S. 156f.; Spethmann, Jahre, S. 149f.; Tampke, Ruhr, S. 139f.

422 Von Oertzen, Betriebsräte, S. 115. Siehe auch von Oertzen, Betriebsräte, S. 116.

423 Kluge, Sozialisierungsbewegung, S. 63.

424 Müller, Bürgerkrieg, S. 138.

Arbeiter*innen im Ruhrgebiet über eine erhebliche Anzahl an Schusswaffen verfügten. In den Waffenstillstandsverhandlungen wurden von beiden Seiten Schätzungen abgegeben, die von mehreren hunderttausend bis zu zwei Millionen Gewehren reichten.[425] Mit der eingeleiteten Entwaffnung der Arbeiter*innenschaft, insbesondere mit der Übergabe der Geschütze, wurde jedoch die Option, bewaffneten Widerstand zu leisten, weitgehend hinfällig – und das nicht nur für den Moment, sondern dauerhaft.[426] Die Funktionärsebene traf damit im Alleingang eine sehr weitreichende Entscheidung. Wir können nur spekulieren, ob die Arbeiter*innen des Ruhrgebiets eine Fortführung der bewaffneten Auseinandersetzungen unterstützt hätten, wenn sich die linken Parteien anders positioniert hätten. Zumindest in Hamborn scheint in der Arbeiter*innenschaft die Bereitschaft zum Kampf gegen die Freikorps grundsätzlich vorhanden gewesen zu sein. Hier fanden sich sogar dann noch Gruppen zu bewaffneten Aktionen zusammen, als der Arbeiterrat die Lage bereits als aussichtslos einschätzte und sich gegen die Verteidigung der Stadt aussprach. Bezogen auf das ganze Industriegebiet sah Müller hingegen keine Grundlage für die Fortführung der Kämpfe: „Auch in Rheinland und Westfalen war in der Arbeiterschaft keine Stimmung für den bewaffneten Kampf vorhanden. Abgesehen von einigen Tausenden zu jeden [sic] Kampf bereiten Männern, schreckte die große Masse vor dem ‚Bruderkampf' zurück."[427] Inwiefern diese Einschätzung zutreffend war, können wir hier letztlich nicht klären. Festhalten lässt sich, dass der Beschluss zur Einstellung der Kämpfe auf fragwürdige Weise zu Stande kam, auch wenn man ihn inhaltlich durchaus

---

425 Vgl. Protokolle der Waffenstillstandsverhandlungen [wie Anm. 414], hier S. 72f.

426 Ohne die Geschütze blieb den Arbeiter*innen nur noch die Möglichkeit, einen Guerillakrieg zu führen. Zu diesem waren die Bergleute aufgrund der Belegschaftsstruktur zwar prädestiniert – schließlich agierten sie unter Tage ständig in eigenständigen Kleingruppen. Dennoch waren die Bedingungen dafür, selbst wenn die Arbeiter*innen über die entsprechenden taktischen Kenntnisse verfügt hätten, zumindest in Städten wie Hamborn denkbar ungünstig: Die einförmige Bebauung verschaffte Ortskundigen keine nennenswerten Vorteile, schnelle Absetzbewegungen nach einem Angriff waren hier kaum effektiv durchzuführen. Zudem hatten die Freikorps bereits bei früheren Gelegenheiten bewiesen, dass sie bereit waren, auch im städtischen Umfeld schwerste Waffen wie Minenwerfer und Artillerie einzusetzen. In Orten bzw. Stadtvierteln, die fast nur von Arbeiter*innen bewohnt wurden, war erst recht davon auszugehen, dass die Regierungstruppen keine Hemmungen haben würden, diese Mittel massiv anzuwenden. Bewaffnete Auseinandersetzungen im Stadtgebiet hätten daher auch bei nicht direkt an den Kämpfen beteiligten Arbeiter*innen und Familien zu zahlreichen Opfern geführt. (Siehe zum Vorgehen der Regierungstruppen Müller, Bürgerkrieg, S. 60-69, S.120f.; Roth, Arbeiterbewegung, S. 70).

427 Müller, Bürgerkrieg, S. 139.

für nachvollziehbar halten mag.[428] Kaum verständlich ist hingegen, dass man sich zusätzlich auf einen sofortigen Abbruch des Generalstreiks einließ, *bevor* die Regierungstruppen sich zurückgezogen hatten.[429] Es ist bezeichnend, dass gerade die Hamborner Delegierten, die erst kurz zuvor die Erfahrung gemacht hatten, dass Vereinbarungen nicht zwangsläufig eingehalten wurden, das ausgehandelte Waffenstillstandsabkommen in Frage stellten.

In Hamborn selbst sind nicht primär die bewaffneten Auseinandersetzungen von Interesse. In Bezug auf diese ist lediglich hervorzuheben, dass Beschäftigte mehrerer Zechen in dieser Situation unmittelbar gemeinsam agierten. Wir können dies als Indiz dafür interpretieren, dass es im Zuge der Bewegung zu einer Verfestigung der Kontakte zwischen den einzelnen Belegschaften kam. Besondere Beachtung verdienen hingegen die Ereignisse, die sich in Hamborn nach der Besetzung der Stadt ereigneten. Die Regierungstruppen versuchten durch massive Verhaftungen die Bewegung zu enthaupten und die politische Führung auszuschalten. Tatsächlich kann man kaum bestreiten, dass ihnen das gelang: Alle, die zuvor im Arbeiterrat und für die Freie Vereinigung als Führungspersönlichkeiten in Erscheinung getreten waren, verließen rechtzeitig die Stadt oder wurden festgenommen. Auf die Handlungsfähigkeit der Bergleute hatte das allerdings nicht den geringsten Einfluss. Wir finden hier einen der deutlichsten Belege für die Leistungsfähigkeit und die Bedeutung der informellen Strukturen. Die sozialen Beziehungen und das Kommunikationsnetz der Bergleute waren so stabil und engmaschig, dass sie selbst in dieser Situation extremen äußeren Drucks standhielten. Sie waren nicht abhängig von einzelnen Personen und sogar die Inhaftierung größerer Gruppen konnte hier nichts ausrichten. Auch das Versammlungsverbot lief ins Leere – die Bergleute waren nicht auf öffentliche Treffen angewiesen, um sich auf ein gemeinsames Handeln zu verständigen. Die durch ihre eigenständige Arbeitsweise trainierten Fähigkeiten zu selbständiger Planung, ihre oft über viele Jahre in Gedingekonflikten erworbenen Erfahrungen mit

428 Das Entsetzen der USP-Führer über das Blutvergießen im Rahmen der Kämpfe ist völlig verständlich. Berücksichtigt man die zahlreichen Toten, die konterrevolutionäre Truppen u.a. bei Angriffen auf Demonstrationen und Versammlungen verursachten, so muss man allerdings auch feststellen, dass es für die Arbeiter*innen kaum weniger risikoreich war, diesen Einheiten unbewaffnet gegenüberzutreten. Es ist zudem fraglich, ob es überhaupt eine Möglichkeit gab, sich gegen einen so gewaltsam agierenden Gegner mit friedlichen Mitteln durchzusetzen.

429 Bei Richard Müller findet sich die Einschätzung, „daß der erste Generalstreik ohne Grund zu früh abgebrochen worden war. Die Bergarbeiter waren Ende Februar noch nicht abgekämpft oder auch nur kampfmüde, und wenn sie auch nicht für einen bewaffneten Kampf gegen die Freikorps zu haben waren, so hätten sie doch den Generalstreik fortgesetzt.“ (Müller, Bürgerkrieg, S. 141).

Entscheidungsfindungsprozessen, ihr tagtäglicher Austausch über Kameradschaftsgrenzen hinweg, die Diskussionen bei der Ein- und Ausfahrt, wenn die ganze Schachtbelegschaft zusammenkam – all das ermöglichte es ihnen, auch ohne Führung Beschlüsse zu fassen, Forderungen aufzustellen und in Aktion zu treten. Die Bergleute organisierten so einen umfassenden Ausstand. Darüber hinaus hatten sie offensichtlich keine Probleme, eine kompetente Verhandlungsdelegation zusammenzustellen. Es ist anzunehmen, dass hier die umfangreichen Erfahrungen in Bezug auf die Interessenvertretung einer Gruppe, über die zahlreiche Ortsälteste aufgrund der ständigen Auseinandersetzungen um die Gedingehöhe verfügten, eine nicht unwesentliche Rolle spielten. Abschließend sei noch darauf aufmerksam gemacht, dass uns der blutige Zwischenfall vom 7. März einen klaren Hinweis darauf liefert, dass sich die Frauen der Bergleute auch an den unmittelbaren Arbeitskampfaktionen beteiligten.

## 6.10. Die Durchsetzung der Sechs-Stunden-Schicht

Unmittelbar nach der militärischen Besetzung des Ruhrgebiets legte die Regierung der Nationalversammlung zwei Sozialisierungsgesetze vor, die noch im März verabschiedet wurden. Während im Ersten der Gesetze das generelle Recht des Staates, geeignete Unternehmen zu verstaatlichen, festgehalten wurde, befasste sich das Zweite speziell mit dem Steinkohlenbergbau. Es wurde ein nationaler Kohlenrat eingerichtet, dem allerdings nur eine beratende Funktion zukam. Weder eine Änderung der Eigentumsverhältnisse noch der betrieblichen Strukturen war vorgesehen. Die Regierung verkündete die Gesetze in Zeitungsanzeigen und auf Flugblättern unter dem Titel „Die Sozialisierung ist da!“ und versuchte so einen propagandistischen Erfolg zu erzielen. Auf die Arbeiter*innenschaft des Ruhrgebiets machte die großangelegte Werbeaktion allerdings nur wenig Eindruck.[430]

In der ersten Märzhälfte kamen verstärkt Forderungen nach einer weiteren Reduzierung der Arbeitszeit auf. In Hamborn wurde bereits am 8. März – also noch während des Streiks gegen die militärische Besetzung – auf mehreren Belegschaftsversammlungen der GDK die Einführung der Sechs-Stunden-Schicht verlangt. Kaum hatten sie ihren Streik siegreich beendet und den Abzug der Truppen erzwungen, machten sich die Bergleute daran, ihre Forderung in die Tat umzusetzen. Am 16. März beschlossen Belegschaftsversammlungen, ab dem nächsten Tag nur noch sechsstündige Schichten

---

430 Vgl. Das Reichsministerium, „Die Sozialisierung ist da!“, Flugblatt vom 3. März 1919. Dokumentiert in Abelshauser / Himmelmann (Hrsg.), Revolution, S. 150; Hartewig, Jahrzehnt, S. 250f.; Tampke, Ruhr, S. 151; Tampke, Sozialisierungsbewegung, S. 245.

zu verfahren.[431] Gleichzeitig verlangten die Versammlungen von Allen den Beitritt zur FVdG. In einer öffentlichen Bekanntmachung setzten die in der Freien Vereinigung organisierten Belegschaftsmitglieder dreier Hamborner Schächte den noch nicht Beigetretenen eine Frist bis zum 3. April: „Wer bis dahin der freien Vereinigung nicht angehört, muss die Arbeitsstätte verlassen."[432] Wie Bock angemerkt hat, war die FVdG vor allem als Alternative zu den alten Verbänden wichtig, so dass „das Etikett ‚Freie Vereinigung' den aktivistischen Kräften zum revolutionären Gütezeichen"[433] wurde. Die bereits zitierte Bekanntmachung deutet ebenfalls darauf hin, dass sich der Beschluss primär gegen die alten Gewerkschaften richtete. Der Übertritt zur FVdG war vornehmlich ein Symbol dafür, dass man mit den etablierten Gewerkschaften gebrochen hatte: „Die Belegschaftsmitglieder [...], die auf dem Boden der Organisation stehen, wollen sich beim Zechenrat bis zum 1.April melden, betreffs Feststellung derjanigen [sic], die noch auf dem Boden der alten Organisation stehen."[434] Es ging darum, die Fronten zu klären und auszuschließen, dass Bindungen an die etablierten Gewerkschaften zu Behinderungen der kollektiven Aktionen führten: „Ein Beitrittszwang zur ‚Freien Vereinigung' sollte verhindern, daß Mitglieder des Alten Verbandes sich der direkten Einführung der Sechsstundenschicht widersetzten."[435]

Tatsächlich „wurde die Sechsstundenschicht am 17.3. in einer sehr geschlossenen Aktion eingeführt."[436] Doch nicht nur auf der GDK wurde die Sechs-Stunden-Schicht erzwungen. Am 16. März fanden auf benachbarten Schachtanlagen ebenfalls Belegschaftsversammlungen statt, so dass zeitgleich mit Deutscher Kaiser auch die Bergleute auf Neumühl und einigen Zechen im Hamborner Umland in Aktion traten.[437] Die Gleichzeitigkeit der Belegschaftsversammlungen ist ein deutliches Indiz dafür, dass die Bergleute der verschiedenen Zechen bereits im Vorfeld miteinander kommunizierten. Die durch gemeinsam durchgeführte Streik- und Kampfaktionen verfestigten Kontakte zwischen den Belegschaften erlaubten es nun zunehmend

431 Vgl. Brüggemeier, Leben, S. 248; Hartewig, Jahrzehnt, S. 251; Henze, Sechsstundenschicht, S. 68f.; Illustrierte Geschichte, S. 327; von Oertzen, Betriebsräte, S. 117; Spethmann, Jahre, S. 249, S. 258; Tampke, Ruhr, S. 150, S. 190; Tampke, Sozialisierungsbewegung, S. 244.

432 StdA Dui 51/105 (Bekanntmachung der Bezirksleitung der freien Vereinigung).

433 Bock, Syndikalismus, S. 119.

434 StdA Dui 51/105 (Bekanntmachung der Bezirksleitung der freien Vereinigung).

435 Henze, Sechsstundenschicht, S. 69.

436 Henze, Sechsstundenschicht, S. 69.

437 Vgl. Freiheit 17.3.1919, 18.3.1919; Henze, Sechsstundenschicht, S. 68f.; Spethmann, Jahre, S. 258; Tampke, Ruhr, S. 150; Tampke, Sozialisierungsbewegung, S. 244.

koordiniert vorzugehen. Im Dezember hatte typischerweise zunächst eine Belegschaft allein die Arbeit niedergelegt, um dann erst im nächsten Schritt auf anderen Zechen ebenfalls Streiks zu initiieren. Nun gelangte man bereits in der Vorbereitung zu einem gemeinsamen Handeln, wenn auch noch in beschränktem Umfang.

Nach dem vom Hamborner Raum ausgehenden Vorstoß breitete sich die Bewegung schnell auf weitere Zechen aus. Teilweise kam es dabei sogar zu weitergehenden Arbeitszeitverkürzungen. So fuhren z.B. Bergleute, die bereits zuvor nur sechs Stunden gearbeitet hatten, da sie an Betriebspunkten mit besonders hohen Temperaturen beschäftigt waren, nun nach nur vier Stunden wieder aus. Am 27. März hatten die Bergleute die Sechs-Stunden-Schicht bereits auf 37 Schachtanlagen durchgesetzt. Auf den meisten anderen Zechen wurden ebenfalls von den Beschäftigten eigenmächtig festgesetzte Schichtzeiten zwischen sechs und siebeneinhalb Stunden verfahren.[438]

Gewerkschaften und Zechenverband bemühten sich die Bewegung mit Zugeständnissen abzufangen. Am 26. März einigten sie sich auf eine siebeneinhalbstündige Schichtzeit für die Untertagebelegschaften, die unter Beibehaltung des bisherigen Lohnniveaus verwirklicht werden sollte. Wie bei früheren, ähnlichen Versuchen kam aber auch diese Intervention zu spät und blieb hinter dem zurück, was die Bergleute bereits eigenständig auf vielen Zechen verwirklicht hatten. Sie hatte daher keine Auswirkungen.[439] Bezeichnend ist, dass die Unternehmen diese Konzessionen u.a. ausdrücklich damit begründeten, dass sie den Einfluss der Gewerkschaften, an dem sie gleichzeitig erhebliche Zweifel durchklingen ließen, sichern wollten. In einem Schreiben an den Arbeitsminister hielten sie fest, dass sie zugestimmt hätten,

> „um Schlimmeres zu verhüten und zu vermeiden, daß der Einfluß der Bergarbeiterverbände, den diese nach eigenen Angaben auch heute noch auf den allergrößten Teil der Bergarbeiterschaft im hiesigen Bezirk zu haben glauben, mehr und mehr schwindet und damit die Grundlage unserer Arbeitsgemeinschaft zusammenbricht“[440].

438 Vgl. Brüggemeier, Leben, S. 248; Hartewig, Jahrzehnt, S. 251; Illustrierte Geschichte, S. 328; Spethmann, Jahre, S. 258-263; Tampke, Ruhr, S. 150; Tampke, Sozialisierungsbewegung, S. 244.

439 Vgl. Brüggemeier, S. 248f.; Hartewig, Jahrzehnt, S. 252; Illustrierte Geschichte, S. 327f.; Tampke, Sozialisierungsbewegung, S. 245.

440 Schreiben des Zechenverbandes vom 27. März 1919. Zitiert nach Brüggemeier, Leben, S. 248f.

## 6.11. Der zweite Generalstreik

Während ausgehend vom Westen des Reviers die kürzere Schichtzeit auf immer mehr Zechen durchgesetzt wurde, entwickelte sich rund um Witten ein zweiter Unruheherd. Die Polizei schoss dort am 25. März auf eine Demonstration von Arbeiter*innen und tötete elf Menschen. Kurze Zeit später kam es in Castrop zu einem ähnlichen Vorfall mit acht Todesopfern. Aus Protest traten im östlichen Ruhrgebiet zahlreiche Belegschaften in den Streik. Am 30. März befanden sich aufgrund dieser Ereignisse 37000 Bergleute im Ausstand. Die Streikenden stellten Forderungen auf, die u.a. die Entwaffnung der Polizei, die sofortige Auflösung der Freikorps, die Bildung einer revolutionären Arbeiterwehr, die Einführung der Sechs-Stunden-Schicht sowie die Anerkennung der Arbeiter- und Soldatenräte beinhalteten.[441]

Bereits einen Tag vor dem in Witten durch die Polizei verursachten Blutbad hatte die Neunerkommission die Bergleute des Ruhrgebiets zur Teilnahme an einer Konferenz, die am 30. April in Essen stattfinden sollte, aufgerufen. Die Kommission, die sich nach dem Auszug der Sozialdemokraten nur noch aus Vertretern der USP und der KPD zusammensetzte, hatte nach dem gescheiterten Februarstreik ihre Arbeit fortgesetzt. Ihre Aufgabe war die Erarbeitung eines Gegenprogramms zu den zahnlosen Sozialisierungsgesetzen der Regierung.[442] Bereits in der Einladung zu der Essener Konferenz wurde auf die von der Regierung verbreiteten Flugblätter Bezug genommen und kritisiert, „was aus unserer Forderung nach wirklicher Sozialisierung gemacht worden ist."[443] Die Neunerkommission propagierte demgegenüber ein Konzept, das die Enteignung der Zechen mit einer Selbstverwaltung durch die Beschäftigten verbinden sollte:

> „Die Sozialisierung des Bergbaues muß im Sinne der Enteignung des privaten Kapitals. [sic] der Übernahme der Kohlenschätze und der Produktionsmittel in den Besitz der Gesamtheit und der Verwaltung des Bergbaues durch die Bergarbeiter (Hand- und Kopfarbeiter) durchgeführt werden!"[444]

Im Gegensatz zu den Konferenzen im Januar und Februar, bei denen die Arbeiter- und Soldatenräte zusammentraten, wurden die Bergleute nun aufgefordert, direkt von Belegschaftsversammlungen gewählte Vertreter zu entsenden.[445]

---

441 Vgl. Hartewig, Jahrzehnt, S. 252f.; Spethmann, Jahre, S. 256f.; Tampke, Ruhr, S. 151ff.; Tampke, Sozialisierungsbewegung, S. 245.

442 Vgl. Einladung der Neunerkommission zur Delegiertenkonferenz in Essen vom 24. März 1919. Dokumentiert in Spethmann, Jahre, o.P. (Abb. 15); Freiheit 27.2.1919, 7.3.1919; Tampke, Ruhr, S. 150-153.

443 Einladung der Neunerkommission [wie Anm. 442].

444 Einladung der Neunerkommission [wie Anm. 442].

445 Vgl. Einladung der Neunerkommission [wie Anm. 442].

Der Aufruf traf auf große Resonanz, an der Konferenz nahmen 475 Delegierte von 195 Zechen teil. Gegen nur acht Gegenstimmen beschloss die Konferenz die offene Abkehr von den etablierten Gewerkschaften und die Bildung einer neuen Vereinigung, deren Aufbau dem im Januar propagierten Rätesystem entsprechen sollte:[446]

> „Unter dem Namen ‚Allgemeine Bergarbeiter-Union' schließen sich sämtliche Bergarbeiter zu einer Organisation zusammen. Ihre Organe sind die Steigerrevierräte, Betriebsräte, Bergrevierräte und der Zechenzentralrat. Der Zechenzentralrat übernimmt die Aufgaben der Neunerkommission. Den alten Organisationen sind die Beiträge zu sperren."[447]

Wesentlicher als dieser Beschluss war allerdings, dass die Konferenz sich darauf einigte, sofort in Aktion zu treten und geschlossen zum Streik aufzurufen. Sie nahm dabei die Forderungen auf, die in den vorangegangenen Tagen und Wochen von den Bewegungen im westlichen und östlichen Ruhrgebiet erhoben worden waren:

> „Die Konferenz faßte weiter einstimmig den Beschluß, am Dienstag, dem 1. April 1919, vormittags um 10 Uhr, geschlossen in den Generalstreik einzutreten und die Arbeit nicht eher wiederaufzunehmen, bis folgende Forderungen restlos bewilligt sind:
>
> 1. Sofortige Einführung der Sechsstundenschicht mit Ein- und Ausfahrt für Untertagearbeiter unter Beibehaltung des bisher für längere Schichtdauer gezahlten Lohnes.
> 2. 25 Proz. Lohnerhöhung.
> 3. Regelung der Knappschaftsfragen.
> 4. Anerkennung des Rätesystems.
> 5. Sofortige Durchführung der Hamburger Punkte (betreffend Kommandogewalt).
> 6. Sofortige Freilassung aller politischen Gefangenen.
> 7. Sofortige Bildung einer revolutionären Arbeiterwehr.
> 8. Sofortige Auflösung aller Freiwilligenkorps.
> 9. Sofortige Anknüpfung aller politischen und wirtschaftlichen Bezie-hungen mit der russischen Sowjetregierung.
> 10. Entwaffnung der Polizei im Industriegebiet und Reich.
> 11. Bezahlung der Streikschichten."[448]

---

446 Vgl. Hartewig, Jahrzehnt, S. 253; Spethmann, Jahre, S. 269; Tampke, Ruhr, S. 153; Winkler, Revolution, S. 172f.

447 Beschluss der Delegiertenkonferenz in Essen vom 30. März 1919. Dokumentiert in Institut für Marxismus-Leninismus beim Zentralkomitee der Sozialistischen Einheitspartei Deutschlands (Hrsg.), Dokumente und Materialien zur Geschichte der deutschen Arbeiterbewegung, Bd. VII, 1. Halbb., Berlin 1966, S. 58.

448 Beschluss der Delegiertenkonferenz [wie Anm. 447]. Die „Hamburger Punkte" waren von der Hamburger Delegation auf dem ersten Reichsrätekongress eingebracht

Vergleicht man die Forderungen mit denen, die Anfang März in Berlin erhoben worden waren,[449] so stellt man fest, dass einige wörtlich übereinstimmten.[450] Diese Tatsache deutet darauf hin, dass die linken Parteien auf die Abfassung des Forderungskatalogs einen gewissen Einfluss ausübten. Die meisten Punkte entsprachen allerdings unmittelbar den Wünschen und Erfahrungen der Bergleute. Das gilt auch für die Forderungen, die die Entwaffnung von Polizei und Freikorps sowie die Bewaffnung der Arbeiter*innenschaft betrafen. Die weitaus meisten Bergleute dürften kein Programm zur Eroberung der Staatsgewalt verfolgt haben, sie wollten der Regierung und den konterrevolutionären Kräften aber jede Möglichkeit nehmen, weiterhin mit Gewalt gegen sie vorzugehen. Und sie wollten über die Mittel verfügen sich gegen Übergriffe zur Wehr zu setzen. Faktisch liefen die Beschlüsse darauf hinaus, der Regierung ihre Machtmittel weitgehend zu entreißen und sie damit der Staats*gewalt* zu berauben.

Die Reichsregierung reagierte umgehend auf den Generalstreikbeschluss. Nur einen Tag nach der Konferenz wurde der Belagerungszustand über das Ruhrgebiet verhängt. Die Regierung verkündete öffentlich, die Streikgebiete von der Lebensmittelzufuhr abzuschneiden. Im Gegensatz dazu sollten Belegschaften, die weiterarbeiteten und die von den Verbänden vereinbarte Schichtzeit verfuhren, mit zusätzlichen Rationen versorgt werden. Als weitere Maßnahme wurde der Einmarsch von Truppen angekündigt. Durch den Belagerungszustand wurde dem Militär zudem die Exekutivgewalt übertragen.[451] Doch auch mit diesem martialischen Vorgehen ließ sich der Ausbruch des Generalstreiks nicht mehr verhindern. Als die Regierung den Belagerungszustand verfügte, hatten sich die durch die Wittener Vorfälle verursachten Arbeitsniederlegungen bereits weiter ausgedehnt, es befanden sich schon 52000 Bergleute im Ausstand. Mit dem offiziellen Beginn des Generalstreiks

---

und von diesem beschlossen, in der Folge allerdings nicht durchgeführt worden. Die Punkte betrafen die Kontrolle über das Militär und dessen Demokratisierung. Sie sahen u.a. vor, dass die Kommmandogewalt an den Rat der Volksbeauftragten übertragen, aber vom Zentralrat kontrolliert werden sollte. Die Verantwortlichkeit für die Zuverlässigkeit der einzelnen Truppenteile sollte den Soldatenräten obliegen. Das stehende Heer sollte abgeschafft, Führer nicht mehr von oben ernannt, sondern von unten gewählt werden. (Vgl. Institut für Marxismus-Leninismus (Hrsg.), Dokumente, S. 45).

449 Vgl. Streikforderungen der Vollversammlung der Arbeiter- und Soldatenräte Groß-Berlins vom 3. März 1919. Dokumentiert in Institut für Marxismus-Leninismus (Hrsg.), Dokumente, S. 45f.

450 Vgl. Winkler, Revolution, S. 173.

451 Vgl. Hartewig, Jahrzehnt, S. 253; Verkündung des Belagerungszustands durch die Reichsregierung vom 31. März 1919. Dokumentiert in Spethmann, Jahre, S. 273f.; Tampke, Jahre, S. 154f.

am nächsten Tag verdreifachte sich die Zahl der Streikenden. Die Hamborner Bergleute fuhren am 1. April noch an, sie wollten erst abwarten, ob sich tatsächlich eine umfassende Bewegung entwickeln würde. Am 2. April trat jedoch der erste Schacht der GDK in den Ausstand, die übrigen Schächte von Deutscher Kaiser folgten ebenso wie Neumühl an den darauffolgenden Tagen.[452] Am 4. April wurde der Belagerungszustand für das westliche Ruhrgebiet verschärft. Grundrechte wurden aufgehoben, die Presse zensiert, Versammlungen mit mehr als zehn Personen verboten und die Behörden berechtigt, Hausdurchsuchungen und Verhaftungen vorzunehmen. Hamborn wurde von Truppen besetzt, durch die Straßen patrouillierten mit Maschinengewehren ausgestattete Lastwagen.[453] Selbst durch diese massive Repression konnten die Streikaktivitäten nicht eingedämmt werden. Zu diesem Zeitpunkt streikten bereits 260000 Bergarbeiter und die Beteiligung nahm in den folgenden Tagen noch zu.[454] Zeitgleich mit der Regierung versuchten auch die Bergleute den Druck zu erhöhen. Im Rahmen einer weiteren Konferenz in Essen beschlossen die Zechendelegierten die Notstandsarbeiten einzustellen, falls die Forderungen nicht bis zum 9. April bewilligt würden. Damit wären die Bergwerke abgesoffen und hätten schwerwiegende Schäden erlitten.[455] Die GDK-Belegschaften wollten nicht so lange warten. Sie verweigerten die Notstandsarbeiten bereits am 5. April, so dass die Direktion gezwungen war, Beamte für diese Aufgaben zu verpflichten.[456] Durch die Anwesenheit des Militärs hatten die Bergleute keine Möglichkeit die Beamten von dieser Tätigkeit abzuhalten. Ein potentiell effektives Druckmittel wurde ihnen damit aus der Hand geschlagen.

Die Regierung zog nun weitere Kräfte zusammen und ließ Zechen von Truppen besetzen.[457] Der Zentralzechenrat verbreitete in großer Zahl Plakate, auf denen er dazu aufrief, sich auch weiterhin nicht vom Militär provozieren zu lassen. Anders als im Februar sollte es nun keine Versuche bewaffneten Widerstands geben: „**Wir führen den Generalstreik durch** wie bisher, mit den

---

452 Vgl. Henze, Sechsstundenschicht, S. 80-83.; Lucas / Del Tedesco, Bergarbeiterbewegung, S. 157; Spethmann, Jahre, S. 280, S. 286; StdA Dui 51/11 (Rhein- u. Ruhrzeitung 2.4.1919; Echo vom Niederrhein 3.4.1919)

453 Vgl. Henze, Sechsstundenschicht, S. 83; Lucas / Del Tedesco, Bergarbeiterbewegung, S. 157; Spethmann, Jahre, S. 289; StdA Dui 51/11 (Rhein- u. Ruhrzeitung 4.4.1919); Tampke, Ruhr, S. 154f.

454 Vgl. Spethmann, Jahre, S. 280; Tampke, Sozialisierungsbewegung, S. 246.

455 Vgl. Henze, Sechsstundenschicht, S. 85f.

456 Vgl. Verfassungsgebende Preußische Landesversammlung, Bericht, S. 138.

457 Vgl. Illustrierte Geschichte, S. 331; Spethmann, Jahre, S. 286ff.; StdA Dui (Rhein- und Ruhrzeitung 15.4.1919).

Händen in der Tasche und lassen uns zu keiner Gewalttat provozieren."[458] Zugleich ließ man allerdings keinen Zweifel an der eigenen Entschlossenheit und den revolutionären Zielen:

> „**Es geht um Großes!** Es geht darum, die deutsche Arbeiterklasse aus dem von den Kapitalisten verschuldeten Zusammenbruch zu retten, der sozialen Revolution zum Siege zu verhelfen. Wir Bergleute sind vom Schicksal zu Preiskämpfern bestimmt. Wir allein sind imstande, der Bestie Kapitalismus den Kopf zu zertreten! [...] Bald sind wir am Ziel, bald wird Regierung und Kapital durch uns bezwungen sein"[459].

Da es bislang nicht gelungen war, die Bewegung zu zerschlagen, wurde Carl Severing zum Reichs- und Staatskommissar mit besonderen Vollmachten ernannt, um die Lage mit weiteren Maßnahmen zu befrieden.[460] Severing erließ Verordnungen, die es ermöglichten, alle männlichen Bewohner zwischen 17 und 50 Jahren zwangsweise zu Notstandsarbeiten in den Betrieben heranzuziehen. Im Falle einer Verweigerung drohte eine bis zu einjährige Gefängnisstrafe.[461] Damit sollten nach Severings eigenen Angaben vor allem „die intellektuellen Urheber des Streiks"[462] ausgeschaltet werden. Da jedoch ohnehin schon mit großer Härte gegen die Streikenden vorgegangen wurde, musste der Effekt des neuen Erlasses beschränkt bleiben: „Yet the law merely provided more grounds upon which miners could be arrested and this was taking place on the largest scale already without Severing's decrees."[463]

Es war offensichtlich, dass allein mit repressiven Maßnahmen ein schnelles Ende des Streiks nicht durchzusetzen war. Am 9. April trafen sich daher Gewerkschaften, Zechenverband und Regierungsvertreter, um über das weitere Vorgehen zu verhandeln. Die Gewerkschaften befürworteten nun eine zumindest vorübergehende Einführung der Sechs-Stunden-Schicht, die sie zwar aus wirtschaftlichen Gründen weiterhin für falsch hielten, aber als das

---

458 Der Zentral-Zechenrat, „Der Generalstreik der Bergarbeiter von Rheinland-Westfalen", Plakat vom 4. April 1919. Dokumentiert in Illustrierte Geschichte, S. 328. Siehe auch Spethmann, Jahre, S. 281f.

459 Plakat „Der Generalstreik der Bergarbeiter von Rheinland-Westfalen" [wie Anm. 458].

460 Vgl. Carl Severing, 1919/1920 im Wetter- und Watterwinkel, Bielefeld 1927, S. 24f.; StdA Dui 51/105 (Ergebnis der Verhandlungen vor dem Reichs- und Staatskommissar Herrn Severing); Spethmann, Jahre, S. 289-297; Tampke, Ruhr, S. 155; Winkler, Revolution, S. 173f.

461 Vgl. Illustrierte Geschichte, S. 332; Severing, Wetter- und Watterwinkel, S. 31f.; Tampke, Ruhr, S. 155.

462 Severing, Wetter- und Watterwinkel, S. 32.

463 Tampke, Ruhr, S. 155.

einzige Mittel ansahen, um die Wiederaufnahme der Arbeit zu erreichen. Die Zechenunternehmer waren zu diesem Zugeständnis nicht bereit, befürchteten zudem ebenso wie die Regierungsvertreter, dass ein solcher Erfolg den linksradikalen Kräften erst Recht Auftrieb verschaffen würde. Man einigte sich schließlich darauf mit sofortiger Wirkung die Schichtzeit der Untertagebelegschaften auf sieben Stunden zu begrenzen. Der Beschluss wurde schon am nächsten Morgen auf allen Schachtanlagen durch Plakatanschläge verkündet.[464] Die Neunerkommission, die sich zur Teilnahme an den Verhandlungen bereitgehalten hatte, ließ der Reichsminister Gustav Bauer noch am gleichen Tag inhaftieren.[465] Das war jedoch nur der Auftakt zu einer umfangreicheren Verhaftungswelle:

> „Auf Bauers Befehl wurde die Neunerkommission überrumpelt und verhaftet. Ebenso erging es in den folgenden Tagen den lokalen Streikbüros im ganzen Ruhrrevier. Der Industriebezirk war plötzlich mit Truppen überschwemmt, die sich mit Menschenjagden belustigten."[466]

Trotz der Kombination aus Zugeständnissen und Repression ließ sich ein Absinken der Streikzahlen nicht beobachten. Stattdessen erreichten die Arbeitsniederlegungen am 10. April ihren Höchststand. Es befanden sich zu diesem Zeitpunkt selbst nach den Angaben des Zechenverbandes mehr als 307000 Bergleute im Ausstand, während die Streikenden deutlich höhere Zahlen nannten. Die Streikbeteiligung lag damit bei 75-90% der Gesamtbelegschaft des Ruhrgebiets. Bei den Untertagearbeitern dürfte der prozentuale Anteil sogar noch höher gelegen haben.[467] Vor diesem Hintergrund fand am 10. April eine weitere Konferenz der Zechendelegierten statt. An dieser nahmen auch Bergleute des mitteldeutschen Braunkohlereviers teil, die wie ihre Kollegen im Ruhrbergbau die Sechs-Stunden-Schicht durchsetzen wollten. Die Delegierten beschlossen, sich um eine weitere Ausdehnung der Bewegung zu bemühen. Mehrere Bergleute wurden in verschiedene deutsche Großstädte entsandt, um die dortige Arbeiter*innenschaft zu Solidaritätsaktionen zu bewegen. Diese Initiative erwies sich allerdings als erfolglos.[468] Im Ruhrgebiet selbst kam es in einigen Orten zu Solidaritätsaktionen anderer

---

464 Vgl. Hartewig, Jahrzehnt, S. 253; Spethmann, Jahre, S. 297-303.

465 Vgl. Spethmann, Jahre, S.; 303; Tampke, Ruhr, S. 156; Heinrich Teuber, Für die Sozialisierung des Ruhrbergbaus, hrsg. von Hellmut G. Haasis und Erhard Lucas, Frankfurt 1973, S. 66f.

466 Teuber, Sozialisierung, S. 66.

467 Vgl. Brüggemeier, Leben, S. 249; Hartewig, Jahrzehnt, S. 253; von Oertzen, Betriebsräte, S. 117; Spethmann, Jahre, S. 279f.; Tampke, Sozialisierungsbewegung, S. 246.

468 Vgl. Henze, Sechsstundenschicht, S. 94, S. 105.

Arbeiter*innengruppen. Insgesamt scheint die Bewegung aber nicht in größerem Umfang von den Zechen auf weitere Betriebe übergesprungen zu sein. Betriebsstörungen in anderen Wirtschaftszweigen wurden eher durch akuten Kohlenmangel als durch Arbeitsniederlegungen verursacht. In Hamborn musste das Thyssensche Hüttenwerk kurzzeitig einige Anlagen stilllegen, weil der benötigte Brennstoff fehlte, auch auf der Zinkhütte kam es aus dem gleichen Grund zu gewissen Einschränkungen. Offenbar beschlossen lediglich die Klempner und Installateure des Wasserwerks sich dem Ausstand anzuschließen.[469]

Die Streikbeteiligung auf den Zechen blieb zunächst stabil. Erst am 14. April zeigte sich ein erster Einbruch. Ein weiteres Absinken wurde zunächst durch einen Angriff der Regierungstruppen verhindert, der bei den Bergleuten die Kampfbereitschaft erneut anheizte: Als am 15. April die nächste

---

469 Tampke schreibt, dass im Ruhrgebiet auch andere Arbeiter*innen in großem Umfang an dem Streik teilgenommen hätten, ja dass ihre Zahl die der Streikenden im Bergbau sogar überstiegen habe. Das steht im Widerspruch zu Henzes Feststellung, dass „sich an dem Generalstreik hauptsächlich Bergarbeiter“ (Henze, Sechsstundenschicht, S. 64) beteiligten. Tampkes Behauptung ist allerdings außerordentlich dünn belegt, er leitet sie im Wesentlichen aus einem einzelnen Artikel in der Hagener Volksstimme vom 10. April 1919 ab, in dem die Gesamtzahl der Streikenden mit 800000 angegeben wurde. (Vgl. Tampke, Ruhr, S. 154, S. 157; Tampke, Sozialisierungsbewegung, S. 246) Im Rahmen der vorliegenden Studie ist es nicht möglich, die Situation in anderen Städten als Hamborn detailliert zu untersuchen. Die Bedingungen für ein Überspringen auf andere Unternehmen dürften dort teilweise günstiger gewesen sein, weil die Bergleute weniger abgeschlossen von anderen Arbeiter*innen wohnten. Dennoch scheint mir Tampkes Darstellung an diesem Punkt nicht haltbar. Weder in den verfügbaren Quellen noch in der verwendeten Literatur finden sich Hinweise, die nahelegen, dass sich andere Arbeiter*innengruppen in großer Zahl beteiligten. Selbst Darstellungen und Zeitungsartikel, in denen sich akribisch bemüht wird, alle durch die Streiks verursachten wirtschaftlichen Schäden aufzulisten, deuten nicht darauf hin. Auffällig ist zudem, dass Tampke Hamborn in diesem Kontext als eines der Streikzentren nennt. Für diese Stadt können wir aufgrund zahlreicher Zeitungsartikel, des städtischen Verwaltungsberichts sowie der Angaben des Thyssenkonzerns aber mit großer Sicherheit ausschließen, dass die Bewegung in nennenswertem Ausmaß auf andere Betriebe übergriff. Neben dem angeführten Ausstand der Wasserwerker kam es hier lediglich am 4. April zu einem Angestelltenstreik auf der Thyssenhütte, mit dem sich auch die Arbeiter*innen solidarisierten. Der Ausstand nahm keinen direkten Bezug auf den Generalstreik der Bergleute, mag aber durchaus durch diesen mit ausgelöst worden sein. Der Konflikt wurde allerdings bereits am nächsten Tag beigelegt und die Arbeit wieder aufgenommen. (Vgl. StdA Dui 51/11 (diverse Zeitungsartikel); Verfassungsgebende Preußische Landesversammlung, Bericht, S. 137f.; Verwaltungsbericht der Stadt Hamborn am Rhein für das Jahr 1919, o.P., Kapitel XXIII, Abschnitt B-C).

Delegiertenkonferenz zusammentrat, wurde der Versammlungsort vom Freikorps Lichtschlag umstellt und ohne Vorwarnung beschossen. Es gab Tote und Verletzte und nur ein kleinerer Teil der Abgesandten konnte entkommen. Vierhundert Delegierte wurden von dem Freikorps gefangen genommen.[470] Wohl in der Hoffnung, dass die Bergleute angesichts ihrer verschlechterten Lage nun einen Abbruch des Streiks beschließen würden, gestattete Severing am 17. April eine weitere Konferenz, die diesmal ohne Eingreifen des Militärs stattfinden sollte. Diese Erwartung erfüllte sich jedoch nicht. Die Bergleute verlangten nicht nur die Freilassung der Inhaftierten und insbesondere der Neunerkommission, sondern hielten im Übrigen an den Forderungen fest, die sie Ende März beschlossen hatten.[471] In einer Resolution, deren Formulierungen den Einfluss politisch geschulter Konferenzteilnehmer erkennen lassen, begründeten die Bergleute detailliert die einzelnen Punkte. Den Anspruch, sich nicht mehr vertrösten zu lassen und selbst eine Änderung der Verhältnisse herbeizuführen, behielten sie aufrecht: „Die Befreiung der Arbeiterklasse muß das Werk der Arbeiterklasse selbst sein."[472] Trotz aller Entschlossenheit ließ sich der Streik jedoch nicht dauerhaft aufrechterhalten. Die Arbeiter*innen demonstrierten zwar erstaunliches Durchhaltevermögen: Noch am 22. April, nach über drei Wochen Streik, befanden sich mehr als die Hälfte der Bergleute im Ausstand. Doch danach ging die Beteiligung zunehmend zurück. Immer mehr Bergleute mussten dem Hunger Tribut zollen. Am 30. April nahmen die letzten von ihnen die Arbeit wieder auf.[473] Auch in Hamborn ging der Streik in den letzten Apriltagen seinem Ende entgegen. Am 25. April fuhr die Belegschaft von Neumühl vollzählig an, nachdem sich bereits an den vorangegangenen Tagen mehrere hundert Beschäftigte wieder zur Arbeit eingefunden hatten. Die Bergleute der GDK waren zwar noch nicht bereit aufzugeben, doch spätestens am 23. April zeigte sich, dass sie sich der Aushungerungspolitik ebenfalls beugen mussten. An diesem Tag nahmen auch hier mehrere hundert Bergarbeiter die Arbeit wieder auf, von Schacht 2/5 wurde am 24. bereits der Abbruch des Arbeitskampfes vermeldet.[474] In der darauffolgenden Nacht schlugen die Regierungstruppen

470 Vgl. Hartewig, Jahrzehnt, S. 243f.; Illustrierte Geschichte, S. 333; Severing, Wetter- und Watterwinkel, S. 42ff.; Spethmann, Jahre, S. 280; Tampke, Ruhr, S. 156f.

471 Vgl. Hartewig, Jahrzehnt, S. 254; Illustrierte Geschichte, S. 333; Severing, Wetter- und Watterwinkel, S. 44f.; Tampke, Ruhr, S. 158.

472 Resolution der Delegiertenkonferenz vom 17. April 1919. Dokumentiert in Spethmann, Jahre, S. 389.

473 Vgl. Henze, Sechsstundenschicht, S. 101; Severing, Wetter- und Watterwinkel, S. 45f.; Tampke, Ruhr, S. 158; Tampke, Sozialisierungsbewegung, S. 247.

474 StdA Dui 51/11 (Rhein- und Ruhrzeitung 23.4.1919, 24.4.1919, 25.4.1919).

noch einmal zu und nahmen zahlreiche Verhaftungen in Hamborn vor, unter den Festgenommenen waren u.a. Heiling und Sackritz.[475] Am 25. April verharrte noch die Hälfte der Bergleute der GDK im Ausstand, einen Tag später fiel der Streik jedoch endgültig in sich zusammen.[476] Mochten sie auch in die Grube zurückgekehrt sein, so war der Kampfeswille der Bergleute von Deutscher Kaiser dennoch ungebrochen. Was sie einmal erreicht hatten, wollten sie sich nicht mehr nehmen lassen. Vom 28. bis zum 30. April setzten sie alles daran, die Sechs-Stunden-Schicht erneut durchzusetzen. Wie das Unternehmen berichtete, war es nur durch den Einsatz von Militär möglich, die Bergleute zu einer längeren Schichtzeit zu nötigen:

> „Die Belegschaft versucht mit Gewalt die Ausfahrt nach sechsstündiger Arbeitszeit zu erzwingen, es gelingt aber der Werksleitung mit Hilfe der Regierungstruppen die frühere Ausfahrt zu verhindern und die Belegschaft auf die vereinbarte 7 Stundenschicht zu bringen."[477]

Nach fast einem halben Jahr der Auseinandersetzungen wurde die Bewegung so schließlich niedergeschlagen. Gegen die massiven Gewaltmittel der Gegenseite konnten die Bergleute nicht dauerhaft bestehen. Gerade in dieser letzten Phase zeigten sich jedoch noch einmal sehr klar die Stärken und Schwächen der Bewegung. Der Versuch, in Form der Allgemeinen Bergarbeiter-Union eine formale Organisation zu gründen, wurde vom Militär in kürzester Zeit zerschlagen.[478] Das militärische Vorgehen war primär auf die Ausschaltung von Führungspersonen ausgerichtet und basierte darauf, „dass Terroristen und Hetzer – besonders die regierungsfeindlichen Führer der Bewegung – bis auf Weiteres unschädlich bleiben bezw. gemacht werden."[479] Heinrich Teuber, der als Mitglied der Neunerkommission selbst zu den Verhafteten gehörte, hat darauf aufmerksam gemacht, wie wenig erfolgreich diese Strategie war: „Alle Funktionäre der Ausständigen waren eingesperrt, der ganze Apparat der Regierung und der Arbeitsgemeinschaft war gegen sie mobil gemacht, die Streikbrecher erhielten reichliche Zulagen an Lebensmitteln – dennoch hielt

---

475 Vgl. Lucas / Del Tedesco, Bergarbeiterbewegung, S. 158; StdA Dui 51/11 (Rhein- und Ruhrzeitung 24.4.1919, 25.4.1919, 26.4.1919; Ruhrorter Volkszeitung 25.4.1919)

476 Vgl. StdA Dui 51/11 (Rhein- und Ruhrzeitung 25.4.1919); Verfassungsgebende Preußische Landesversammlung, Bericht, S. 138.

477 Verfassungsgebende Preußische Nationalversammlung, Bericht, S. 138. Auf anderen Zechen versuchten die Bergleute ebenfalls, weiterhin kürzere Schichten zu verfahren. (Vgl. Henze, Sechsstundensicht, S. 101; StdA Dui 51/11 (Rhein- und Ruhrzeitung 28.4.1919).

478 Vgl. Bock, Syndikalismus, S. 127, S. 132.

479 StdA Dui 51/75 (Geheimes Schreiben des Generalkommandos des VII. Armeekorps vom 19.4.1919).

die Masse stand."[480] Auch ohne Führer blieben die Bergleute handlungsfähig. Die informellen Strukturen, welche die Bewegung trugen, blieben für das Militär unangreifbar. Die Mittel, durch die die Regierungstruppen erfolgreich waren, entbehrten jeder Subtilität. Es war der durch die Unterbindung der Lebensmittelversorgung verschärfte Hunger, welcher die Bergleute nach wochenlangem Kampf in die Gruben zurücktrieb. Die längere Arbeitszeit ließ sich zumindest auf der GDK nur durch direkten militärischen Zwang gegenüber der gesamten Belegschaft durchsetzen. Es ist offensichtlich, dass für solche Maßnahmen erhebliche Truppenmengen benötigt wurden. Dass diese für solche Aufgaben verfügbar waren, hing auch damit zusammen, dass es den Bergleuten erneut nicht gelang, die Bewegung in größerem Umfang auf andere Arbeiter*innengruppen und Gebiete auszuweiten.

480 Teuber, Sozialisierung, S. 67.

# 7. Schlussbetrachtung

Versuchen wir die wesentlichen Ergebnisse und den Gang der Untersuchung zu rekapitulieren: Ausgehend vom Erstaunen darüber, dass offenbar ohne Unterstützung durch die etablierten Gewerkschaften – ja sogar gegen ihren entschiedenen Widerstand – eine umfangreiche Streikbewegung entstand, haben wir uns dem Alltag der Hamborner Bergleute zugewandt. Dabei konnten wir konstatieren, dass durch die engmaschigen Kommunikationsnetzwerke der Bergleute, die intensiven sozialen Bindungen und die selbständiges Handeln befördernden Erfahrungen die Grundlage für eigenständig durchgeführte Streiks vorhanden war. Auffällig war allerdings, dass die Bergleute zwar untereinander auch über einzelne Orte hinweg miteinander vernetzt waren, zugleich aber nur über relativ wenige Beziehungen zu anderen Arbeiter*innengruppen verfügten. Weiterhin stellten sich einige Besonderheiten heraus, die Hamborn und die Zeche Deutscher Kaiser als Ausgangspunkt und Aktivitätszentrum der Bewegung prädestinierten. In Hinblick auf Hamborn insgesamt war dies primär die ausgeprägte Schwäche der Gewerkschaften, die damit (ebenso wie die SPD) als Disziplinierungsinstrument ausfielen. Hinzu kam die mangelhafte Infrastruktur, die die Arbeiter*innen zur Eigeninitiative nötigte. Bezüglich der GDK ist vor allem der außergewöhnliche Umfang und die Form des Koloniewohnens sowie der im Vergleich mit Neumühl geringere Technisierungsgrad im Streb herauszustreichen.

Im zweiten Teil der Arbeit haben wir dann die Bewegung von 1918/19 analysiert und festgestellt, dass diese zumindest in Hamborn tatsächlich in allen Phasen auf den informellen Strukturen basierte, die sich im Wohn- und Arbeitskontext entwickelt hatten. Die Kommunikationsprozesse, sozialen Beziehungen und Erfahrungen der Bergleute blieben allerdings während der Bewegung nicht statisch, sondern veränderten und erweiterten sich. Gemeinsame Kampferfahrungen führten dazu, dass sich die Verbindungen zwischen den Bergleute verschiedener Schächte und Zechen verfestigten, die Belegschaften kommunizierten zunehmend bereits im Vorfeld von Aktionen miteinander und gelangten so tendenziell zu einem koordinierteren Vorgehen. Die grundlegende Entscheidungsebene blieb allerdings der einzelne Schacht. Die Aktivitäten wurden von den Bergleuten eigenständig beschlossen und durchgeführt. An den Streiks beteiligte sich die gesamte Belegschaft, dennoch spiegelte die Bewegung die unterschiedlichen Organisierungsmöglichkeiten der einzelnen Beschäftigtengruppen und die betriebsinternen Hierarchien wider. Den Kern der Bewegung bildeten die Untertagearbeiter, deren Forderung nach kürzeren Arbeitszeiten in der Grube nicht nur am Anfang der Ausstände stand, sondern diese auch zu späteren Zeitpunkten vorantrieb. Innerhalb dieser Gruppe nahmen wiederum die Gedingearbeiter eine zentrale Position ein. Politisch geschulte Bergleute wie Heinrich Heiling waren vermutlich am Anfang der Streiks als Ideengeber wichtig, die verfügbaren Quellen erlauben hier allerdings kein eindeutiges Urteil. Auch wenn sie wie Heiling von ihren Kolleg*innen respektiert wurden und sie z.B. im Rahmen von Verhandlungen nach außen repräsentierten, kam ihnen dennoch für die weitere Entwicklung der Bewegung keine entscheidende Bedeutung zu. Es gelang niemandem die politische Führung im Sinne einer Lenkung zu übernehmen. Die vermeintlichen Führer konnten Ideen und Forderungen einbringen und mitunter wurden diese aufgegriffen, aber sie konnten keine Gefolgschaft erwarten. Sie konnten Anregungen geben, aber sie trafen nicht die Entscheidungen, sie besaßen keine Kontrolle über die Aktionen. Nicht selten waren sie zögerlicher als die von revolutionärer Ungeduld erfüllte Masse der ungeschulten Bergleute, erwiesen sich eher als Getriebene denn als Führer. Und es ging auch ohne sie. Zu verschiedenen Zeitpunkten waren sie gar nicht anwesend, mussten vor den Regierungstruppen fliehen oder wurden verhaftet. Die Bergleute blieben trotzdem handlungsfähig, setzten die Streiks fort, ergriffen neue Initiativen und stellten weitergehende Forderungen auf. Gerade die Unabhängigkeit von einzelnen Führungspersönlichkeiten erwies sich als eine der größten Stärken. Die Netzwerke der Bergleute wiesen keine zentralen Knotenpunkte auf, durch deren Ausschaltung die Bewegung zerschlagen werden konnte. Zugleich haben wir die Tatsache, dass die Aktionen nahezu ausschließlich von diesen informellen Netzwerken getragen wurden, als wesentliches Element des Scheiterns identifiziert. Die Bergleute verfügten zwar untereinander über viele Kontakte und ein ausgeprägtes Gruppenbewusstsein, gleichzeitig aber nur über relativ wenige Verbindungen zu anderen Arbeiter*innengruppen. Das führte u.a. dazu, dass sich die Bergleute der GDK zwar eifrig daran machten, die Belegschaften anderer Zechen zur Arbeitsniederlegung zu bewegen, anfangs aber offenbar nicht einmal in Betracht zogen, das Gleiche auch bei der Hamborner Thyssenhütte zu versuchen. Während des gesamten Untersuchungszeitraums kam es in Hamborn nur Ende Februar zu einer kurzzeitigen Einbeziehung anderer Betriebe, als die Bergleute, in Reaktion auf den Einmarsch der Regierungstruppen ins Ruhrgebiet, zusammen mit der Volkswehr die ganze Stadt lahmlegten. Die Bewegung blieb damit in ihrer Ausdehnung und den Möglichkeiten, effektiven Druck aufzubauen, beschränkt. Die Ausweitung auf andere Berufsgruppen und Gebiete, die für ihren Erfolg wesentlich gewesen wäre, fand nicht statt.

Ein politisches Bewusstsein im engeren Sinne und die Schulung durch die Organisationen der Arbeiterbewegung gehörten nicht zu den Faktoren, die für die Bewegung prägend wurden und ihre Ausdehnung begünstigten.

Die Zahl der politisch geschulten Arbeiter*innen war in Hamborn relativ überschaubar und wir haben bereits angemerkt, dass es oft gerade die ungeschulten „Massen" waren, die die Aktionen vorantrieben. Es waren keine abstrakten politischen Programme oder Gesellschaftskonzeptionen, die zum Motor der Bewegung wurden, sondern sehr konkrete Erfahrungen und Wünsche, welche auf die unmittelbare Verbesserung der eigenen Lebenssituation gerichtet waren. Von sozialdemokratischer Seite ist mit Blick auf die Hamborner Aktionen beklagt worden, die Revolution sei zu einer Lohnbewegung verkommen.[481] Wir müssen diese Behauptung vom Kopf auf die Füße stellen: Die revolutionäre Bewegung, die in Hamborn ihren Anfang nahm, degenerierte nicht zur Lohnbewegung, sondern sie begann in gewisser Weise als solche (auch wenn streng genommen Arbeitszeitforderungen den Ausgangspunkt bildeten). Ihre Kraft entfaltete sie gerade deshalb, weil sie bis zum Ende immer konkret auf die Lebensrealität der Bergleute bezogen blieb, die Streikendenden kämpften direkt für ihre eigenen Interessen. Mit Konzepten, die Sozialisierung primär als Verstaatlichung definierten, konnten sie hingegen nichts anfangen. Ihre revolutionären Praktiken und Forderungen basierten auf ihrer eigenen Erfahrung. Die Entwaffnung der Polizei und der Kampf gegen die Regierungstruppen entsprangen keinem Plan zur Eroberung der Staatsgewalt, sondern dem bitter erworbenen Wissen, dass diese Kräfte sich ihren Bemühungen um ein besseres Leben mit aller Energie entgegen stellen würden. Der Wunsch, die betrieblichen Herrschaftsverhältnisse zu zerschlagen, selbst die Kontrolle über die Zechen zu übernehmen, war die direkte Reaktion auf den Grubenmilitarismus und den Herr-im-Hause-Standpunkt, auf die in der Grube permanent ausgefochtenen Konflikte, die Folge der in jahrelangen Auseinandersetzungen gewachsenen und in den aktuellen Arbeitskämpfen bestätigten Erkenntnis, dass man sich zu den Zechenleitungen in einem unüberbrückbaren Widerspruch befand und wirkliche Veränderungen nur ohne diese möglich waren. Er wurde beflügelt durch das im alltäglichen Arbeitsprozess erworbene Selbstbewusstsein, die Zechen auch in eigener Regie führen zu können. Die Bergleute kämpften in sehr direkter Weise für ein menschenwürdiges Leben, dafür, „*alle Verhältnisse umzuwerfen*, in denen der Mensch ein erniedrigtes, ein geknechtetes, ein verlassenes, ein verächtliches Wesen ist."[482] Ein ehemaliger Pfarrer aus der Hamborner Gegend, der im Frühjahr 1919 dorthin zurückgekehrte und Gespräche mit Bergleuten führte, hat davon eindrucksvoll Zeugnis abgelegt:

---

481 Vgl. Lucas, Ursachen, S. 78.

482 Karl Marx, Zur Kritik der Hegelschen Rechtsphilosophie, S. 385. In: MEW 1, S. 378-391.

> „Es lebt in der Bergarbeiterschaft, wenigstens in dem Bezirk, den ich besucht habe, wirklich etwas von urchristlicher Stimmung. Die Leute fühlen sich an einem Wendepunkt der Geschichte, und sie haben das große Bewußtsein, in einem heiligen Kampf zu stehen. Und dieser Kampf charakterisiert sich in ihrem Gefühl eben so, daß es gelte, das den Menschen völlig mißachtende, über Menschenleben und Menschensein kalt hinwegschreitende, ausbeuterische Unternehmertum ein für allemal zu vernichten.“[483]

Werfen wir noch einen Blick auf die Rolle der formalen Organisationen: Für die etablierten Gewerkschaften, die sich vergeblich bemühten, die Streiks unter Kontrolle zu bringen und abzuwürgen, war die ganze Bewegung eine Geschichte von Niederlagen. Allein zwischen April und Juni 1919 verlor der Alte Verband im Ruhrgebiet ein Viertel seiner Mitglieder, in manchen Gebieten sogar fast die Hälfte.[484] In Hamborn büßte er jeglichen Einfluss ein. Hier verfügten die Freien Gewerkschaften Ende 1919 nur noch über einen Organisationsgrad von 0,3 %.[485] Zwischen Februar und Mai 1919 musste der Alte Verband zudem zum ersten Mal in seiner Geschichte Unterstützungszahlungen an Mitglieder leisten, die von ihren Kolleg*innen gezwungen worden waren, ihren Arbeitsplatz aufzugeben und die Stadt zu verlassen.[486] Als Alternative zu den alten Gewerkschaften erlangte die FVdG in Hamborn erhebliche symbolische Bedeutung und hatte massenhaften Zulauf. Mit dem Beitritt signalisierten die neuen Mitglieder ihren Bruch mit den etablierten Verbänden und die Unterstützung der kollektiven Aktionen. Es gibt aber keine Hinweise darauf, dass die Freie Vereinigung darüber hinaus für die Streiks relevant war. Sie verfügte auch über keinen Organisationsapparat mit dem sie die Entstehung und das Fortschreiten der Bewegung befördern konnte.

USP und KPD blieben in Hamborn selbst für die Entstehung und Ausweitung der Streikaktivitäten ohne Bedeutung, für die Bewegung insgesamt

---

483 Bergische Volksstimme 7.4.1919. Zitiert nach Lucas, Formen, S. 270.

484 Vgl. Winkler, Revolution, S. 175.

485 Vgl. Heinrich Potthoff, Gewerkschaften und Politik zwischen Revolution und Inflation, Düsseldorf 1979, S. 45. Gesonderte Zahlen für die Bergarbeitergewerkschaften liegen mir leider nicht vor. Bei Potthoffs Prozentangabe ist zu beachten, dass sich diese nicht auf die Arbeiter*innenschaft, sondern auf die gesamte ortsanwesende Bevölkerung bezieht. Der Organisationsgrad in Hamborn lag erheblich unter den Werten aller anderen untersuchten Großstädte. Insgesamt verfügten die Freien Gewerkschaften hier nur noch über 354 Mitglieder. Es scheint daher nicht übertrieben, wenn Potthoff schreibt, dass in Hamborn die freigewerkschaftlichen Organisationen im Zuge der Bewegung „so gut wie vernichtet worden“ (Potthoff, Gewerkschaften, S. 44) seien.

486 Vgl. Lucas, Formen, S. 262.

spielten sie jedoch keine unbedeutende Rolle. Einen positiven Einfluss auf deren Entwicklung hatten die beiden Parteien vor allem Ende März, als die von ihnen besetzte Neunerkommission zu der Konferenz einlud, die den zweiten Generalstreik beschloss. Indem sie die Bewegungen aus dem westlichen und dem östlichen Ruhrgebiet zusammenführten, wirkten die beiden Parteien zu diesem Zeitpunkt als Katalysator. Ihre Beteiligung bot zudem das Potential, die relative Isolierung der Bewegung zu durchbrechen und damit einen ihrer wesentlichsten Schwachpunkte zu beseitigen. Schon frühzeitig bemühten sich Parteifunktionäre um eine Einbeziehung anderer Gebiete, so dass z.B. Delegierte aus dem mitteldeutschen Braunkohlerevier an Konferenzen in Essen teilnahmen. Als in der Gesamtschau verheerend wirkte sich allerdings die zusammen mit der SPD und den Gewerkschaften initiierte Sozialisierungsinitiative aus. Sie nährte zwar Hoffnungen auf einen grundlegenden Wandel, würgte jedoch die sich rasant entwickelnden Streiks ab, sorgte für relative Ruhe und verschaffte der Regierung Zeit, um die eigene Position zu festigen und auf weitere Aktionen mit militärischen Mitteln zu reagieren. Als die Regierungstruppen dann tatsächlich einmarschierten, ergriffen Funktionäre der USP und KPD mit der Ausrufung des Generalstreiks eine notwendige Abwehrmaßnahme. Der Beschluss der Mülheimer Konferenz erfolgte ohne Einbeziehung der Basis, trug aber dazu bei, dass sich schnell umfangreiche Aktivitäten gegen die militärische Intervention entwickelten. Insbesondere die USP sorgte jedoch dafür, dass dieser Widerstand ebenso schnell wieder zusammenbrach. Mit dem auf Initiative führender USP-Funktionäre zu Stande gekommenen Waffenstillstandsabkommen wurde nicht nur der Generalstreik ohne Gegenleistung abgebrochen, sondern es entfiel durch die eingeleitete Entwaffnung der Arbeiter*innenschaft auch dauerhaft die Möglichkeit zur bewaffneten Gegenwehr. Die militärische Überlegenheit der Regierungstruppen gehörte aber zu den Faktoren, die zum Scheitern der Bewegung wesentlich beitrugen. Hier mag man zunächst einen Widerspruch vermuten: Wurde nicht wiederholt die Widerstandsfähigkeit der informellen Strukturen betont, ihre Unangreifbarkeit durch die militärischen Maßnahmen, die fortbestehende Handlungsfähigkeit der Bergleute? Tatsächlich erwiesen sich Versuche, die Streiks durch direkte militärische Mittel zu zerschlagen, als erfolglos. Arbeitsniederlegungen ließen sich durch das Einschreiten und die Präsenz des Militärs weder verhindern noch zügig beenden. Das sollte aber nicht den Blick darauf verstellen, dass die (potentielle) Anwesenheit von Regierungstruppen die Palette der Handlungsoptionen enorm einschränkte. In dieser Situation ließ sich weder durch die (angedrohte) Beschädigung von Betriebsanlagen der Druck erhöhen noch konnten die Zechen von den Bergleuten selbst in Besitz genommen werden. Auch die Stilllegung anderer Betriebe von außen, wie sie die Hamborner Bergleute während des ersten

Generalstreiks praktizierten, entfiel als Option. Mögliche und durchaus nicht unwahrscheinliche Entwicklungspfade, die die Bewegung unter Umständen zumindest zu Teilerfolgen hätten führen können, wurden dadurch verbaut, dass die Arbeiter*innen den Regierungstruppen nicht bewaffnet Einhalt gebieten konnten.

Insgesamt gesehen kann man durchaus vermuten, dass sich die Bewegung ohne das Eingreifen der USP und der KPD nicht weniger schnell entwickelt hätte und möglicherweise erfolgreicher gewesen wäre. Die Streiks im Dezember vollzogen sich gänzlich ohne die Parteien, hier sorgten die Hamborner Arbeiter*innen im Wesentlichen durch eigene Aktionen für die Ausweitung der Bewegung. Die Ausstände Anfang Januar, bei denen nichts dafür spricht, dass sie durch die Parteien befördert wurden, zeigten die Tendenz sich massiv auszuweiten. Nur deshalb kam es überhaupt zum Essener Sozialisierungsprogramm. Die Initiative zur Einführung der Sechs-Stunden-Schicht ging wiederum direkt von den Hamborner Belegschaften aus. Über die Ende März im Wittener Raum entstandenen Streiks wissen wir zu wenig, um uns ein Urteil zu erlauben. Generell können wir, da wir uns bei der Untersuchung auf Hamborn konzentriert haben, relativ gesicherte Aussagen nur über diese Stadt treffen. Es lässt sich dennoch vermuten, dass auch in vielen anderen Orten informelle Strukturen, die denen in Hamborn ähnelten, für die Streiks wichtig waren. Mit großer Wahrscheinlichkeit trifft das für die Phasen militärischer Besetzung zu, da sich die zahlreichen Verhaftungen von Funktionären und vermeintlichen Führern nicht auf Hamborn beschränkten, sondern das ganze Ruhrgebiet erfassten.

Auch der revolutionäre Charakter der Bewegung hing nicht von der Intervention der Parteien ab. Die im April erhobene Forderung nach Entwaffnung der Polizei und der Bewaffnung der Arbeiter*innenschaft war in Hamborn bereits im Dezember nicht nur in ähnlicher Weise aufgekommen, sondern auf lokaler Ebene ganz praktisch verwirklicht worden. Der bewaffnete Kampf gegen die Regierungstruppen wurde im Februar ohne jeden Konferenzbeschluss u.a. von Hamborn aus eigenständig aufgenommen, nachdem es schon im Dezember mit den Freikorps zu blutigen Auseinandersetzungen gekommen war. Auch der Generalstreik wurde von Hamborner Belegschaften proklamiert, bevor die Mülheimer Konferenz überhaupt zusammentrat. Die Frage der betrieblichen Herrschaft und der Kontrolle über die Zechen kam ebenfalls nicht erst mit der Essener Sozialisierungsinitiative auf. Sie war bereits in der ersten Aktion der GDK-Bergleute präsent, als diese eigenmächtig die Schichtzeit verkürzten und damit der Unternehmensleitung die Verfügungsgewalt über den Betrieb streitig machten. Spätestens bei ihrer Inhaftierung durch die Streikenden muss der Zechendirektion klar geworden sein, dass die Bergleute sie keineswegs mehr als Herr im Haus ansahen. In den Verhandlungen am

Weihnachtsabend wurden die Ambitionen, Thyssen die Kontrolle zu entziehen, klar artikuliert, auch wenn die Einigkeit noch nicht so groß war, dass man zur Tat schreiten konnte. Dass ähnliche Absichten in anderen Orten ebenfalls vorhanden waren, zeigte sich im Januar und Februar. Mit Sicherheit wurde der Entschluss zu derartigen Aktionen durch die Sozialisierungsinitiative massiv erleichtert, dennoch ist auffällig, dass offenbar zahlreiche Belegschaften im Widerspruch zu den Vorstellungen der Parteifunktionäre die Betriebsleitungen eigenständig absetzten. Der Konflikt mit der Regierung scheint selbst ohne wilde Sozialisierungen unvermeidlich gewesen zu sein. Die Bewegung zeigte die klare Tendenz, über sich selbst hinaus zu treiben. Die Bergleute begannen mit der Forderung nach der Siebeneinhalb-Stunden-Schicht, nur wenige Monate später beanspruchten sie bereits Arbeitszeiten von sechs Stunden inklusive Ein- und Ausfahrt. Es spricht nichts dafür, dass sie dabei stehen geblieben wären, sechs Stunden bildeten ebenso wenig eine natürliche Grenze wie acht Stunden. Die Ergebnisse von Levensteins Befragungen hatten den verbreiteten Wunsch nach deutlich weitergehenden Arbeitszeitverkürzungen gezeigt und bereits im Dezember wurde in Zeitungsartikeln über das Verlangen nach Schichtzeiten unter sechs Stunden berichtet. Dass die Bergleute die Bewegung wie beschrieben vorantrieben, sich in gewisser Hinsicht unersättlich zeigten, führt uns zu einem weiteren Faktor, der für die Entwicklung zentral war: Erfolg. Die Erfahrung, dass man dem Zechenkapital etwas abtrotzen konnte, dass man den Unternehmern nicht hilflos ausgeliefert, sondern selbst handlungsfähig war, erwies sich als ungemein beflügelnd. Offensichtlich wurde die Rolle von Erfolgen zu verschiedenen Zeitpunkten, wenn sich die Kampfaktivitäten nach gelungenen Aktionen von einer Zeche zur nächsten fortpflanzten. Mindestens ebenso wichtig waren Erfolge aber für die Belegschaften, die diese selbst erzielt hatten. Es war kein Zufall, dass nicht die Zechen mit der längsten Arbeitszeit, sondern im Gegenteil gerade die Belegschaften, die bereits die kürzesten Schichten verfuhren, die Initiative für weitere Verkürzungen ergriffen. Dass Hamborn ein Aktivitätszentrum blieb und der Bewegung immer wieder voranschritt, hing auch damit zusammen, dass die Bergleute der GDK frühzeitig Erfolgserfahrungen machen konnten. Möglich wurde dies, weil der Gegenseite anfangs die Gewaltmittel fehlten. Militär war nicht verfügbar und der Arbeiterrat zeigte zunächst keine Anstalten die Volkswehr einzusetzen. Als die Miliz schließlich doch noch gegen die Streikenden aufgeboten werden sollte, führte die durch ihre Zusammensetzung verursachte Solidarisierung dazu, dass die Machtposition der Bergleute erheblich gestärkt wurde.

„Die heutige Forschung teilt weitgehend die Auffassung, daß für den Grad der Radikalisierung entscheidend war, welche Führerpersönlichkeiten die Zügel in den Kommunen an sich rissen. Allerdings brauchte jeder ‚Revo-

> lutionsgeneral' auch Truppen, die er unter den unorganisierten Arbeitern in der Eisen- und Stahlindustrie und im Bergbau am leichtesten fand."[487]

Mit solchen Vorstellungen, wie sie Petra Weber hier u.a. mit Blick auf Hamborn formuliert und in denen die Bewegung als durch die radikalen Führer organisierte und gelenkte Armee erscheint, haben wir hoffentlich gründlich aufgeräumt. „Führer in dem Sinne, wie Sie Führer sind, gibt es bei uns nicht. Ein Oberstkommandierender ist überhaupt nicht vorhanden"[488], lautete die Antwort, die natürlich nicht an Weber gerichtet war, sondern im Rahmen der Waffenstillstandsverhandlungen an die Offiziere der Regierungstruppen. Selbst wenn man diese Behauptung aufgrund des Kontextes für taktisch motiviert halten mag, so charakterisierte sie die Bewegung doch zutreffend. Die Militärs mochten das nicht glauben – und bemühten sich erfolglos, den Widerstand durch Ausschaltung der vermeintlichen Rädelsführer zu brechen. Schon Rosa Luxemburg hat auf „das Humoristische der polizeilichen Theorie [...], als sei die ganze moderne Arbeiterbewegung ein künstliches, willkürliches Produkt einer Handvoll gewissenloser ‚Wühler und Hetzer'"[489], hingewiesen. Dass der polizeiliche Blick sich selbst noch hundert Jahre später in der Forschung so hartnäckig hält, kann man bedauerlich finden. Es nährt aber auch die Hoffnung, dass es ihren Gegner*innen nie möglich sein wird, Bewegungen wie die der Hamborner Bergleute vollständig zu durchschauen. Das ist nicht die schlechteste Perspektive.

Die Bergleute hatten ihre Ziele nicht erreicht, aber immerhin eine dauerhafte Verkürzung der Arbeitszeit um eine Stunde durchgesetzt. Ende April 1919 hatten die Regierungstruppen die Bewegung zwar niedergeworfen, aber sie konnten nicht die informellen Strukturen zerschlagen und so die Handlungsfähigkeit der Arbeiter*innen beseitigen. Dazu waren andere Mittel nötig: Es waren technische Neuerungen wie die Schüttelrutsche und die damit verbundenen betriebsorganisatorischen Umstellungen, die in dieser Hinsicht zur elementaren Bedrohung wurden. Die flächendeckende Einführung derartiger Maschinen, wie sie sich im Laufe der zwanziger Jahre vollzog, barg tatsächlich das Potential, der Aktionsfähigkeit der Bergleute die Grundlage zu entziehen. Doch bis dahin dauerte es noch eine Weile. Ende April 1919 war das Ruhrgebiet militärisch besetzt, aber nicht befriedet. Die Bergleute hatten eine Niederlage erlitten, doch ihre Kampfkraft war nicht gebrochen. Es schien nur eine Frage der Zeit, bis sie sich wieder erheben würden.

---

487 Weber, Sozialpartnerschaft, S. 205.

488 Protokolle der Waffenstillstandsverhandlungen [wie Anm. 414], hier S. 70.

489 Luxemburg, Massenstreik, S. 99.

# Quellen- und Literaturverzeichnis

## Archivalien

*Stadtarchiv Duisburg (StdA Dui)*

Bestand 51: Unruhen 1918-1924.

Bericht über die Verwaltung und den Stand der Gemeinde-Angelegenheiten der Stadt Hamborn für das Rechnungsjahr 1911.

Verwaltungsbericht der Stadt Hamborn am Rhein für die Zeit vom 1. April 1914 bis 31. März 1919.

Verwaltungsbericht der Stadt Hamborn am Rhein für das Jahr 1919.

*Stadtarchiv Mülheim (StdA Mü)*

Freiheit. Organ für die Interessen des gesamten werktätigen Volkes [ab Ausgabe vom 17. Februar 1919: Freiheit. Organ der Kommunistischen Partei] (Bestand 1430/11).

## Zeitgenössische Publikationen


Arnst, Paul: August Thyssen und sein Werk, Leipzig 1925.

Bentrop, Wilhelm: Die industrielle Entwickelung der Stadt Hamborn am Rhein bis Ende des Jahres 1922, Diss. Würzburg 1922.

Blum, Robert: Hamborn a./Rhein, die Entwicklung eines jungen Gemeinwesens zur Industriegroßstadt unter besonderer Berücksichtigung der Entwicklung von Handwerk und Einzelhandel, Diss. Köln 1933.

Fischer-Eckert, Li: Die wirtschaftliche und soziale Lage der Frauen in dem modernen Industrieort Hamborn im Rheinland, Diss. Tübingen 1913.

Freundlieb, Karl: Allgemeine und wirtschaftliche Entwicklung der Stadt Hamborn a. Rhein unter besonderer Berücksichtigung der Bodenpreisgestaltung in den Jahren 1880/1914, Diss. Würzburg 1930.

Gerke, Arthur: Die neuesten Fortschritte der maschinellen Abbauförderung. In: Zeitschrift für das Berg-, Hütten- und Salinenwesen im Preußischen Staate, Bd. 63 (1915), H. 2, S. 137-194.

Grabein, Paul: Aus dem Reiche der schwarzen Diamanten. Bilder aus dem Bergmannsleben, Leipzig u.a. 1910.

Illustrierte Geschichte der Deutschen Revolution, Frankfurt 1970 [Nachdruck der Ausgabe von 1929].

Kautz, Heinrich: Um die Seele des Industriekindes, Donauwörth [2]1929.

Levenstein, Adolf: Die Arbeiterfrage. Mit besonderer Berücksichtigung der sozialpsychologischen Seite des modernen Großbetriebes und der psycho-physischen Einwirkungen auf die Arbeiter, München 1912.

Luxemburg, Rosa: Massenstreik, Partei und Gewerkschaften. In: Luxemburg, Rosa: Gesammelte Werke. Bd. 2: 1906 bis Juni 1911, hrsg. vom Institut für Marxismus-Leninismus beim ZK der SED, Berlin $^{4}$1986, S. 92-170.

Müller, Richard: Der Bürgerkrieg in Deutschland, Berlin $^{2}$1979 [Nachdruck der Ausgabe von 1925].

Neunerkommission für die Vorbereitung der Sozialisierung des Bergbaues im rheinisch-westfälischen Industriegebiet (Hrsg.): Die Sozialisierung des Bergbaues und der Generalstreik im rheinisch-westfälischen Industriegebiet [Essen 1919].

Pommer, [Carlo]: Die mechanische Abbauförderung beim Steinkohlenbergbau im Oberbergamtsbezirk Dortmund. In: Zeitschrift für das Berg-, Hütten- und Salinenwesen im Preußischen Staate, Bd. 61 (1913), H. 2, S. 254-296.

Severing, Carl: 1919/1920 im Wetter- und Watterwinkel, Bielefeld 1927.

Spethmann, Hans: Zwölf Jahre Ruhrbergbau. Band I: Aufstand und Ausstand bis zum zweiten Generalstreik April 1919, Berlin 1928.

Stenbock-Fermor, Alexander: Meine Erlebnisse als Bergarbeiter, Stuttgart 1928.

Teuber, Heinrich: Für die Sozialisierung des Ruhrbergbaus, hrsg. von Hellmut G. Haasis und Erhard Lucas, Frankfurt 1973.

Triem, Jakob: Im Schein der Grubenlampe. Ein Tagebuch. 1916-1933. In: Köpping, Walter (Hrsg.): Lebensberichte deutscher Bergarbeiter, Frankfurt am Main / Olten / Wien 1984, S. 198-233.

Verfassungsgebende Preußische Landesversammlung 1919/20: Bericht des Untersuchungsausschusses über die Ursachen und den Verlauf der Unruhen in Rheinland und Westfalen in der Zeit vom 1. Januar bis 19. März 1919 (Nr. 3228).

Versuche und Verbesserungen beim Bergwerksbetriebe in Preußen während des Jahres 1912. In: Zeitschrift für das Berg-, Hütten- und Salinenwesen im Preußischen Staate, Bd. 61 (1913), H. 2, S. 146-210.

Werner, Georg: Ein Kumpel. Erzählung aus dem Leben der Bergarbeiter, Berlin $^{2}$1930.

## Quellensammlungen

Abelshauser, Werner / Himmelmann, Ralf (Hrsg.): Revolution in Rheinland und Westfalen. Quellen zu Wirtschaft, Gesellschaft und Politik 1918-1923, Essen 1988.

Adelmann, Gerhard: Quellensammlung zur Geschichte der sozialen Betriebsverfassung. Ruhrindustrie unter besonderer Berücksichtigung des Industrie- und Handelskammerbezirks Essen, Bd. 2, Bonn 1965.

Institut für Marxismus-Leninismus beim Zentralkomitee der Sozialistischen Einheitspartei Deutschlands (Hrsg.): Dokumente und Materialien zur Geschichte der deutschen Arbeiterbewegung, Bd. VII, 1. Halbb., Berlin 1966.

Tenfelde, Klaus / Trischler, Helmuth (Hrsg.): Bis vor die Stufen des Throns. Bittschriften und Beschwerden von Bergleuten im Zeitalter der Industrialisierung, München 1986.

## Literatur

Adelmann, Gerhard: Die soziale Betriebsverfassung des Ruhrbergbaus vom Anfang des 19. Jahrhunderts bis zum Ersten Weltkrieg unter besonderer Berücksichtigung des Industrie- und Handelskammerbezirks Essen, Bonn 1962.

Altena, Bert: Zur Analyse des revolutionären Syndikalismus. In: Mitteilungsblatt des Instituts zur Erforschung der europäischen Arbeiterbewegung (IGA), H. 22 (1999), S. 5-35.

Baudis, Dieter: Zur Geschichte des Kampfes der deutschen Arbeiterklasse um die Kontrolle über die Produktion während der Novemberrevolution und der Massenstreiks im Frühjahr 1919, Diss. Berlin 1960.

Bock, Hans Manfred: Syndikalismus und Linkskommunismus von 1918 bis 1923. Ein Beitrag zu Sozial- und Ideengeschichte der frühen Weimarer Republik, Darmstadt 1993.

Bos, Marguérite / Vincenz, Bettina / Wirz, Tanja: Erfahrung: Alles nur Diskurs? Auseinandersetzung mit einer Debatte um einen vielschichtigen Begriff. In: Bos, Marguérite / Vincenz, Bettina / Wirz, Tanja (Hrsg.): Erfahrung: Alles nur Diskurs? Zur Verwendung des Erfahrungsbegriffs in der Geschlechtergeschichte, Zürich 2004, S. 9-21.

Brüggemeier, Franz-Josef: Leben vor Ort. Ruhrbergleute und Ruhrbergbau 1889-1919, München 1983.

Brüggemeier, Franz: Soziale Vagabundage oder revolutionärer Heros? Zur Sozialgeschichte der Ruhrbergarbeiter 1880-1920. In: Niethammer, Lutz (Hrsg.): Lebenserfahrung und kollektives Gedächtnis. Die Praxis der „Oral History“, Frankfurt am Main 1985, S. 263-289.

Brüggemeier, Franz Josef: „Volle Kost voll“. Die Wohnungsverhältnisse der Bergleute an der Ruhr um die Jahrhundertwende. In: Mommsen, Hans / Borsdorf, Ulrich (Hrsg.): Glück auf, Kameraden! Die Bergarbeiter und ihre Organisationen in Deutschland, Köln 1979, S 151-173.

Brüggemeier, Franz J. / Niethammer, Lutz: Schlafgänger, Schnapskasinos und schwerindustrielle Kolonie. Aspekte der Arbeiterwohnungsfrage im Ruhrgebiet vor dem Ersten Weltkrieg. In: Reulecke, Jürgen / Weber, Wolfhard (Hrsg.): Fabrik – Familie – Feierabend. Beiträge zur Sozialgeschichte des Alltags im Industriezeitalter, Wuppertal 1978, S. 135-175.

Brunner, Otto / Conze, Werner / Koselleck, Reinhart (Hrsg.): Geschichtliche Grundbegriffe. Historisches Lexikon zur politisch-sozialen Sprache in Deutschland, Bd. 5, Stuttgart 1984.

Burghardt, Uwe: Die Anfänge der Mechanisierung des Ruhrbergbaus (1905-1914). In: Tenfelde, Klaus (Hrsg.): Sozialgeschichte des Bergbaus im 19. und 20. Jahrhundert. Beiträge des Internationalen Kongresses zur Bergbaugeschichte Bochum, Bundesrepublik Deutschland, 3.-7. September 1989, München 1992, S. 404-420.

Burghardt, Uwe: Die Mechanisierung des Ruhrbergbaus 1890-1930, München 1995.

Canning, Kathleen: Problematische Dichotomien. Erfahrung zwischen Narrativität und Materialität. In: Historische Anthropologie, Bd. 10 (2002), H. 2, S. 163-182.

Crew, David F.: Berufliche Lage und Protestverhalten Bochumer Bergleute und Metallarbeiter im ausgehenden 19. Jahrhundert. In: Mommsen, Hans / Borsdorf, Ulrich (Hrsg.): Glück auf, Kameraden! Die Bergarbeiter und ihre Organisationen in Deutschland, Köln 1979, S. 71-88.

Crew, David F.: Bochum. Sozialgeschichte einer Industriestadt 1860-1914, Frankfurt/M / Berlin / Wien 1980.

Daniel, Ute: Die Erfahrungen der Geschlechtergeschichte. In: Bos, Marguérite / Vincenz, Bettina / Wirz, Tanja (Hrsg.): Erfahrung: Alles nur Diskurs? Zur Verwendung des Erfahrungsbegriffs in der Geschlechtergeschichte, Zürich 2004, S. 59-69.

Davis, Belinda / Lindenberger, Thomas / Wildt, Michael: Einleitung. In: Davis, Belinda / Lindenberger, Thomas / Wildt, Michael (Hrsg.), Alltag, Erfahrung, Eigensinn. Historisch-anthropologische Erkundungen, Frankfurt a.M. / New York 2008, S. 11-28.

Dörnemann, Manfred: Die Politik des Verbandes der Bergarbeiter Deutschlands von der Novemberrevolution 1918 bis zum Osterputsch 1921 unter besonderer Berücksichtigung der Verhältnisse im rheinisch-westfälischen Industriegebiet. Ein Beitrag zur gewerkschaftlichen Auseinandersetzung mit den linksradikalen Strömungen nach dem Sturz des Kaiserreichs, Diss. Würzburg 1965.

Fleischer, Helmut: Marxismus und Geschichte, $^{3}$1970.

Geary, Dick: The Myth of the Radical Miner. In: Berger, Stefan / Croll, Andy / LaPorte, Norman (Hrsg.): Towards a comparative history of coalfield societies, Aldershot / Burlington 2005, S. 43-64.

Gladen, Albin: Die Streiks der Bergarbeiter im Ruhrgebiet in den Jahren 1889, 1905 und 1912. In: Reulecke, Jürgen (Hrsg.): Arbeiterbewegung an Rhein und Ruhr. Beiträge zur Geschichte der Arbeiterbewegung in Rheinland-Westfalen, S. 111-148.

Göbel, Wolfgang: Bergarbeiter im Ruhrgebiet seit 1918. Eine kultursoziologische Analyse von Romanen aus der Arbeitswelt, Diss. Marburg / Lahn 1973.

Hartewig, Karin: Das unberechenbare Jahrzehnt. Bergarbeiter und ihre Familien im Ruhrgebiet 1914-1924, München 1993.

Henze, Jochen: Sechsstundenschicht im Ruhrbergbau 1918-1920. Ursachen und Verlauf eines Arbeitszeitkonflikts, Freiburg 1988.

Hickey, S. H. F.: Workers in Imperial Germany. The Miners of the Ruhr, Oxford 1985.

Hickey, Stephen: Bergmannsarbeit an der Ruhr vor dem Ersten Weltkrieg. In: Mommsen, Hans / Borsdorf, Ulrich (Hrsg.): Glück auf, Kameraden! Die Bergarbeiter und ihre Organisationen in Deutschland, Köln 1979, S. 49-69.

Huske, Joachim: Die Steinkohlenzechen im Ruhrrevier. Daten und Fakten von den Anfängen bis 1986, Bochum 1987.

Husmann, Heinrich: Lebensformen und ihr Wandel beim Arbeiter in Hamborn. Teil I. In: Rheinisch-westfälische Zeitschrift für Volkskunde, Bd. 4 (1957), H. 1, S. 1-39.

James, Leighton S.: The politics of identity and civil society in Britain and Germany. Miners in the Ruhr and South Wales 1890-1926, Manchester / New York 2008.

Jenko, Jürgen: Die Bergarbeiterschaft und der Aufstieg des Anarcho-Syndikalismus im Ruhrgebiet bis 1919. In: Mitteilungsblatt des Instituts für soziale Bewegungen, H. 38 (2007), S. 7-26.

Kern, Horst / Schumann, Michael: Industriearbeit und Arbeiterbewußtsein. Eine empirische Untersuchung über den Einfluß der aktuellen technischen Entwicklung auf die industrielle Arbeit und das Arbeiterbewußtsein, Frankfurt am Main 1985.

Klan, Ulrich / Nelles, Dieter: „Es lebt noch eine Flamme". Rheinische Anarcho-Syndikalist/-innen in der Weimarer Republik und im Faschismus, Grafenau-Döffingen 1986.

Kleßmann, Christoph: Polnische Bergarbeiter im Ruhrgebiet 1870-1945. Soziale Integration und nationale Subkultur einer Minderheit in der deutschen Industriegesellschaft, Göttingen 1978.

Kluge, Ulrich: Der Generalsoldatenrat in Münster und das Problem der bewaffneten Macht im rheinisch-westfälischen Industriegebiet. In: Rürup, Reinhard (Hrsg.): Arbeiter- und Soldatenräte im rheinisch-westfälischen Industriegebiet. Studien zur Geschichte der Revolution 1918/19, Wuppertal 1975, S. 315-392.

Kluge, Ulrich: Essener Sozialisierungsbewegung und Volkswehrbewegung im rheinisch-westfälischen Industriegebiet 1918/19. In: IWK, H. 16 (1972), S. 55-65.

Langewiesche, Dieter: Mobilität in deutschen Mittel- und Großstädten. Aspekte der Binnenwanderung im 19. und 20. Jahrhundert. In: Conze, Werner / Engelhardt, Ulrich (Hrsg.): Arbeiter im Industrialisierungsprozeß. Herkunft, Lage und Verhalten, Stuttgart 1979, S. 70-93.

Lucas, Erhard: Zwei Formen von Radikalismus in der deutschen Arbeiterbewegung, Frankfurt am Main 1976.

Lucas, Erhard: Ursachen und Verlauf der Bergarbeiterbewegung in Hamborn und im westlichen Ruhrgebiet 1918/19. In: Duisburger Forschungen, Bd. 15. (1971), S. 1-119.

Lucas, Erhard: Zum Entstehungsprozeß und zum Ansatz der Untersuchung „Zwei Formen von Radikalismus in der deutschen Arbeiterbewegung". In: Lucas, Erhard / Wickham, James / Roth, Karl-Heinz: Arbeiterradikalismus und Die „andere" Arbeiterbewegung – zur Diskussion der Massenarbeiterthese, Bochum, S. 61-75.

Lucas, Erhard / Tedesco, Claus Del: Zur Bergarbeiterbewegung in Hamborn 1918/19. In: Duisburger Forschungen, Bd. 22 (1975), S. 141-168.

Lüdtke, Alf: Alltagsgeschichte: Aneignung und Akteure. Oder – es hat noch kaum begonnen! In: Werkstatt*Geschichte* 17 (1997), S. 83-92.

Lüdtke, Alf: Alltagsgeschichte – ein Bericht von unterwegs. In: Historische Anthropologie, Bd. 11 (2003), H. 2, S. 278-295.

Lüdtke, Alf: Anregungskraft und blinde Stellen. Zum Alphabet des Fragestellens nach Marx. In: Lüdtke, Alfred (Hrsg.): Was bleibt von marxistischen Perspektiven in der Geschichtsforschung?, Göttingen 1997, S. 9-32.

Lüdtke, Alf: Eigen-Sinn. Fabrikalltag, Arbeitererfahrung und Politik vom Kaiserreich bis in den Faschismus, Hamburg 1993.

Lüdtke, Alfred: Einleitung: Was ist und wer treibt Alltagsgeschichte? In: Lüdtke, Alfred (Hrsg.): Alltagsgeschichte. Zur Rekonstruktion historischer Erfahrungen und Lebensweisen, Frankfurt a.M. / New York 1989, S. 9-47.

Lüpke, Lennart / Kruppa, Nadine: Von der politischen Revolution zur sozialen Protestbewegung: Die Revolution im Ruhrgebiet 1918-1920. In: Plener, Ulla (Hrsg.): Die Novemberrevolution 1918/19 in Deutschland. Für bürgerliche und sozialistische Demokratie - Allgemeine, regionale und biographische Aspekte, Berlin 2009, S. 104-130 (http://www.rosalux.de/fileadmin/rls_uploads/pdfs/Manuskripte_85.pdf Stand: 19.9.2012).

Mallmann, Klaus-Michael: Erfahrungsräume und Deutungswelten. Klassenbildung, Fragmentierung und Bergarbeiterbewegung in Deutschland 1871-1914. In: Tenfelde, Klaus (Hrsg.): Sozialgeschichte des Bergbaus im 19. und 20. Jahrhundert. Beiträge des Internationalen Kongresses zur Bergbaugeschichte Bochum, Bundesrepublik Deutschland, 3.-7. September 1989, München 1992, S. 593-608.

Marx, Karl: Zur Kritik der Hegelschen Rechtsphilosophie. In: MEW 1, S. 378-391.

Marx, Karl / Engels, Friedrich: Die deutsche Ideologie. Kritik der neuesten deutschen Philosophie in ihren Repräsentanten Feuerbach, B. Bauer und Stirner, und des deutschen Sozialismus in seinen verschiedenen Propheten. In: MEW 3, S. 9-530.

Mommsen, Hans: Die Bergarbeiterbewegung an der Ruhr 1918-1933. In: Reulecke, Jürgen (Hrsg.): Arbeiterbewegung an Rhein und Ruhr. Beiträge zur Geschichte der Arbeiterbewegung in Rheinland-Westfalen, Wuppertal 1974, S. 275-314.

Hans Mommsen: Soziale Kämpfe im Ruhrbergbau nach der Jahrhundertwende. In: Mommsen, Hans / Borsdorf, Ulrich (Hrsg.): Glück auf, Kameraden! Die Bergarbeiter und ihre Organisationen in Deutschland, Köln 1979, S. 249-272.

Mommsen, Hans: Soziale und politische Konflikte an der Ruhr 1905 bis 1924. In: Mommsen, Hans (Hrsg.), Arbeiterbewegung und industrieller Wandel. Studien zu gewerkschaftlichen Organisationsproblemen im Reich und an der Ruhr, Wuppertal 1980, S. 62-94.

Negt, Oskar / Kluge, Alexander: Öffentlichkeit und Erfahrung. Zur Organisationsanalyse von bürgerlicher und proletarischer Öffentlichkeit, Frankfurt a.M. $^{6}$1978.

Oertzen, Peter von: Betriebsräte in der Novemberrevolution. Eine politikwissenschaftliche Untersuchung über Ideengehalt und Struktur der betrieblichen und wirtschaftlichen Arbeiterräte in der deutschen Revolution 1918/19, Bonn-Bad Godesberg $^{2}$1976.

Oertzen, Peter von: Die Betriebsräte- und Sozialisierungsbewegung. In: Kinner, Klaus: Der deutsche Kommunismus. Selbstverständnis und Realität, Bd. 1. Die Weimarer Zeit, Berlin 1999, S. 27-32.

Oertzen, Peter von: Die großen Streiks der Ruhrbergarbeiterschaft im Frühjahr 1919. In: Vierteljahreshefte für Zeitgeschichte, Bd. 6 (1958), H. 3, S. 231-262.

Peukert, Detlev. J. K.: Industrialisierung des Bewußtseins? Arbeitserfahrungen von Ruhrbergleuten im 20. Jahrhundert. In: Tenfelde, Klaus (Hrsg.): Arbeit und Arbeitserfahrung in der Geschichte, Göttingen 1986, S. 92-119.

Potthoff, Heinrich: Gewerkschaften und Politik zwischen Revolution und Inflation, Düsseldorf 1979.

Rawe, Kai: Kriegsgefangene, Freiwillige und Deportierte. Ausländerbeschäftigung im Ruhrbergbau während des Ersten Weltkrieges. In: Tenfelde, Klaus / Seidel, Hans-Christoph (Hrsg.): Zwangsarbeit im Bergwerk. Der Arbeitseinsatz im Kohlenbergbau des Deutschen Reiches und der besetzten Gebiete im Ersten und Zweiten Weltkrieg. Bd. 1: Forschungen, Essen 2005, S. 35-61.

Reulecke, Jürgen: Der Erste Weltkrieg und die Arbeiterbewegung im rheinisch-westfälischen Industriegebiet. In: Reulecke, Jürgen (Hrsg.): Arbeiterbewegung an Rhein und Ruhr. Beiträge zur Geschichte der Arbeiterbewegung in Rheinland-Westfalen, Wuppertal 1974, S. 205-S. 239.

Roth, Karl Heinz: Arbeiterklasse und Arbeiterorganisationen – Deutschland 1890-1920. In: Lucas, Erhard / Wickham, James / Roth, Karl-Heinz: Arbeiterradikalismus und Die „andere" Arbeiterbewegung – zur Diskussion der Massenarbeiterthese, Bochum 1977, S. 15-60.

Roth, Karl Heinz: Die „andere" Arbeiterbewegung und die Entwicklung der kapitalistischen Repression von 1880 bis zur Gegenwart. Ein Beitrag zum Neuverständnis der Klassengeschichte in Deutschland, München 1974.

Schulte-Steinberg, Dieter: Zur Entwicklung vom Örter- und Pfeilerbau zum Langfrontbau im Ruhrrevier, Diss. Aachen 1994.

Schütz, Alfred / Luckmann, Thomas: Strukturen der Lebenswelt, Konstanz 2003.

Steffens, Horst: Arbeiterwohnverhältnisse und Arbeitskampf. Das Beispiel der Saarbergleute in der großen Streikzeit 1889-1893. In: Tenfelde, Klaus / Volkmann, Heinrich (Hrsg.): Streik. Zur Geschichte des Arbeitskampfes in Deutschland während der Industrialisierung, München 1981, S. 124-142.

Tampke, Jürgen: Die Sozialisierungsbewegung im Steinkohlenbergbau an der Ruhr. In: Mommsen, Hans / Borsdorf, Ulrich (Hrsg.): Glück auf, Kameraden! Die Bergarbeiter und ihre Organisationen in Deutschland, Köln 1979, S. 225-248.

Tampke, Jürgen: The Ruhr and Revolution. The Revolutionary Movement in the Rhenish-Westphalian Industrial Region 1912-1919, Canberra/Norwalk, Conn. 1978.

Tenfelde, Klaus: Der bergmännische Arbeitsplatz während der Hochindustrialisierung (1890 bis 1914). In: Conze, Werner / Engelhardt, Ulrich (Hrsg.): Arbeiter im Industrialisierungsprozeß. Herkunft, Lage und Verhalten, Stuttgart 1979, S. 283-335.

Tenfelde, Klaus: Linksradikale Strömungen in der Ruhrbergarbeiterschaft 1905 bis 1919. In: Mommsen, Hans / Borsdorf, Ulrich (Hrsg.): Glück auf, Kameraden! Die Bergarbeiter und ihre Organisationen in Deutschland, Köln 1979, S. 199-223.

Tenfelde, Klaus: Probleme der Organisation von Arbeitern und Unternehmern im Ruhrbergbau 1890-1918. In: Mommsen, Hans (Hrsg.): Arbeiterbewegung und industrieller Wandel. Studien zu gewerkschaftlichen Organisationsproblemen im Reich und an der Ruhr, Wuppertal 1980, S. 38-61.

Tenfelde Klaus: Radikal, militant? Forschungen über Bergarbeiterstreiks im 20. Jahrhundert. In: Westermann, Angelika / Westermann, Ekkehard (Hrsg.): Streik im Revier. Unruhe, Protest und Ausstand vom 8. bis 20. Jahrhundert, St. Katharinen 2007, S. 381-404.

Tenfelde, Klaus: Sozialgeschichte der Bergarbeiterschaft an der Ruhr im 19. Jahrhundert, Bonn ²1981.

Tenfelde, Klaus / Volkmann, Heinrich: Zur Geschichte des Streiks in Deutschland. In: Tenfelde, Klaus / Volkmann, Heinrich (Hrsg.): Streik. Zur Geschichte des Arbeitskampfes in Deutschland während der Industrialisierung, München 1981, S. 9-30.

Thompson, Edward P.: Das Elend der Theorie. Zur Produktion geschichtlicher Erfahrung, Frankfurt a.M. / New York 1980.

Treude Karl-Heinz: Hamborn 1918/19. Drei Fragen an eine gescheiterte Revolution. In: Duisburger Forschungen, Bd. 33 (1985), S. 233-240.

Treue, Wilhelm: Die Feuer verlöschen nie. August Thyssen-Hütte 1890-1926, Düsseldorf / Wien 1966.

Trischler, Helmuth: Steiger im deutschen Bergbau. Zur Sozialgeschichte der technischen Angestellten 1815-1945, München 1988.

Weber, Petra: Gescheiterte Sozialpartnerschaft – Gefährdete Republik? Industrielle Beziehungen, Arbeitskämpfe und der Sozialstaat. Deutschland und Frankreich im Vergleich (1918-1933/39), München 2010.

Weber, Wolfhard: Der Arbeitsplatz in einem expandierenden Wirtschaftszweig: Der Bergmann. In: Reulecke, Jürgen / Weber, Wolfhard (Hrsg.): Fabrik – Familie – Feierabend. Beiträge zur Sozialgeschichte des Alltags im Industriezeitalter, Wuppertal 1978, S. 89-113.

Winkler, Heinrich August: Von der Revolution zur Stabilisierung. Arbeiter und Arbeiterbewegung in der Weimarer Republik 1918 bis 1924, Berlin / Bonn ²1985.

Zimmermann, Michael: Die Rationalisierung des Ruhrbergbaus in den zwanziger Jahren. Das Beispiel der Harpener Bergbau AG. In: Tenfelde, Klaus (Hrsg.): Sozialgeschichte des Bergbaus im 19. und 20. Jahrhundert. Beiträge des Internationalen Kongresses zur Bergbaugeschichte Bochum, Bundesrepublik Deutschland, 3.-7. September 1989, München 1992, S. 432-444.

Zimmermann, Michael: Schachtanlage und Zechenkolonie. Leben, Arbeit und Politik in einer Arbeitersiedlung 1880-1980, Essen 1987.

# Verzeichnis bergbaulicher Spezialbegriffe

*abteufen:* Niederbringen eines Schachtes.

*absaufen:* Volllaufen des *Grubengebäudes* mit Wasser.

*anlegen:* Ein Arbeitsverhältnis auf einer Zeche eingehen; Bergleute einstellen.

*Auffahrung:* Herstellen einer *Strecke.*

*Ausbau:* Sicherung von Hohlräumen gegen Einsturz und herabfallendes Gestein.

*Aus- und Einfahrt:* Das Bergwerk durch den Schacht verlassen bzw. sich in dieses hinein begeben.

*befahren:* Fortbewegung *unter Tage*; Gehen.

*Bergbeamte:* Zechenangestellte. Der *Steiger* war ein Bergbeamter.

*Bergschäden:* Durch Bergbauaktivitäten verursachte Beschädigungen (z.B. an Gebäuden), die u.a. im Zusammenhang mit Bodenabsenkungen auftreten können.

*Blindschacht:* Schacht, der verschiedene Ebenen des *Grubengebäudes* miteinander verbindet, aber nicht bis an die Erdoberfläche reicht.

*Bremsberg:* Abschüssige Transportstrecke, auf der die Wagen aufgrund des Gefälles abgebremst werden mussten.

*Bremser:* Arbeiter im *Bremsberg.*

*Flöz:* Kohleführende Schicht im Gestein.

*Gebirgsdruck:* Durch auflastende Schichten verursachte Spannungen im Gestein.

*Gedinge:* Bergmännischer Leistungslohn, der regelmäßig neu ausgehandelt wurde.

*Gewerkschaft:* Bezeichnet im vorliegenden Kontext nicht nur einen Zusammenschluss von Beschäftigten, sondern auch eine bergbauspezifische Unternehmensform.

*Grubengebäude:* Unterirdischer Teil des Bergwerks.

*Hauer:* Erfahrener Bergmann, der im *Gedinge* entlohnt wurde. Fehlt eine nähere Bestimmung, so ist der mit der Kohlengewinnung befasste *Kohlenhauer* gemeint. Daneben existierten auf Gesteinsarbeiten spezialisierte *Gesteinshauer* sowie *Reparatur- und Zimmerhauer*, die für Reparaturarbeiten und den dauerhaften *Ausbau* zuständig waren.

*Hangendes:* Über dem *Flöz* liegende Gesteinsschicht.

*Haspel:* Seilwinde.

*Kameradschaft:* Eigenständige Arbeitsgruppe an einem *Ort.*

*Ort* (Pl. *Örter*): Betriebspunkt *unter Tage.*

*Ortsältester:* Verantwortlicher einer *Kameradschaft.*

*Schacht x/y:* Aus zwei Schächten bestehende Doppelschachtanlage. Die Vergabe der Nummern erfolgte entsprechend der zeitlichen Abfolge der *Abteufe.*

*Schießen:* Sprengen.

*Schlepper:* In der Regel jüngerer Hilfsarbeiter, der vornehmlich für Transportaufgaben *unter Tage* eingesetzt wurde.

*Schram:* Vom Bergmann in der Kohle hergestellter Schlitz. Eines der dafür eingesetzten Werkzeuge war das *Schrämeisen.*

*Schüttelrutsche:* Im Abbauraum eingesetztes, motorgetriebenes Transportsystem mit dem Kohle und *Versatz* befördert werden konnten.

*Steiger:* Aufsichtspersonal, zu dessen Aufgaben die Überwachung der Arbeit der Bergleute gehörte. In der Hierarchie über dem Steiger stand der *Fahrsteiger.*

*Steigerrevier:* Zuständigkeitsbereich eines *Steigers.*

*Stempel:* Für den *Ausbau* verwendetes Stützelement.

*Streb:* Abbauraum.

*Strecke:* Weg/Gang *unter Tage.*

*Türstock:* Für den *Ausbau* verwendetes Stützelement.

*über Tage / unter Tage:* Über bzw. unter der Erdoberfläche.

*Versatz:* Auffüllen von Hohlräumen *unter Tage* bzw. Bezeichnung des für diesen Vorgang verwendeten Materials.

*Vorrichtung:* Vorbereitung des Kohlenabbaus, u.a. durch die *Auffahrung* von *Strecken.*

*Waschkaue:* Wasch- und Umkleideraum der Belegschaft.

*Wetterführung:* Maßnahmen zur Be- und Entlüftung des *Grubengebäudes.*

*Zechenlaufen:* (Häufiger) Wechsel von Bergleuten in ein neues Arbeitsverhältnis auf einer anderen Zeche.

*Zimmerung:* Sicherung von Hohlräumen gegen Einsturz und herabfallendes Gestein.

# Danksagung

Diese Untersuchung ist ursprünglich als Magisterarbeit am Seminar für Mittlere und Neuere Geschichte der Universität Göttingen entstanden. Dafür, dass sie nun in dieser Form vorliegt, bin ich einer Reihe von Leuten zu Dank verpflichtet. Rebekka Habermas danke ich für die entspannte Betreuung, die es mir ermöglichte den Forschungs- und Schreibprozess nach meinen eigenen Vorstellungen zu gestalten. Meinen Eltern danke ich für die Finanzierung eines langjährigen Studiums, das der Erstellung dieser Arbeit vorausgegangen ist. Das vorliegende Buch ist auch das Ergebnis eines anregenden Diskussionszusammenhangs. Vor allem meinen Freund*innen und Genoss*innen aus der Basisgruppe Geschichte danke ich dafür, dass sie mir über viele Jahre ein entsprechendes Umfeld geboten haben. Kalle Kunkel, Katharina Pöllmann-Heller, Lydia Brenz und Melanie Weyerstall haben das Manuskript gründlich vorwärts und teilweise sogar rückwärts Korrektur gelesen. Peter Birke und insbesondere Torsten Bewernitz haben mich mit großem Engagement bei der Verlagssuche unterstützt. Bert Thinius und ganz besonders Bernd Hüttner haben dafür gesorgt, dass das Projekt durch die Rosa Luxemburg Stiftung finanziell gefördert und damit die Publikation ermöglicht wurde. Lydia Brenz schließlich danke ich nicht nur dafür, dass sie lange Ausführungen über Schüttelrutschen geduldig ertragen hat, sondern auch für alles andere.

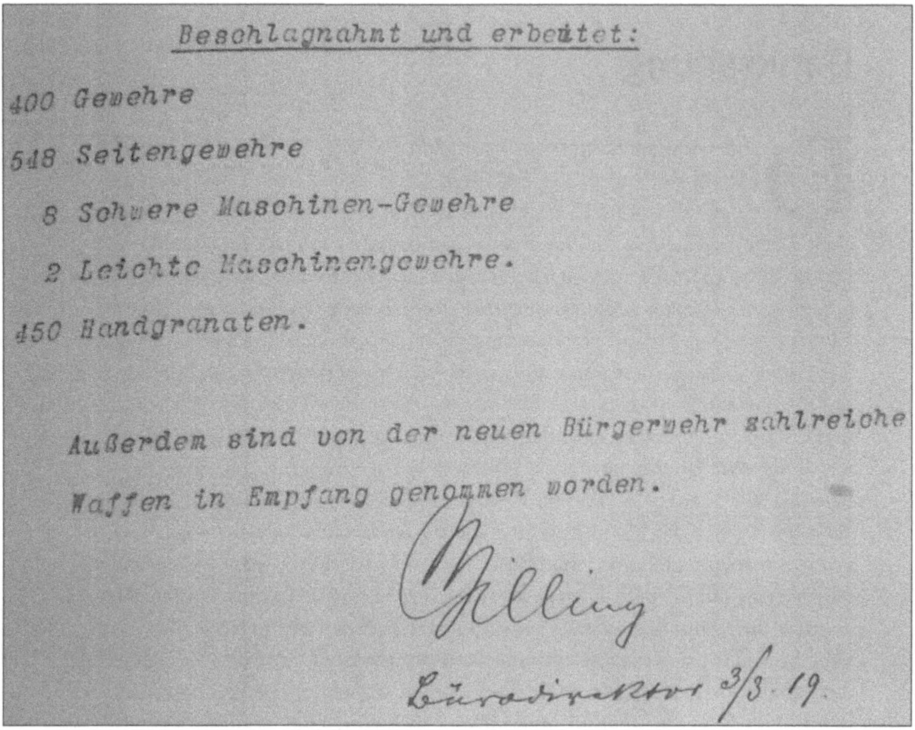

Beschlagnahmt und erbeutet:

400 Gewehre

518 Seitengewehre

8 Schwere Maschinen-Gewehre

2 Leichte Maschinengewehre.

450 Handgranaten.

Außerdem sind von der neuen Bürgerwehr zahlreiche Waffen in Empfang genommen worden.

[illegible]

Bürodirektor 3/3.19.

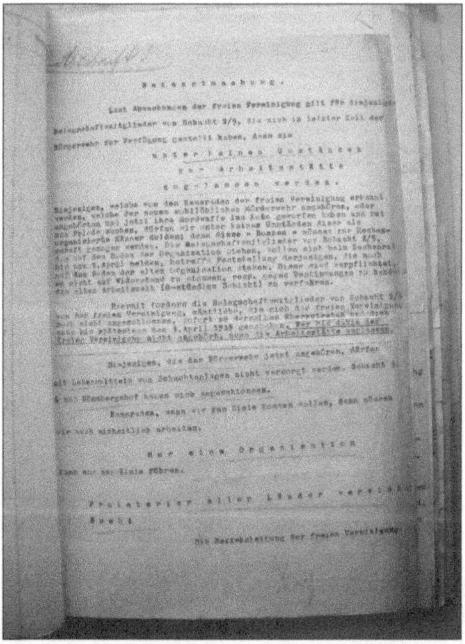

Bekanntmachung.

Laut Abmachungen der freien Vereinigung gilt für diejenigen Belegschaftsmitglieder von Schacht 2/5, die sich in letzter Zeit der Bürgerwehr zur Verfügung gestellt haben, dass sie

unter keinen Umständen

zur Arbeitsstätte

zugelassen werden.

[illegible]

Nur eine Organisation

kann uns zum Ziele führen.

Proletarier aller Länder vereinigt Euch!

Die Bezirksleitung der freien Vereinigung.

schaft gezogen werden. Die Belegschaftsmitglieder von Schacht 2/5, die auf dem Boden der Organisation stehen, wollen sich beim Zechenrat bis zum 1. April melden, betreffs Feststellung derjenigen, die noch auf dem Boden der alten Organisation stehen. Diese sind verpflichtet, um nicht auf Widerstand zu stossen, resp. gegen Bestimmungen zu handeln, die alten Arbeitszeit (8-stündige Schicht) zu verfahren.

Hiermit fordern die Belegschaftsmitglieder von Schacht 2/5 von der freien Vereinigung, sämtliche, die sich der freien Vereinigung noch nicht angeschlossen, sofort zu derselben überzutreten und dies muss bis spätestens den 3. April 1919 geschehen. <u>Wer bis dahin der freien Vereinigung nicht angehört, muss die Arbeitsstätte verlassen.</u>

Abschrift!

**B e k a n n t m a c h u n g .**

Laut Abmachungen der freien Vereinigung gilt für diejenigen Belegschaftsmitglieder von Schacht 2/5, die sich in letzter Zeit der Bürgerwehr zur Verfügung gestellt haben, dass sie

u n t e r k e i n e n U m s t ä n d e n

z u r A r b e i t s s t ä t t e

z u g e l a s s e n w e r d e n .

Diejenigen, welche von den Kameraden der freien Vereinigung erkannt werden, welche der neuen wohllöblichen Mörderwehr angehören, oder angehörten und jetzt ihre Mordwaffe ins Korn geworfen haben und bei uns Friede suchen, dürfen wir unter keinen Umständen diese als organisierte Männer dulden; denn diese » Bonzen » müssen zur Rechenschaft gezogen werden. Die Belegschaftsmitglieder von Schacht 2/5, die auf dem Boden der Organisation stehen, wollen sich beim Zechenrat bis zum 1. April melden, betreffs Feststellung derjenigen, die noch auf dem Boden der alten Organisation stehen. Diese sind verpflichtet, um nicht auf Widerstand zu stossen, resp. gegen Bestimmungen zu handeln, die alten Arbeitszeit (8-stündige Schicht) zu verfahren.

Hiermit fordern die Belegschaftsmitglieder von Schacht 2/5 von der freien Vereinigung, sämtliche, die sich der freien Vereinigung noch nicht angeschlossen, sofort zu derselben überzutreten und dies muss bis spätestens den 3. April 1919 geschehen. <u>Wer bis dahin der freien Vereinigung nicht angehört, muss die Arbeitsstätte verlassen.</u>

Diejenigen, die der Bürgerwehr jetzt angehören, dürfen mit Lebensmitteln von Schachtanlagen nicht versorgt werden. Schacht 3, 4 und Rönebergshof haben sich angeschlossen.

Kameraden, wenn wir zum Ziele kommen wollen, dann müssen wir auch einheitlich arbeiten.

N u r e i n e O r g a n i s a t i o n

kann uns zum Ziele führen.

P r o l e t a r i e r a l l e r L ä n d e r v e r e i n i g t e u c h !

Die Bezirksleitung der freien Vereinigung.

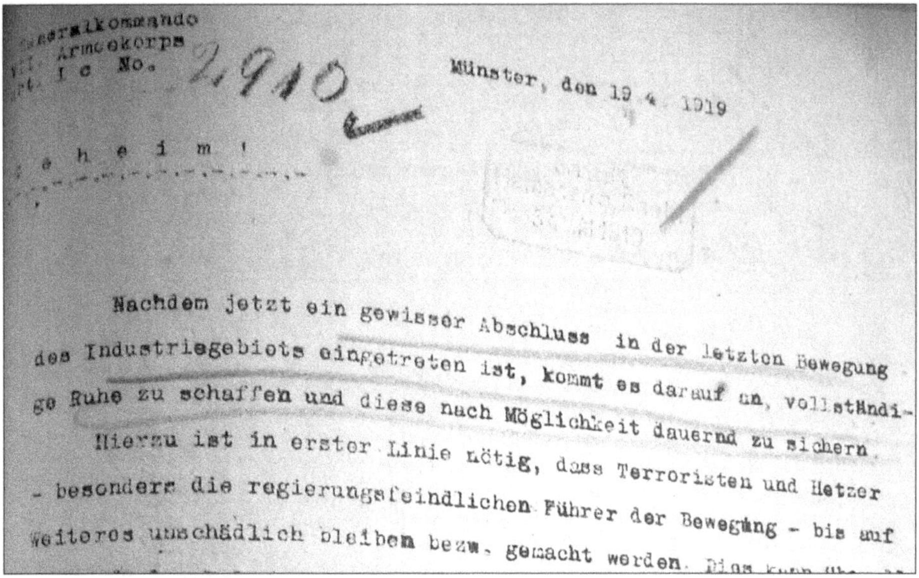

Generalkommando
VII. Armeekorps
Abt. I c No. 2910

Münster, den 19.4.1919

Geheim!

Nachdem jetzt ein gewisser Abschluss in der letzten Bewegung des Industriegebiets eingetreten ist, kommt es darauf an, vollständige Ruhe zu schaffen und diese nach Möglichkeit dauernd zu sichern.

Hierzu ist in erster Linie nötig, dass Terroristen und Hetzer - besonders die regierungsfeindlichen Führer der Bewegung - bis auf Weiteres unschädlich bleiben bezw. gemacht werden. Dies kann über-

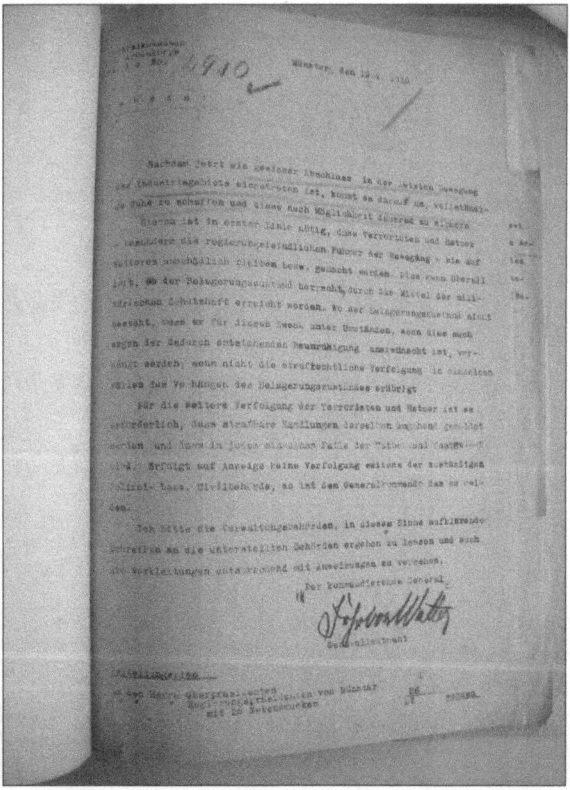

Generalkommando
VII. Armeekorps
Abt. I c No. 2910

Münster, den 19.4.1919

Geheim!

Nachdem jetzt ein gewisser Abschluss in der letzten Bewegung des Industriegebiets eingetreten ist, kommt es darauf an, vollständige Ruhe zu schaffen und diese nach Möglichkeit dauernd zu sichern.

Hierzu ist in erster Linie nötig, dass Terroristen und Hetzer - besonders die regierungsfeindlichen Führer der Bewegung - bis auf weiteres unschädlich bleiben bezw. gemacht werden. Dies kann überall dort, wo der Belagerungszustand herrscht, durch das Mittel der militärischen Schutzhaft erreicht werden. Wo der Belagerungszustand nicht besteht, muss er für diesen Zweck unter Umständen, wenn dies auch wegen der dadurch entstehenden Beunruhigung unerwünscht ist, verhängt werden, wenn nicht die strafrechtliche Verfolgung in einzelnen Fällen das Verhängen des Belagerungszustandes erübrigt.

Für die weitere Verfolgung der Terroristen und Hetzer ist es erforderlich, dass strafbare Handlungen derselben umgehend gemeldet werden und zwar in jedem einzelnen Falle [illegible] wird. Erfolgt auf Anzeige keine Verfolgung seitens der zuständigen Polizei- bezw. Zivilbehörde, so ist dem Generalkommando dies zu melden.

Ich bitte die Verwaltungsbehörden, in diesem Sinne aufklärende Schreiben an die unterstellten Behörden ergehen zu lassen und auch die Werkleitungen entsprechend mit Anweisungen zu versehen.

Der kommandierende General

[illegible]

Generalleutnant

[illegible]